"保险与经济发展"丛书
Insurance and Economic Development Series

普惠保险

Inclusive Insurance

国际保险监督协会 等 发布
王向楠 编

中国社会科学出版社

图书在版编目（CIP）数据

普惠保险/王向楠编.—北京：中国社会科学出版社，2020.5
（"保险与经济发展"丛书）

ISBN 978-7-5203-6784-4

Ⅰ.①普… Ⅱ.①王… Ⅲ.①保险业—研究 Ⅳ.①F840.3

中国版本图书馆 CIP 数据核字（2020）第 119904 号

出 版 人	赵剑英
责任编辑	王 衡
责任校对	李 莉
责任印制	王 超

出　　版	中国社会科学出版社
社　　址	北京鼓楼西大街甲 158 号
邮　　编	100720
网　　址	http://www.csspw.cn
发 行 部	010-84083685
门 市 部	010-84029450
经　　销	新华书店及其他书店
印　　刷	北京明恒达印务有限公司
装　　订	廊坊市广阳区广增装订厂
版　　次	2020 年 5 月第 1 版
印　　次	2020 年 5 月第 1 次印刷
开　　本	710×1000　1/16
印　　张	17
字　　数	258 千字
定　　价	96.00 元

凡购买中国社会科学出版社图书，如有质量问题请与本社营销中心联系调换
电话：010-84083683
版权所有　侵权必究

前　　言

本书的出版目的

首先，本书旨在向实务工作者介绍普惠保险的原理以及经营和监管方面的全球实践，进而促进中国保险业的发展成果惠及更多普通大众和小微企业，更好地解决居民的风险管理、养老健康财务规划等需求与保险供给不平衡不充分之间的矛盾。同时，本书能为中国保险企业"走出去"，特别是开发欠发达经济体的保险市场，提供资料。

其次，考虑国内在小额保险、保险扶贫、保险与经济增长等话题上已有不少研究成果，理论工作者可以更多关注普惠保险这一话题，为普惠金融的研究体系的繁荣发展贡献力量。

最后，中国保险业在利用科技、扶贫、缩小地区差距、财务监管、保护消费者权益等实践方面取得了很好的成绩，获得了国际保险业的高度评价。各章原文由国际保险监督官协会（International Association of Insurance Supervisors，IAIS）[①] 独立或合作完成，并由该组织发布。国际保险监督者协会关于普惠保险报告的案例和经验很少来自中国。中国保险理论和实务工作者可以加强向全球宣传中国智慧，提升中国金融保险部

[①] 国际保险监督官协会是金融稳定委员会（Financial Stability Board，FSB）的一员，也是国际会计准则标准咨询委员会（Standards Advisory Council of the International Accounting Standards Board，IASB）的一员，与保险普及化倡议组织（Access to Insurance Initiative，A2ii）是合作关系。IAIS 常被二十国集团（G20）领导人和其他国际标准制定者邀请去共同研究保险业的问题以及有关全球金融监管的问题。详见 www.iaisweb.org。

门的国际形象①。

"普惠保险"的含义和意义

普惠保险（inclusive insurance）是针对保险市场上被排斥或被服务不足的群体的所有保险产品服务。普惠保险不对应具体的险种，它强调的是保险的可及性（access，availability），尤其是为弱势群体提供享受适当程度的保险产品和服务的、与强势群体平等的机会。普惠保险采用商业可持续性（business sustainability），区别于社会救济和某些保险扶贫。普惠保险的服务对象比小额保险（microinsurance）更广泛，后者仅是针对低收入个人家庭和小微企业的保险产品。

保险是个人家庭、企业和社会管理风险的一种基本方法，是金融体系和社会保障体系的重要支柱，是市场经济的基本制度之一。保险被认为是实现世界可持续发展的重要内容。在联合国的2030年可持续发展议程（Agenda for Sustainable Development 2030）中提出的17项目标上，保险与其中6项有直接联系——反贫困、食品安全、就业促进、农村和城市发展、灾害救助和基础设施投资，与另外的至少5项有间接联系。而基于银保监会对普惠金融的分析②，发展普惠保险能够促进保险业自身的可持续均衡发展、推动经济发展方式转型升级、增进社会公平和社会和谐、引导更多保险资源配置到经济社会发展的重点领域和薄弱环节。

发展中国家的保险市场往往发展水平较落后，保险业的正式员工数量有限，金融机构网店的覆盖率较低③，从而大多数家庭和企业未得到保险服务或保险服务不足。不仅如此，发达国家也存在着大量保险服务不

---

① 这一过程中应当秉持真诚的态度和平等合作的精神。这方面的国际交流也不乏成果，参见中国人民银行与世界银行于2018年2月联合报告《全球视野下的中国普惠金融：实践、经验与挑战》（中英文版）。

② 中国银行保险监督管理委员会，《中国普惠金融发展情况报告（白皮书）》（摘编版），2018年9月。

③ 国际清算银行（Bank for International Settlements，BIS）报告称，发展中经济体的金融基础建设发展是有限的。参见Ehlers，T.，《了解金融基础设施融资面临的挑战》，2014年，http://www.bis.org/publ/work454.pdf。

足的主体①。因此，普惠保险是关系到整个零售保险市场发展的主流话题。当前阶段，发展普惠保险是中国金融供给侧改革的重要内容。

发展普惠保险，或者说提升保险的可及性，能助力反贫困、经济社会发展和实现某些重要的公共政策目标，如改善人口健康状况、应对气候变化和保障粮食安全。保险人和保险中介都发现了低收入人群的商业潜力，并希望提供创新产品，建立分销合作关系。保险监管者将越来越倾向于寻求管制、提升保险服务可及性和保护保单持有人的合理平衡。

国际保险监督官协会发布的普惠保险方面的研究成果

国际保险监督官协会成立于1994年，总部位于瑞士巴塞尔。目前由140多个国家和地区的200多个监管当局自愿组成，2018年成员方的保费收入总约占全球保费收入的97%。2018年2月，中国保险监管部门负责人成为国际保险监督官协会历史上第一位代表新兴市场的执委会副主任。

国际保险监督官协会负责制定和推动实施全球保险业的监管原则、标准和其他支持性材料，也为其成员之间交流有关保险监管和保险市场运行的经验和观点提供了一个平台。该组织与国际金融政策制定者和监管组织进行协调，一同改善全球金融体系。该组织的宗旨是推进对保险业有效的和全球一致的监管，从而为保护保单持有人打造一个公平、安全及稳定的保险市场，并促进金融稳定。

为了支持普惠保险发展及其监管，国际保险监督官协会自2006年起就致力于完成"可及性行事历"（access agenda），继与世界银行合作成立了国际保险监督官协会—扶贫协商小组（IAIS-CGAP）② 小额保险联合工作小组之后，又成立了国际保险监督官协会—小额保险网络组织（IAIS-Microinsurance Network）联合工作小组，接着在2009年设立了保险普及

---

① 例如，在金融保险业高度发达的英国，金融行为监管局（Financial Conduct Authority, FCA）于2017年6月就保险可及性问题向全社会征求意见。其从患有癌症或已经治愈癌症的人难以获得旅行保险（travel insurance）展开，内容广泛涉及了因健康或其他原因而处于脆弱状态的人为何难以以可负担的成本获得保险。

② 世界银行扶贫协商小组（Consultative Group to Assist the Poor）。

化倡议组织（Access to Insurance Initiative，A2ii）。

2007年6月起，国际保险监督官协会已陆续发布了9篇普惠保险方面的论文，包括5篇探讨型论文和4篇应用型论文。其中，探讨型论文（issues paper）定位于提供某个重要话题的背景材料，描述实践进展和做法，识别监管应当考虑的内容和挑战，并作为国际保险监督官协会之后的规则制定工作的准备资料；应用型论文（application paper）是在探讨相关话题的基础上，更多为监管者提供监管建议和推荐全球已有的对策。截至2019年3月31日，国际保险监督官协会发布的探讨型论文和应用型论文共计40篇，普惠保险是第一大话题，占比超过20%。

本书从普惠保险相关话题的9篇论文中选择了6篇论文，作为本书的6章，具体请见摘要。有如下3篇论文本书没有选择：（1）2007年6月发布的关于"小额保险及其监管"的探讨型论文，由于该论文发布的时间较久远，并且小额保险话题在国内已有较多关注，故未选择；（2）至于2010年10月发布的有关"相互、合作和其他社区组织及其监管"的探讨型论文，该文被2017年9月发布的应用型论文（第5章）更新完善，故未选择；（3）2015年11月发布的有关"伊斯兰保险及其监管"的探讨型论文对国内保险经营和监管实践的借鉴意义相对小，故未选择。

本书比较关注保险核心原则的应用

国际保险监督者协会通过保险核心原则（Insurance Core Principles，ICPs）为保险业监管提供了一套有效的和全球认可的框架[①]。保险核心原则由监管组织发布，主要是对保险监管、管理、发展等问题提出要求和建议，为评价一个国家或地区保险立法与监管体系及程序提供了依据。因此，ICPs也可认为是或译为"保险监管核心原则"。同时，国际保险监

---

① 保险核心原则规定了监管制度中必要的基本要素，相当于国际保险监管的"宪法"，是国际保险监督者协会制定国际活跃保险集团监管共同框架（ComFrame）、全球系统重要性保险机构（Global Systemically Important Insurers，G-SII）、保险相关的金融稳定和宏观审慎（Financial Stability & Macroprudential Policy & Surveillance）等方面规则的基础。

督者协会也认为，一个国家或地区在实施具体的保险核心原则时，应当考虑到自身的实际情况，包括保险业发展状况、金融体系特征、结构和发展阶段以及整体经济社会发展情况。

在国际保险监督官协会（IAIS）网站的公开模块[①]可以找到整套保险核心原则。除引言（Introduction）之外，保险核心原则包括原则（Principle）、标准（Standard）、指引（Guidance）3个层次的内容。

国内保险监管部门和专家学者也很关注保险核心原则，至少出版了4部该主题的中文专著或译著。（1）李扬、陈文辉等[②]分析了保险监管核心原则的相关要求和标准，介绍了2000年版和2003年版的保险核心原则，继而在偿付能力、市场行为和公司治理"三支柱"监管框架下总结归纳了国内保险监管的规定和实践，与保险监管核心原则的要求进行比较、找出差距，最后提供完善中国保险监管的政策建议。（2）2011年11月，中国完成了首次"金融部门评估规划"（Financial Sector Assessment Program，FSAP），FSAP评估团在中方提供的数据、信息、自评估报告和现场评估会谈的基础上撰写了一系列评估报告，英文版由国际货币基金组织和世界银行公布，而原中国保险监督管理委员会[③]翻译了中国遵守保险核心原则与方法的详细评估报告。（3）保险核心原则本身也在与时俱进、不断完善，原中国保险监督管理委员会[④]翻译了从"监管机构的目标、权力和责任（原则1）"到"危机管理中的跨境合作与协调（原则26）"的2011年版的保险核心原则。（4）陈文辉、梁涛、张晓红等[⑤]结合2011年版的保险核心原则，研究了中国保险监管的实践，包括监

---

① https：//www.iaisweb.org/page/supervisory-material/insurance-core-principles.
② 李扬、陈文辉主编：《国际保险监管核心原则理念、规则及中国实践》，经济管理出版社2006年版。该书是中国社会科学院保险与经济发展研究中心早些年组织撰写和出版的重要作品之一。
③ 国际货币基金组织、世界银行编著：《中国金融部门评估规划系列报告：关于中国遵守保险核心原则与方法详细评估报告》，中国保险监督管理委员会译，中国金融出版社2012年版。
④ 国际保险监督官协会发布：《保险核心原则、标准、指引和评估方法》，中国保险监督管理委员会译，中国金融出版社2012年版。
⑤ 陈文辉（主编）、梁涛、张晓红（副主编）：《国际保险监管核心原则的最新发展与中国实践》，人民日报出版社2012年版。

管体系、监管手段（包括市场准入与公司治理、资本充足性和偿付能力监管、市场行为监管与保险消费者权益保护、保险监管的新领域等）、监管合作与协调等内容。

保险核心原则适用于所有国家和地区的保险业，无论其保险市场的发展水平及复杂程度如何，也无论被针对的保险产品或服务种类是什么。因此，普惠保险市场的发展和监管也适用保险核心原则。本书中提到的"原则"（"标准""指引"）均是指保险核心原则（ICPs）的"原则"（"标准""指引"）。

对于本书的出版，本人先要感谢英文文献的发布机构及作者，也要感谢中国社会科学院创新工程学术出版资助，同时感谢中国社会科学院及金融研究所的领导和同事平时的关心帮助。

最后，本人力求译文忠实于原文，但本人的理论造诣和实践经验有限，且原文的长难句占比高，所以本书会存在错误或不妥之处。敬请相关专家批评指正。

王向楠

摘 要

第一章"普惠保险概况"介绍普惠保险市场及其基本要素的基础知识，说明普惠保险产品和服务的目标及相关事项，分析创新的基本原则。该章译自国际保险监督官协会—小额保险网络组织（IAIS-Microinsurance Network）与保险普及化倡议组织（Access to Insurance Initiative，A2ii）合作完成的、发布于 2012 年 10 月的探讨型论文"Regulation and Supervision supporting Inclusive Insurance Markets"。该章仅翻译了原论文的前部分内容，原论文后部分内容被本书的后续章节覆盖和深化。

第二章"普惠保险的经营行为"介绍普惠保险的市场特征后，探讨普惠保险经营活动中从保单签订前到保单履行完毕的整个生命周期中的重要事项，着重分析与"公平待客"有关的保险人经营行为。该章译自国际保险监督官协会普惠金融委员会、保险普及化倡议组织和小额保险网络组织合作完成的、发布于 2015 年 11 月的探讨型论文"Conduct of Business in Inclusive Insurance"。

第三章"普惠保险产品的监管"基于保险核心原则，分析普惠保险的监管者、政策制定者和市场主体普遍关心的普惠保险产品监管及相关问题。该章聚焦于保险人在产品设计、广告、销售、售后服务等方面实现公平待客所要采取的措施。该章译自国际保险监督官协会普惠金融工作小组与保险可及性促进组织合作完成的、发布于 2017 年 11 月的应用型论文"Product Oversight in Inclusive Insurance"。

第四章"普惠保险中的指数保险"提供了当前越来越多被用于管理天气和巨灾事件风险的指数保险产品的背景知识，阐述了关键的法律问题，分析了消费者权益保护的要点（包括产品开发、通融赔付、补贴、竞争与垄断、产品安全等）探讨了指数保险试点项目的若干重要事项。该章译自国际保险监督官协会普惠金融工作小组与国际保险监督官协会成员单位合作完成的、发布于2018年6月的探讨型论文"Index-based Insurances Particularly in Inclusive Insurance Markets"。

第五章"普惠保险中的相互、合作和其他社区组织及其监管"介绍了相互、合作和社区组织（MCCOs）的定义、特征和范围，报告了MCCOs的已有规模和发展速度，探讨了在MCCOs的监管中应用保险核心原则。该章译自国际保险监督官协会普惠金融工作小组与保险普及化倡议组织合作完成的、发布于2017年9月的应用型论文"The Regulation and Supervision of Mutuals, Cooperatives and Community-based Organisations in Increasing Access to Insurance Markets"。

第六章"普惠保险中的数字技术"阐述数字科技在普惠保险市场上的应用和影响，提供有关保险核心原则的应用指引；虽然该章重点在于建设普惠保险市场，但是鉴于数字技术在金融保险市场上日益重要的影响，该章的一些考虑和建议对其他保险市场亦有重要意义。该章译自由国际保险监督官协会普惠金融工作小组与保险普及化倡议进组织合作完成的、发布于2018年11月的应用型论文"The Use of Digital Technology in Inclusive Insurance"。

目　　录

第一章　普惠保险概况 …………………………………………… (1)
　　第一节　背景 ……………………………………………………… (1)
　　第二节　提供普惠保险产品和服务的目标 …………………… (9)
　　第三节　创新 …………………………………………………… (14)

第二章　普惠保险的经营行为 …………………………………… (19)
　　第一节　引言 …………………………………………………… (19)
　　第二节　普惠保险的市场特征 ………………………………… (20)
　　第三节　普惠保险产品的生命周期 …………………………… (36)
　　第四节　结论与建议 …………………………………………… (69)
　　附录　业务模式相关风险的背景资料 ………………………… (71)

第三章　普惠保险产品的监管 …………………………………… (75)
　　第一节　引言 …………………………………………………… (75)
　　第二节　产品监管的范围、形态和方法 ……………………… (76)
　　第三节　普惠保险市场的特征 ………………………………… (78)
　　第四节　保险核心原则在普惠保险中的恰当应用 …………… (80)
　　第五节　适用于保险人的应用指引 …………………………… (82)
　　第六节　应用监管指引 ………………………………………… (106)
　　第七节　结论 …………………………………………………… (125)

第四章　普惠保险中的指数保险 （128）
　　第一节　引言 （128）
　　第二节　指数保险相关背景 （129）
　　第三节　法律确定性——指数保险是否被视为保险？ （137）
　　第四节　消费者权益保护 （141）
　　第五节　试点项目 （147）
　　附录 （160）

第五章　普惠保险中的相互、合作和其他社区组织及其监管 （165）
　　第一节　引言 （165）
　　第二节　相互、合作和社区组织简介 （168）
　　第三节　保险核心原则在相互、合作和社区组织中的应用 （181）
　　附录 （210）

第六章　普惠保险中的数字技术 （218）
　　第一节　引言 （218）
　　第二节　普惠保险发展的一些困难 （219）
　　第三节　数字技术在普惠保险市场的应用与影响 （220）
　　第四节　保险核心原则的应用 （232）
　　附录　数字应用的风险概述 （251）

词汇缩略及译名 （256）

第一章

普惠保险概况

第一节 背景

众所周知,提升保险①服务的可及性能助力反贫困、经济社会发展和实现某些重要的公共政策目标,如改善人口健康状况、应对气候变化和保障粮食安全。新兴市场与发展中经济体的保险监管者越来越倾向于寻求管制、提升保险服务可及性和保护保单持有人的合理平衡。保险人和保险中介②都发现了低收入人群的商业潜力,并希望提供创新产品,建立分销合作关系。

本章旨在介绍普惠保险市场及其基本要素的基础知识、有关普惠保险目标的一些事项以及创新的基本原则。本章是本书随后各章的基础。

保险核心原则与提升保险市场普惠性水平是一致的,本章将提供这方面较多的信息。本章表明,尤其对于那些保险服务不足的市场③,一些措施更有利于提升保险的普惠性。本章将提供背景资料,讨论与监管者有关的解决方案。我们确认:

(1) 保险核心原则普遍适用,包括在设法提升保险可及性的背景下,实际应用保险核心原则对实现预期结果而言非常重要。

---

① "保险"是指保险人和再保险人的业务,包括专属保险人的业务。
② "保险中介"指所有从事保险中介业务的自然人或法人。保险核心原则通常不适用于监管中介,但是,如果需要的话,会在核心原则、标准与指引中特别注明。
③ 本章中的"被服务不足"是指人们无法充分获得保险服务,即被部分地或完全地"排斥在外"。

（2）应当在被监管的市场上提供普惠保险产品和服务，尤其是，任何充当保险人的实体均需要获得授权。

（3）虽然现有解决方案能够顾及经营实体的性质、规模、复杂程度和风险特征，但是存在一个最低点，低于这一点后，现有的解决方案便不能继续化解保险风险。在此点之下的实体应当被限制提供服务。

（4）不应当把保险风险计入开展其他金融和非金融业务的实体的资产负债表之中。如果小型实体正在经营着复合业务，那么这些实体应当转变组织架构，将保险业务拆分为由独立的法律实体承担。

（5）试点方案必须获得授权，至少要注册；此外，还应当满足多个条件，在试点期间和（如相关）试点结束后保护保单持有人。

（6）如果实体开展非正规服务项目，则有必要将其服务正规化。正规化过程应当清晰透明，并基于过渡计划提供鼓励正规化的措施，同时在完成全面过渡之前限制过度的风险承担。

（7）当监管认可特定类型的产品享有特殊待遇时，如果现有保险人均能向市场提供此产品，那么套利就会减少。同样，如果设立了特定类型的保险人，那么此类保险人应当限于在规定情况下提供受限制的产品。

（8）通常需要通过创新来克服保险市场的可及性障碍。此类创新包含新的或差异化的保险保障、分销、服务方式或技术等供应商。基本法律应当赋予监管者应对创新做法的灵活的权力，有权使用有条件的许可证或类似方法在实际工作中落实这些做法。然而，监管者需要做好准备，批准并监管数量更广且更具多样性的实体，如保险人、分销商或两者兼具的实体；法律规定需要包含此类实体的进入、监督和退出的条款。

（9）作为把新实体纳入监管体制的结果，监管者和其他机构之间可能需要合作，这可能需要其他机构修改其保密和信息保护方式。

（10）没有必要"豁免"部分或全部的监管要求。相反，监管差异应当基于保险人涵盖的风险和所要实现的监管目标的性质、规模和复杂程度。在一些情况下，风险较低，但是在另一些情况下，特别是在消费者权益保护领域，想实现监管目标可能需较强的监管力度。

（11）当一项监管方法考虑到评估实体的性质、规模、复杂程度等的风险，以及实现监管目标的风险时，该方法应当体现出对实体所采取的方法和限制，从而保持更有限的角色。在理想情况下，随着实体的发展，这些约束应当起到鼓励开发更尖端的方法和消除限制条件的作用。

（12）存在一个最低点，跨越该点后便无法化解保险风险，因此，本章列出了一些适用于该点的"绝对最低要求"。随着保险人从这一最低标准开始提高其在性质、规模、复杂程度等方面的风险水平，要求会相应地增加。

（13）在设法促进普惠保险市场发展的过程中，要发挥保险监管者的主导作用。

（14）如果地方法规需要提供一个关于普惠保险的定义，最好采取定量定义，其次采取定性定义，该定义应当给出详细的特征。

一　关于普惠金融市场和保险

"普惠金融"是指所有处于工作年龄的成年人都能从正规提供者处获得有效的信贷、储蓄、支付、保险等服务的状态。"有效可及性"（effective access）是指通过客户[①]负担得起且能够可持续供应的方式，提供便利和负责任的服务。其结果是，因资金紧张而被排斥的客户可以享受正规金融服务，而不是使用现有的非正规选项[②]。

普惠保险是普惠金融的重要组成部分，它具有如下特点：（1）可负担的；（2）可持续的；（3）便利的；（4）可靠的；（5）由获得许可及被监管的保险人及中介交付的整套产品及服务。

发展普惠金融有助于金融稳定。它是在一个国家或地区实现公平、安全及稳定的金融市场的重要因素。普惠性不足会导致而且已经导致了金融领域的不稳定。普惠金融与金融稳定之间的关联是 G20 领导人关心

[①] 国际保险监督官协会（IAIS）的词汇表将"customer"（客户）定义为"与保险人或保险中介发生交易的保单持有人或准保单持有人，包括对保单拥有法律利益的受益人与索赔人"。该词条没有对"保单持有人"进行解释，不过，该组织发布的报告中常注明保单持有人包括受益人。

[②] 全球普惠金融合作伙伴：《全球标准制定机构和贫困人口普惠金融：朝着恰当的标准和指引发展》，2011 年。

的一个话题①。

G20领导人在2010年通过的《普惠金融创新原则》（原则）有助于为创新型普惠金融创造出有利的政策和监管环境。创新型普惠金融，即通过安全和健康地推广新方法来改善低收入群体的金融服务可及性。这些原则反映了在保护金融稳定和客户权益的同时，普惠金融可以实现创新。它们适应于不同背景的国家或地区。

二 普惠保险市场的障碍

普惠性不足的保险市场存在一个或多个可及性"障碍"。这些障碍以多种形式存在，不仅是产品和服务成本的问题，还包括承受能力、地理、文化、行政、物流、语言、教育等形式②。可及性障碍可能与购买产品、正在开展的保费收付、理赔和客服投诉处理有关。障碍会影响客户（需求侧）、供应商（供给侧），或者同时影响两者。尽管这部分客户不一定都很贫穷，但是收入和/或净资产较低的客户一般存在需求侧障碍。他们很多是个体经营者，被排除在国家正规就业领域的社会保障计划范围之外③。他们的收入、储蓄和支出的模式与较高收入的阶层不同。他们的可支配收入少，其大部分收入用于食物和住所等基本消费，并且收入常常呈现周期性，有较大波动。因此，他们的承受能力很弱。此外，他们对人生不同阶段的财务负担和风险缓解工具的理解力可能很弱。

多年以来，针对低收入人群的保险供给一直处于低迷状态。传统保险人一直在关注较高收入的居民家庭和企业的细分市场，将这两者视为

---

① 《二十国集团普惠金融行动计划》："普惠金融的目的不仅在于其自身，它也需要补充金融稳定性和金融完整性。"（第2页的第4段）

② 地理障碍的实例包含服务站点与客户间的距离远，差旅需求不切实际等。常见实例包括，需要前往政府办公室获取合法的身份识别文件或死亡证明书副本，以支持理赔申请。文化障碍的实例包括，保险人管理层认为，正式的保险不适合某一特定群体，或者客户与大型正规机构之间没有形成较强的亲密关系或信任感。教育障碍会带来金融素养或一般素养的问题。

③ 世界银行于2015年发布的《新兴国家和发展中国家劳动力市场的最新发展》指出，低收入就业、劳动技能不佳和缺乏全职工作机会的现象在新兴市场尤其明显，详见http://blogs.worldbank.org/prospects/global-weekly-recent-developments-emerging-and-developing-country-labor-markets。

核心业务。传统保险人相应地以此为重点来搭建自己的产品、成本结构、地理区位、分销网络、服务基础设施等商业模式。由于每份保单存在固定成本，保险人认为个人保费规模过低；由于可用数据少，保险人认为保费计算更为复杂；这一细分市场中需求的性质和风险难以知晓。凡此种种，保险人往往看不到低收入群体有何吸引力。因为传统的薪酬结构激励员工注重保费规模大的产品，所以那些更了解且更适合中、高收入阶层的分销渠道也不认为与低收入人群做业务是有利可图的。恰当的监管可以减少这些障碍。

因此，要使现有市场更具普惠性，就应当克服障碍。如果成本不是唯一的障碍，那么解决方案便不仅是直接提供低保费的保单。普惠性方法通常包括产品设计、保障范围、服务交付、产品尺寸等方面的创新。

三　创新做法

为了克服障碍，需要采用多种方法。创新可以对产品特征、服务设计、交付产品和服务的渠道和工具、产品提供者（保险人）等内容做出改变。本章探讨一些常见的创新做法，说明监管者在将这些产品、服务和实体纳入监管环境时面临的一些挑战。

一般情况下，首次拓展保险市场可及性会面对较高的消费者权益保护的要求。保护机制需要契合金融素养低、只有些许或根本没有保险经验的客户群体。在保持低成本交易的同时，重要的是，做好信息披露、产品简洁性、公平和可及的纠纷解决办法、追索权限、高效的理赔机制等工作。

产品和代理人的许可手续、审慎规范、监管机制等传统监管框架的内容往往定位于为高收入客户提供的产品和服务。为了促进针对低收入群体的保险产品和服务项目的健康发展，一些国家和地区正在制定针对这一细分群体的保险政策框架。

越来越多的监管者正在推动一个能够同时有效地服务上层人群和低收入人群的"普惠"保险市场。这些举措旨在制定法律和监管措施，鼓励现有保险人为低收入人群提供服务，鼓励非正规供应商和中间商与正规的保险部门融合。为此，中央银行、税务、电信监管、卫生管理、农业管理、社会保障部等政府当局之间需要开展经常性协调和跨部门合作。

在寻找提升保险市场普惠性的新方法的过程中，行业参与者、他们的网络、其他保险支持组织都面对着陡峭的学习曲线。竭力推动这一进程的监管者也面临这种情况。

四 产品和服务

普惠保险产品提供涵盖财产、生命、健康、信贷、农业/畜牧业、巨灾保险等多领域量身定制的产品，尤其是为低收入人群提供针对某些人身或非人身风险的保护。产品的设计和定价与风险的概率和供给成本相称。

在没有保险的情况下，人们的风险保障方式通常包括召集亲友、接受贷款、变卖财产、减少教育甚至压缩生活消费开支。在保险服务不足的市场上，有许多人认为保险是"沉没成本"，对保险抱有消极看法。这些因素限制了低收入群体使用保险。因此，他们的人身和财产面临多重风险，他们创造和积累财富的能力亦被削弱。

近年来，许多保险人和中介（包括商业机构）开始设计满足低收入群体需求的创新型产品和交付模式，而非直接提供传统产品的微缩版。嵌入式产品——与其他产品一起标记承保范围——和团体保险被证明富有成效。为实现规模化、降低成本和提高可及性，预计更多的保险人会在新产品、分销、服务模式等方面展开创新性工作。与此同时，至关重要的是，确保客户理解自己做出的选择、自己的职责和权利以及有权行使其权利。

相对于传统保险，以强化普惠性为导向的产品的基本特征可能包括：（1）相对低廉的保费；（2）有限的保障范围；（3）有限风险的短期保单；（4）很少的免赔条款（如有）；（5）偏爱团体承保；（6）在控制欺诈的同时，实行简单快速的理赔流程。

近来的经验证明，如果"充分提供了保险"，那么客户就能够承担并愿意使用保险。充分供应的一个重要条件是简化条款和合同，尽力确保客户理解保险的价值。

被服务不足的细分市场千差万变，因此，对风险保障的需要和偏好也因职业、社区、文化、区位等因素而变化。例如，尽管人寿保险应当是每家顶梁柱的首选项目,但是文化信仰可能对其起到了妨碍作用。对住房、工具和牲畜的保险应当是洪水易发多发地区的首选,而其他保险则可以承保农村地区农作物的干旱损失。工薪阶层可能更喜欢按日或按周支付保费,而小农可能更喜欢在收获季节付款。

服务创新包括用不同方式来解释产品、招徕客户、签发合同、承保、收取保费、评估理赔、处理其他客服事项等。创新手段是执行这些任务的新方法,其中亦可包含新技术手段。

五 交付渠道

客户的居住地常常远离保险服务的提供场所,而且可能季节性地迁移以寻找工作。这使得销售产品和提供服务具有挑战性。提升保险的可及性可以借助于多类中介,如传统经纪人/代理人、银行保险、微型金融机构(microfinance institutions,MFI)、非政府机构、直接的市场营销(如呼叫中心)、邮件(如从其他公共服务供应商处购买的邮件列表)、备用的直销力量(如电信公司的销售网络)和基于技术的销售(如移动电话和互联网)。

促进保险交付还可以使用基于社区的计划或团体、信用合作社以及创新型大众经销机构,如零售商店、邮局网点、宗教协会和工会。这些备用渠道不仅能够克服地理障碍,还能够以更划算的方式接触客户、利用基础设施和改善信任状况,所以这些渠道均很重要。

六 保险人

为克服普惠保险市场的障碍,可能需要具有不同组织形式的各类保险人来提供保险,如由保险监管者或任何其他主管机构根据国家法律定义的营利性或非营利性实体。他的供应商包括死亡福利协会、相互和合作保险人、商业保险人、专业小额保险人等。

为阐明与传统市场做法之间的区别,提供如下可能有助于消除普惠性障碍的实体。

(1)大型保险人——在更传统的市场上开展业务,设法向被服务不足的细分市场提供服务项目。

（2）小型保险人——其中一些可能已经存在，但是不够正规。尽管本章定位于关注正规保险人提供的保险产品的可及性，但是要承认，应当解决不正规性问题。这需要监管者的应对能够反映出风险的性质、规模和复杂程度，同时还要精心设计过渡期。一些国家和地区承认那些致力于向被服务不足的市场提供产品和服务的小型保险人。因此，此类保险人的经营许可范围会被限制，有时会被称作"专业小额保险人"。

（3）经营非保险的金融服务或者非金融服务的实体会凭借潜在的客户或业已存在的服务交付机制来利用并影响其他活动，所以能克服可及性障碍。在有些情况下，大型实体会参与保险服务，其保险业务与总业务相比非常小，如通过手机和网络成功地提供金融保险服务的电信公司。较小的实体可能同时经营着规模较小的保险业务和非保险业务，如农业合作社给其成员提供农作物保险服务，医疗供应商会提供医疗保险类福利，葬礼供应商会提供葬礼保险安排。因此，本章探讨了提供保险服务的各种实体的作用、与保险监管者职责不同的其他领域的监管者发挥的作用以及这两类监管者之间的关系。

（4）试点是指通过试验推进创新。一些项目会形成确确实实的创新成果，然后"等比扩大"，而有些项目则遭遇失败后停止。许多实体目前正在开展各种各样的试点工作，有时会获得发起人的支持，为项目带来大量资源。有些试点项目可能不够正规或体量不足。

七　国际保险监管者协会论文中小额保险的定义

国际保险监管者协会将"小额保险"① 定义为低收入群体可获得的、由各种不同实体提供的、根据普遍接受的保险实践（包括保险核心原则）经营的保险。重要的是，这意味着小额保单承保的风险是基于保险原则

---

① 小额保险不含政府社会福利，因为后者并不是从与风险有关的保费中获得资金，也不是从基于保险和风险原理管理的资金池中支付其收益。出于同一原因，小额保险不含政府提供的紧急援助，如政府在低收入城镇遭遇自然灾害（如洪水、火灾）时提供的援助。但是，作为风险管理者的最后手段，国家可能决定，有必要通过再分配的做法来资助最贫困群体获取小额保险。在一些情况下，国家在全面资助计划中发挥了强大的作用，但是这些计划只有在按照保险原则来运营时才会被视为小额保险。

来管理，并且会收取保费。保费可由私人或公众来交纳，或两者并行。因此，小额保险活动本身应当属于相关的国内保险监管者的职责和权力范围。

第二节 提供普惠保险产品和服务的目标

将保险核心原则应用于普惠保险市场，需要注意以下几点：（1）将保险服务纳入保险监管体制的目标；（2）存在最低点这一事实：低于这一点后保险人便不可能有效地化解和管理保险风险；（3）对于在监管体系以外运作的保险方案，需要做出适当的过渡性安排。

一 所有充当保险人的实体均应当获得授权

各种障碍过度抬高了正规保险人提供产品和服务的成本，从而导致保险市场的普惠性不足，其中一些市场的服务水平低下、可及性差。一些人认为，监管负担本身便是一种障碍，所以应当采取豁免措施。然而，可能存在不正规的风险管理方，他们提供的保险服务是非法的或者不属于所在国家或地区法律定义的范围[①]。

标准4.1谈到，应当由获得授权的实体来开展保险经营活动。在定义了被监管的保险经营活动（标准4.2）后，一个国家或地区可以确定一些影响有限的活动不是"被监管的保险活动"（指引4.2.1）。然而，此类排除在外的经营活动应当考虑：是否需要以及如何采取适当的备用保障措施来保护保单持有人（指引4.2.2）。

发展普惠保险市场不应当创造出那种虽然提升了保险的可及性，但是只让消费者获得很劣质的产品和服务的体系；交付的产品或服务无法提供所承诺的利益的概率应当非常低。

人人都应当有机会成为正规金融体系的一部分。客户应当享受到审

---

① 参阅标准4.2，该标准规定，保险法律应当界定被监管的保险经营活动，禁止未经过授权的保险经营活动。如本书"前言"中讲的，本书中"原则"（"标准""指引"）均是指保险核心原则中的"原则"（"标准""指引"）。

慎监管，公平待遇等福利。服务和供应商的创新做法一般不会消除风险，因此，应当通过恰当监管来支持普惠市场的创新做法。在设法发展普惠保险市场时，将被服务不足和不被监管的市场主体纳入正规金融体系有助于以安全和有序的方式提升普惠性。

当考虑无证经营活动或被豁免的经营活动时，监管的整体目标是一项重要指引。对保险业务活动的豁免不应当妨碍维持公平、安全及稳定的保险业，以便保护保单持有人（标准1.3）。在设法发展普惠保险市场时，被服务不足的客户群体通常应当获得公平、安全、稳定和高效的保险服务。未被监管的部门提供的服务项目可能会引发不公平、不安全或不稳定的后果。如果被视为保险，那么不正规的或获得豁免的服务交付如果未能兑现对客户的承诺，则不仅会影响到脆弱的客户，也会影响到正规市场的稳定妨碍这一行业的发展。

基于这些原因，不太可能通过提供豁免条款、增加不被监管的保险服务可及性来促进保险监管目标的实现（标准1.3）。所有充当了保险人且提供了用于支持普惠保险市场产品的实体均应当获得许可并且被监管。对创新型"保险人"的许可应当考虑到授权方法和流程的适当性质、使用注册选项的可能性（指引4.1.6）、许可证可以被约束（标准4.8）或被限定范围（标准4.9）。

二 存在一个化解保险风险所需要的最小尺度

在某些情况下，拟获授权的实体无法化解和管理符合标准1.3规定之保险监管目标的保险风险。具体而言，存在一个不可逾越的最小尺度。最小尺度反映出如下两个必要性：（1）存在风险池（技术特征）；（2）管理和化解风险（业务特征）的最低有效业务流程。

应用保险核心原则时不是必须要有豁免条款。有必要精心设计恰当且充分的解决方案。应当尽各种努力寻找解决方案，提供过渡安排。但应当承认，一些实体的规模太小，以至于无法在自己的资产负债表上化解保险风险。

三 混业实体

涉及其他业务活动的实体可能提供了或打算提供保险业务。鉴于应当由正规部门提供保险这一目标，监管者需要考虑在此情形下可能出现的特殊问题。

保险核心原则确认了将保险业务和非保险业务合并到一个法律实体内的风险，强调即便寿险和非寿险由同一保险人经营，有效地管理风险依旧非常重要（指引 4.3.4）。

设立单独的法律实体来作为保险人，而非采用混业经营模式，是最适宜的解决方案。

对于规模较大的实体，规定设立单独法律实体不应当成为一种实质性障碍。然而，规模较大的混业实体可以从"试点"开始努力。试点情况可以作为过渡性安排的一部分。

规模较小的混业实体也应当通过设立单独实体来经营保险业务。这可能是确保保险资产和债务得到妥善管理的最有效方式。但是，在已经存在既有混业方案时，可能需要采取过渡安排。

四 授权试点

试点方案是当过渡到更正常状态的过程。很可能要考虑为试点设立登记程序（指引 4.1.6）。在制定登记规定时，重要的是要考虑风险的性质和预期的业务量。

在设法将试点方案纳入正规体系的过程中，（1）保护客户权益；要认识到，即便该项目是试点项目，仍有可能出现保险相关的各类问题。（2）方案发起人在方案成功后，仍有必要了解并积极考虑试点方案的运作模式。（3）那些被证明为不成功的试点可能仍然对客户有未履行的责任。

发起试点方案是为了测试一种方法并了解需要做出什么样的改进（如有），可能不需要考虑监管安排或不太重要的法律问题。然而，保险监管者在意客户是否能获得正常的保护，从而从销售阶段到理赔阶段、再到解决投诉阶段（如有）中被公平对待；如果有必要，还包括在投诉解决阶段获得正常的保险监管保护。如果试点没有超越试点阶段且仍旧存在未履行的义务，那么监管者关心将以何种方式来管理或转移这些义务。

一个选项是确保客户意识到他们正在参与一项试点，无法直接获得一些常规保护措施；或者，监管者可以要求发起人以其他方式提供此类保护措施。这可能是一个复杂且不恰当的解决方案。

另一个选项是修订法律，将所有试点方案纳入常规流程。这一过程可能非常复杂且耗费时日，而且有可能阻碍开展一项有价值的试点。

一个更可取的选项是做好一些临时性的等效安排。一个实例是，要求在单设的法律实体或单独确认的资产中存入一笔款项来代替资本。

指引4.1.6给出了将牌照签发制度应用到试点方案的指导意见。监管者可引入临时许可办法。但是，确定好的试点阶段已经顺利结束后，应当要求发起人申请更常规的许可证，或有序地结束试点，保护所有剩余客户的权益。

五　将不正规的保险正规化——管理过渡安排

鉴于非正规保险不是理想状态这一总体认识，可能需要把已经存在的不正规部门正规化。如果没有过渡性安排和流程，正规化流程将不一定会发生，所以可能需要做出过渡性安排，将不正规的保险迁移到受管制的环境中。当监管者预期保险人将逐渐形成和建立起业务能力，或者试点得以开展之后，便要考虑这个问题了。

在设法将不正规的部门正规化时，应当提供明确和透明的路径。作为第一步，所有提供保险服务的不正规的实体至少应当通过一个明确和透明的程序接受登记（指引4.1.6），并且要满足最低标准。

接受登记以后，这些实体便应当以一种受限制的商业模式开展业务，表明其开展的业务具有更低的风险、更小的规模和更简单的流程。可以使用有条件的许可证（依照标准4.7的设想）。在设法提升保险市场的可及性时，无论过渡事宜是否相关，颁发有条件的许可证都是监管者拥有的重要权力。

基于对风险的性质、规模大小和复杂程度所不变的影响，采用（强制执行）受到限制的商业模式，以鼓励保险人走向通往更正规地位的道路。"认可限制"（restriction with recognition）方法应当包含激励机制，以推动保险人在成长发展中走向正规化。

例如，设想有一个规模很小的保险人，可能受到限制而仅能经营一款既定产品，并投资于特许银行的资产——这些做法与其商业模式是匹配的。鉴于这些条件，涉及投资策略或以资产为导向的企业风险管理（enterprise risk management，ERM）制度可以规定得不那么烦琐，并且可以看成是一种"特许权"，但是其与这项禁令是一致的。

随着组织发展壮大，可能认为，能提供一些其他险种就能更好地服务客户，能采用更积极的投资组合提高投资收益就能提供更好的价值；这两者均类似于对大型保险人的期望，要求投资风险管理系统。在取消建设投资和产品组合"限制"的同时，他便会失掉有关投资策略和企业风险管理的"特许权"。

当市场上存在双重体系时，监管套利将会成为一个关注点，其原因在于，经济考虑可能独立于监管之外，而制定决策所依据的却是与之不同的监管考虑。因为这些实体应当遵守作为创新手段或过渡安排的一部分而引入的规则，所以当现有保险人与凭借不同条件开展业务的新实体进行竞争时，也就不难理解会出现这种情况了。

一种选项是将新方法限制在新的参与者中。然而，因为这一限制可能给现有参与者带来额外的成本，所以可能不会促进创新。例如，他们可能需要获取额外的授权才能提供该产品。此外，如果现有保险人或者中介被禁止进入他们感兴趣的业务领域，那么这一做法便会成为一种可及性障碍。如果有监管约束，有些保险人或中介便会去努力发展普惠保险市场，所以不应当完全禁止他们的活动。

因此，监管者需要避免采取自相矛盾、可能导致监管套利的做法。这种挑战可能出现在过渡性安排或特别量身定制的监管中。在此情况下，要注意确保不造成反向激励，且差异化安排应当仅依据风险的性质、规模大小和复杂程度而做出。

六 支持过渡安排的合作

涉及大量实体的实质性过渡问题可能给监管者带来挑战。有些实体可能不熟悉监管者的期望。

当大量实体根据过渡安排开展业务时,可能难以设计新的监管体系、落实新的基础设施,但是预计只有一部分实体会成为保险人。其他实体则选择退出该业务,或聚焦于分销和服务其他保险人发行的产品。在此情况下,完成过渡和接受监管的实体数量可能仍不甚清楚。

尤其是,如果其他当局部门有较多的经验或者与过渡性实体存在更深的互动,那么应当进行监管协调与合作。某些制度可能已经存在,可以为在过渡期内访问实体或采集数据提供便利。有些国家和地区(如通过其财政当局)也可以选择在过渡期采取有效的方法,无论是通过巧妙的还是强制的措施。

第三节 创新

在设法发展普惠保险市场时,有必要推动创新实践。本章聚焦涉及实体类型和商业模式的创新工作。

根据定义,在保险服务可及性不足的市场上,传统方法不能成功地克服可及性障碍,这就需要创新。创新对于减少成本、降低负担能力、扩大供应商的覆盖范围、认可技术或改进流程都非常重要。同时,创新不仅可以使产品和服务供给对客户具有吸引力,而且经济上划算[1]。

监管者需要在保护保单持有人的基础上允许创新做法。基本法律[2]的涵盖面应当尽量广泛,承认或至少不禁止广泛的商业模式、流程、潜在

---

[1] 不同方法可能包括提供与目标市场关系更密切的不同福利套餐的产品,促进保费收取更符合目标客户群体获取资金来支付款项的能力及方式,采用可以更好地接触客户的各种分销方法,提供与保费收取或理赔有关的各种服务,更好地满足客户在更脆弱的经济情况下所需要的理赔实践。

[2] 基本法律一般需要充分的立法同意。保险核心原则中的"法律"一词用于包括基本法律和"次级和其他形式法律",包括具有法律效力但是通常由监督者负责制定的规章制度。

市场参与者和服务供应商。虽然基本法律的灵活性可以通过附属条例和指引以及监管政策逐步落实，但是基本法律本身的灵活性保证了监管者能够及时处理现实中的创新做法。

基本法律与标准1.2保持一致，应当向监管者提供工具和授权，制定不受此范围实质性限制的更详细规则。范围上的限制会提供有限的灵活性，容纳某些创新做法。最好能够在每次创新中以灵活的方式给予指导。

一些监管者能够通过一般规则制定权来落实可强制执行的详细规则安排，而另一些监管者则能够通过广泛使用许可条件等备用方法来落实这一点。作为评估标准的一部分，保险核心原则认可能够取得相同结果的备用方法（参见保险核心原则评估方法第25段）。

界定的机构形式中存在的限制可能会抑制竞争、鼓励监管套利，或者阻碍不被监管或不正规的供应商在被监管的金融业中的正规化和整合过程。

标准4.2阐述了受法律授权的国内保险人的形式。法律许可的明确形式应当尽可能具有广泛性和实用性。中介还应当根据法律界定的形式（指引18.0.10承认其中一部分形式）具有充分灵活的功能和质量。例如，在一些国家和地区，保险人必须为注册公司，上市的实体和中介必须为居民或公民，而这两项要求都可能限制创新。

对牌照的使用或限制的权力（标准4.7和标准4.9）可能是有用的工具。通过该工具，涉及实体和合法形式的基本法律在实践中可以变得更加聚焦。例如，可以使用条件或限制来创建"专业小额保险人"牌照。

根据一个国家或地区提升保险可及性面临挑战的性质，有必要认识到相互、合作和社区组织（mutuals, cooperatives and community-based organisations，MCCOs）在向特定群体提供此类服务时可以发挥的作用。这些组织与保险人或/和中介相关。

鉴于更广泛的实体可能获得授权，所以同样重要的是，要审查这些新近取得资格且具有合法形式的待清盘实体。如有必要，清盘规定需要予以更新，确保其与保险监管核心原则12的规定保持一致。

例如，在设法提升保险可及性的过程中，需要特别注意，通过使用不同的技术解决方案来落实保费收取和理赔的创新做法（涉及此方面时需要谨慎应用标准18.6）。

有时，由于成本增加，无法将寿险产品和非寿险产品集中到同一个保险人，这也会被视为可及性障碍。而创新做法可以是将各种寿险产品和（包括健康福利在内的）非寿险产品集中在一起。基于市场的性质，这可能是一种提升保险服务可及性的方法。

捆绑集中有多种具体的实现方式。在一些情况下，其可以通过将（隶属同一集团或分属不同集团的）不同保险人经营的产品打包销售来实现。这种做法要求：保费一经收取便要分解到寿险和非寿险的组成部分，还应当分别确定理赔事宜。

另一种方法是允许人寿保险人在同一资产负债表上经营一些非寿险产品，反之亦然。例如，在许多国家和地区，寿险保险人和非寿险保险人会同时经营一些个人意外伤害险产品。在另一些情况下，当认识到实现监管目标的风险不大时，监管者可以允许将一类产品处于另一类产品之下。正如指引4.3.4所言，这需要充分分离风险。为了能让要求反映出风险的性质、规模大小和复杂程度，可以仅对有限的产品施加复合保险的义务。

在应用标准4.2定义保险活动（或保险），并禁止未经过授权的经营活动时，可能出现一个问题。有时，保险活动被要求将风险和客户限定在特定区域。这构成了对某些人群（如移民、农民工）的保险可及性的障碍。监管者应当审查此类规则的影响，以便在存在大量此类人口的地区提升他们的保险可及性。

当设法提升保险可及性时，最低资本要求（minimum capital requirement, MCR）这一绝对最低约束可以被修订为较低的水平，以反映较低的风险特征以及对细致的治理和风险管理给予较低要求。这会使更广泛的主体参与到保险服务的供给中。较低水平的最低约束要求也可以作为过渡安排的一部分。对于这两种情况，参见指引17.4.6。在一些情况下，较低水平的资本约束可以通过加强治理和风险管理来弥补。

对中介的监管同样适用于设法提升保险可及性的过程中。为了更好地接触未享受到优质服务的客户，位于保险人和客户之间的中介可以采用多样化的形式。中介包括保险人的直销员、独立或独家代理人、银行及其通讯员、零售商、微型金融机构、邮政机构、非政府组织、相互组织、合作社、社会和宗教团体、公用事业服务（如电力、煤气、电话、移动电话等领域）供应商、专业小额保险经纪人或代理人、电子手段等。

标准18.1设想了个人和其他形式的中介，有效地确定了有条件的、受限制的和更特定的许可证的收益。采用与实现监管目标所面临的风险的性质、规模大小和复杂程度保持一致的方法，对确保在设法提升保险可及性的过程中实现保险核心原则18的目标具有重要意义。

中介常常在其传统功能之外发挥重要作用。在提升公众对保险的信任和信心、以更具可及性的方式向客户传递信息、提升保险意识、支持金融教育发展等方面，他们的作用往往更大。他们还可能履行一些经纪人或代理人通常不会履行的管理功能。

可能有必要确保基本法律包容形式多样的中介，监管规则能涵盖每一种获得许可的中介的业务状况。与个体有关的规定不应当禁止其他法律形式，如充当中介的合法实体或合作社。应当基于经济原则而非监管偏见或监管利益来考虑中介问题（标准18.1）。

不应当限制给中介的佣金，因为这会抑制中介向被服务不足的群体提供服务的动力。此外，特别是当中介在其开展业务的领域发挥了越来越大的作用时，薪酬结构应当鼓励其开展更多的有效销售。在一些创新模式中，中介发挥的主要作用可能不是提供保险服务，相反，他们把向客户提供其他产品或服务作为自己的聚焦点。然而，通过发挥这一"其他产品或服务"却可以有效地销售保险。做出的规定可能需要反映出分销商的主要收入并非来自销售保险。在所有情况下，关键的挑战是，确保与薪酬有关的规定考虑到了一系列情况，其设计目的是创造健全的激励机制（标准18.5）。

如果针对被服务不足领域的特殊的中介阶层正在建立中，那么监管体制的期望应当反映出业务期望，包括可能要求中介承担更有限的和附加的职能（标准18.3）。

信息披露的形式和内容应当反映出市场的具体状况，如披露的具体方式、使用的语种和形式应当考虑到客户的理财和文化水平（标准18.5）。

在此情形下，监管者需要采取积极主动的方法进行监控（标准18.6）。尽管议题涉及的范围相似，但是监管者应当认识到，被服务水平不足的市场上的客户未提出问题可能是缘于他们面临着障碍。潜在问题的一个表征是低赔付率。如果产品提供给顾客的价值看似不高，那么应当调查低比率的原因，了解顾客是否正在使用其他服务项目，或是否存在应当予以制止的情况或做法。监管者还应当分析对保险人和中介的投诉，找出不适当的行为。

最后，为鼓励创新和发展各种商业模式，应当审查那些阻止保险人向创新型分销渠道提供承保能力的规定。承保能力应当在保护保单持有人的同时，能够以任何形式提供给创新型分销渠道。

第 二 章

普惠保险的经营行为

第一节　引言

本章是关于普惠保险的经营行为，关注公平待客（treating customers fairly，TCF）问题，涉及从合同签订之前到合同签订之后所有义务履行完毕的时期①。鉴于这一细分市场上的典型客户越发脆弱，并考虑到普惠保险中的经营和分销模式（下文将进一步描述），本章旨在促进监管者、其他组织，以及与这一领域有利害关系的各方更好地理解这些话题。这种理解能为在经营行为领域解决这些问题提供进一步的创造性建议，例如，作为本章的后续工作，可能出台一部关于恰当程度监管的应用指引（即第三章）。

普惠保险中提升客户价值尤为重要，普惠保险能促进客户的个人目标以及国家或地区的总体公共政策目标的实现。如果保险产品在支持一个国家实现公共政策目标（如社会发展、粮食安全、应对气候变化、改善健康和人口教育）上没有发挥应有的作用，那么，实现这些目标就会受阻。例如，基于指数的农业保险②如果没有将基本风险的保障范围解释清楚，客户的实际损失没有得到赔付，那么，客户就会失去对该产品的信任，而这也将不利于公共政策目标（粮食安全）的实现。又如，如果理赔的时间过长，被保险人在应对自然灾害后果时可能需要变卖他们的

---

① 本书将 conduct of business 译为"经营行为"，也可译为"市场行为"。
② 指数保险是指基于指数（如降雨量、温度、湿度和农作物产量）而不是实际损失的保险。

资产,这将减少他们未来的收入,甚至可能使得他们为了节省开支而让孩子辍学,这会损害公共政策目标的实现。因此,根据普惠保险客户的具体生活条件,提供能增加价值的保险服务至关重要。

本章主要关注如何公平对待客户,这属于"经营行为"①(原则 19)的范畴。不过,本章也涉及严格意义上的经营行为之外的客户待遇问题,如财务诚信问题。本章是探讨型的,提出背景信息,描述现状,列举实例,并进行案例研究;这些实例和观察到的反映只是用来举例,并作为解决这些问题的推荐措施或最好实践。

本章结构如下。第一节:引言。第二节介绍普惠保险的市场特征,它有助于读者理解合同关系产生的环境②,以及理解客户公平待遇的概念在普惠保险市场上是如何体现的③;该节包括典型的普惠保险客户的特征、国家特定的法律框架以及客户组织与保险协会/当局的角色、运营与分销模式以及保险人和保单持有人之间的数字化交易模式。第三节探讨普惠保险的生命周期的若干要素,并讨论一些经营行为方面的问题,其中,"生命周期"包括产品开发、渠道分销、信息披露、承保、保费收取、理赔、客户投诉处理等要素。最后在第四节总结本章结论并提出建议。

第二节 普惠保险的市场特征

本节概述普惠保险市场区别于传统保险市场且影响保险人经营行为及其监管的特征。这些特征并不是保险人与保单持有人之间的直接关系,但是引出了本章后文针对产品生命周期各要素的讨论。以下几方面特征尤其重要:(1)普惠保险的客户特征;(2)国家特定的环境与条件;(3)普惠保险的典型分销模式;(4)普惠保险的数字化交易。

---

① 如本书"前言"中讲的,本书中"原则"("标准""指引")均是指保险核心原则中的"原则"("标准""指引")。

② 一国或地区的传统、文化和法律制度与保险业的发展程度、客户性质和合同类型有关联,指引 19.0.2 和指引 19.0.3 对此有所论述。

③ 同上。

一　普惠保险的客户特征

贫困带来匮乏感，低收入客户通常比高收入客户更脆弱。低收入家庭会面临更多的风险且更缺乏风险防控工具，所以在风险面前更脆弱①。除金融排斥和缺乏有效的风险转移机制之外，低收入客户还缺乏其他一些基本品，如教育、就业、住房和司法公正。

为了说明对普惠保险市场客户进行经营行为保护的重要性，有必要了解典型的普惠保险的客户特征。

一是受教育程度低、保险意识低。低收入人群通常不能充分理解面临的风险，也缺乏基本的保险概念。即使他们意识到了，也可能因为缺乏相应的知识和信息，而做出错误的决定。没文化或文化程度低、不会算数是个大问题。许多人根本不会阅读保单条款与其他书面材料。相关研究不断发现，低收入客户的受教育程度、总体保险意识以及对具体保险特征的理解尤其低。低收入客户通常没有或仅有极少的保险经验。他们还经常把储蓄和保险搞混（期待得到保费返还）。此外，他们可用的风险缓释工具的效果一般较差，有些还会损害他们工作和生活的发展，例如，有人会增加负债、不送孩子上学、耗尽长期储蓄甚至变卖生产性资产。还有的低收入客户由于对保险合同缺乏经验，往往不了解自己以及对方的权利和义务，因此，当他们受到不公平对待时也不能寻求合适的保护机制——他们不知道该向谁投诉、如何强制合同执行以及解决纠纷。

二是可支配收入低且来源不稳定。由于可支配收入低，他们做选择时不得不更多地进行权衡。低收入客户的收入有时具有季节性，波动性大。现金流波动是经常发生的事，这限制了他们定期支付保费的能力。

三是开支的特征。低收入会影响保险的可负担性。客户的大部分收

---

① 德国国际合作机构（Gesellschaft für Internationale Zusammenarbeit，GIZ）的研讨论文，小额保险客户保护，2013年，详见 http://www.mfw4a.org/documents-details/discussion-paper-customer-protection-in-microinsurance.html?dl=1。

入用于满足食品、居住等基本需求①。现有的保险产品通常被认为不适合这些客户的需求,在社区层面无法获得或成本难以负担,甚至这些产品的成本和可负担性可能让低收入者难以理解。

四是难于接触到客户。相当一部分低收入人群生活在农村和城镇贫困区。他们更多地就业于非正规部门,或自谋职业,所以可能没有足够的社会保障。通过传统的分销渠道很难接触到他们。这些因素给低收入市场的保险分销带来了困难。

五是对保险提供者缺乏信任以及对保险有负面理解。低收入人群通常对商业保险人或传统的中介(如银行和经纪人)提供的正规保险不太信任。文化也会影响人们对保险的(正确的或错误的)理解,例如,有人会认为,谈论风险会导致风险事件发生。虽然在一个焦点小组的研究②中,大多数的被调查者本人并没有索赔经历,但是社区中的口口相传会产生强有力的影响。关于理赔延付的流言通常传得很快,而拒赔(即使是合理拒赔)更加剧了人们对保险条款的不理解。其结果就是,人们对保险的信任被损害。在有些国家和地区,过去的某些负面经历(如某个保险人破产了)会继续加重客户对保险的不信任程度。然而,那些买过保险,尤其是有过良好理赔体验的人,要比那些没有买过保险的人对保险持有更积极的态度。

上述这些特征表明,与传统的保险客户相比,低收入客户在财务上更不成熟,也更难以接触到,所以就更难于去保护他们。他们还可能面临不正当销售或滥用客户的情况。因此,对于这部分人群,保险提供货币的价值和创建信用的作用显得尤为重要。这些均说明,适当的经营行为(如信息披露、通知和赔款支付以及有效的客户补偿)对有效保护普惠保险客户很重要。

然而,为了提升保险的可及性,还有比实施恰当的经营行为原则更重要的内容。保险应当作为客户最优财务策略的必需部分。应当让客户

---

① 见本书第三章。

② 本段是基于一个焦点小组进行的定性市场研究的观点,来自保险普及化倡议组织(Access to Insurance Initiative, A2ii)的一系列研究中关于多种普惠保险的诊断研究,详见 https://a2ii.org/knowledge-centre/reports。

明白，他们面临的风险有哪些，以及在风险发生时保险能做什么。例如，丧葬保险覆盖了丧葬费用，但是，如果一个家庭的主要劳动力去世将会怎样？有贷款需要偿还吗？食品、健康和教育开支该怎么安排？当然，并不是说应当给所有这些风险都买保险。遭遇灾难时，有不同的处理办法，包括亲戚朋友捐助、减少开支或者使用可能获得的保险支付作为"担保"以获取正规或非正规的贷款。对这些方面的理解应当纳入客户教育、产品开发、提供合理建议以及理赔的过程中。

二 国家特定的环境与条件

第一，国家监管框架。在某些国家和地区，经营行为监管的范围与程度取决于监管框架所决定的授权。这会影响监管者提供的客户权益保护的性质和水平。国家或地区的公共政策要考虑经营行为保护的需要以及监管者的角色，这对建立监管框架体系至关重要。这些考虑是随国家或地区而变化的，是基于公共部门与"市场"（或私人部门）在政治上和经济上角色与责任。政策层面的目标是，限制公共部门影响私人之间的合同关系，在不超越边界的情况下将这些关系留给市场力量。这样一来，像客户组织这样的私人力量就能填补空缺。

监管者可能扮演的角色。对监管者提供经营行为授权的监管框架有多种形式。他可以在实体层面而非在交易层面对保险人进行监管授权。这意味着，监管者不用直接保护保单持有人，而是通过检查保险人是否遵循法律及其他监管要求，来确保保险人的经营行为能有效保证客户的公平待遇。在这种情况下，监管者针对的是被监管主体内部的程序、结构或一般业务操作，而不是针对交易层面（单个合同），即使来自单个客户的投诉指向被监管主体内部的程序、结构或业务操作的某个问题。

此外，监管者可以负责解决非诉讼纠纷（alternative dispute resolution，ADR）。他能通过直接处理客户投诉，也能通过管理或监督纠纷调解部门来实现。

监管框架会赋予监管者对公众进行金融教育的职责。金融教育已经成为金融改革的一个关键支柱，它是对经营行为和审慎监管的有力补充，也是金融发展的基石。过去几年来，这个认识已经显著地促进了政府当局（包括监管者以及其他各类利益相关方）对金融教育的重视。政策层面的立法可以促成国家或地区的金融普惠战略，包括监管者或其他公共或私人主体进行的金融教育。

实践举措。对某些小额保险的监管可以追溯到2005年，当时，印度发布了第一个小额保险监管条例。菲律宾、秘鲁和墨西哥也紧随其后，从解释小额保险的定义开始，到提供小额保险相关的经营行为条款。其他给予特别监管的重要方面包括，分销（对中介的许可、注册、培训等）、保单文件或证书、产品（保障范围、简要说明、免赔条款、费率等），以及相关的程序和服务（对客户的披露、佣金、承保，保费收取、理赔、投诉处理和追索等）。

过去十年中，世界上至少有17个司法管辖区对小额保险给予了专门监管，均集中在经营行为方面。有些已经对原规则进行了修订和调整，有些则印发了一系列补充规定以维持监管框架的连续性，如非诉讼纠纷解决措施。另有18个司法管辖区正在制定这样的框架。有些司法管辖区为专业小额保险提供者已经引进或计划引进新的监管层级。

第二，消费者保护协会/当局的存在与运作。有些国家和地区有强大的消费者保护组织。他们会检查和比较保险合同，通过神秘购买（mystery shopping）[①]保险来测试保险人。通常法律允许这些协会代表客户起诉保险人，在一些国家和地区，不仅是所取得的成绩，所有相关的庭审案件、专家观点、报告等都会定期出版。并且，消费者保护组织还举办一些主题研讨会。在有些国家或地区，消费者保护当局还有权监控客户关系，并实施行政处罚。对于普惠保险客户，缘于如前所述的脆弱性，这些协会和当局的作用显得尤为重要。

第三，保险协会的作用。在有些国家和地区，保险协会可以为其成员提供"基准合同"。这些基准合同是依据该国家或地区的客户权益保护法而起草的。保险协会可以参与改进监管制度（包括客户权益保护方面），并将这些改进告知其成员。

---

① 一种不告知买方真正身份以检验所购买服务的合规性和质量的工具。

第四，诉讼制度的运行。如果与保险人或中介发生纠纷，并且不能在庭外和解的话，法院将是客户的最后一个选择。这需要客户了解这些功能，敢于使用这些功能并能承担必要的（即使胜诉也可能支付的）律师费和诉讼费。为此，如果有关当事人不能承担费用，但是根据初步分析有胜算的把握，有的诉讼制度会提供法律援助。在普惠保险市场上，诉讼程序的可负担性是个问题。普惠保险市场可以借助另外一些方法，如便捷、低成本、低门槛的诉讼机制或非诉讼纠纷调解措施，后者需要有一些有意向且培训过的调解员来处理这些问题。

最后，上面列举的这些情况在普惠保险是主流话题的市场上通常并不适用。例如，很多发展中国家没有明确的经营行为授权，监管者过于年轻或者能力不足，并且可能缺乏上面讨论过的强有力的消费者保护组织。与此同时，保险协会也常是新生事物（有些国家或地区甚至可能还没有这类机构），并且也面临严重的能力不足约束。因此，不会存在范本合同。

所有这些方式意味着，消费者权益保护和经营行为的典型结构在普惠保险领域受到挑战，也意味着，许多国家和地区特定的环境和条件会加剧消费者的脆弱性。这强化了普惠保险领域关注经营行为的必要性。同样地，典型的分销渠道和商业模式以及数字化（本章第二节第三小节和第四小节论述）也增强了这个必要性，这是因为，监管者会遇到在传统监管框架中没有的新的参与者、新的渠道和新的问题。

三　普惠保险的分销特征与常见风险

低收入的客户更容易受到不正当销售、产品价值打折和滥用客户的伤害。这些脆弱性表现在多个方面，具体取决于普惠保险的商业模式。

通常，商业模式被定义为某公司获取价值的商业方法或途径。这基于多个方面，包括产品设计、定价、确定目标市场与分销。与传统保险类似，普惠保险市场的商业模式可以是以下几个要素的组合：（1）承保的产品或服务。（2）保险价值链中的当事人及其作用，尤为重要的是，普惠保险价值链通常包括所谓的客户聚合器。客户聚合器是指为那些以非保险目的聚合人群的主体，如零售商、服务供应商、公共事务公司、会员组织或民间社会组织,他在代理人或经纪人的撮合下(也可能不需要),帮助保险人销售保险。在有些模式中,客户聚合器还能被应用于实现分销之外的功能,如管理或支付赔款。(3)谁是保单持有人(终端客户,还是由另一方作为保单主持有人)。(4)怎样承保,由谁承保。例如,以小组或个人为基础,通过商业保险人、相互保险、合作组织或其他社区组织,或者通过非正规的居家模式(小微金融协会或丧葬服务提供者)。(5)谁来决定保险的购买,该决定是如何做出的(例如,是强制的/法定的,还是自愿的;有无进入选择权和退出选择权)。(6)保单卖给保单持有人的方式,包括保单持有人如何获取信息。(7)保费支付与收取的方式。(8)赔款的支付方式。

有些要素与**分销**有关。分销①包括保险人借以销售保单给保单持有人以及持续为保单服务的渠道和行动。另类分销模式在普惠保险市场上特别重要,它也是区分不同普惠保险商业模式的一个核心考量。由于保费低和盈利空间小,普惠保险的重心落在减少分销成本上。进一步讲,由于基础设施不佳、连接性差、教育程度低、缺乏保险经验等情况,保险进入低收入人群市场会遇到各种困难,这些困难也说明了普惠保险分销创新的重要性。

保险普及化倡议组织于2014年分析了25个国家②的普惠保险的提供者、产品和渠道,确定了8种不同的业务模式(见表2—1)③。

---

① 分销(distribution)一词在本章中与中介(intermediation)交替使用。"中介"在IAIS词汇表中被定义为:通过中间人招募、谈判或销售保险合同的活动。本书,招揽(solicit)指试图销售保险或敦促某人购买保险;谈判(negotiate)指在涉及合同重要的利益、条款时,直接与购买保险方协商或为其提供建议的行为;"销售"(sell)指代表保险人用货币或对等物交换保险产品。

② 保险普及化倡议组织:《演变中的小额保险业务模式及其监管影响 | 跨国综合》(注释1),2014年。详见 https://a2ii.org/siteveporhttps://a2ii.org/sites/default/files/reports/2014_08_08_a2ii_cross-country_synthesis_doc_1_final_clean_2.pdf%2025。

③ 这并不一定是一份详尽的清单,亦非将不同研究中发现的共同特征区分为不同业务模式类别的唯一方法。这一分类方法旨在,以例证法对各种普惠保险实例中发现的特征加以分组和说明,从而增强对监管者影响(本章第三节第二小节的主题)。

表 2—1　　　　　　　　　　　普惠保险的业务模式

业务模式名称	定义	实例
单独销售 (Individual Sales)	单独销售是保险销售的经典模式，既见于普惠保险市场，也见于传统保险市场。通过客户与代理人、经纪人或保险人之间的直接互动进行销售。这既包括呼出中心，也包括呼入中心，所以不是必须进行面对面互动。但是，在此不涉及客户聚合器	代理人、经纪人、直销见于大部分国家
代销 (Proxy Sales)	代售模式的关键描述是，保险产品并非由保险人、代理人或经纪人直接销售，而是由非保险的客户聚合器销售给现有客户。保单可以作为嵌入式产品销售[1]或以交叉方式[2]与另一款产品一同销售。应当积极销售保险产品，但是销售人员为客户聚合器工作，而保险是其主要商品之外的附加或补充销售。因此，客户聚合器的主要客户关系并非基于保险，而保险人通过客户聚合器与客户保持联系。保险人通常（尽管不一定总是）会在客户聚合器品牌上贴上白色标签。客户聚合器的雇员或签约代理人可被视为保险人的"代售队伍"	巴西 Casas Bahia（一家大型家用电器连锁零售商）销售由多家保险人承保的产品，其中包括延长保修服务； 哥伦比亚最大的电力分销商 CODENSA 和 Mapfre 保险人之间开展合作
强制销售 (Compulsory Sales)	强制销售业务模式是针对特定居民群体的保险产品，如汽车第三者责任险和社会健康保险。国家可以给予强制保险部分补贴，但是居民需要至少支付部分保费。应当将强制保险与嵌入式保险区别开来。嵌入式保险是指，商业方（如信贷提供者）要求客户购买保险作为获取贷款的条件，或自动注册保险，即在另一方（如移动网络运营商或国家）的要求下为最终客户自动购买保险，而所有保费由该方聚集的最终客户来支付	巴西国家汽车强制保险协会的机动车第三方责任险 坦桑尼亚国民健康保险基金

续表

业务模式名称	定义	实例
团体决策 （Group Decisions）	在团体决策模式中，团体成员因其属于已经存在的团体而获得保险，该团体代表其成员来协商保险事宜，而不是非要通过单独决定。该团体集体决定保险购买决策。保险人可以通过为现有的团体提供保险在一次互动中触及大量客户。采用团体而非单独承保意味着不需要单独提交可行性证据，保单通常通过团体机构实现管理。这两类要素均可降低各项成本。保单可因团体成员身份或个人选择加入团体而成为通用保险 该模式不同于本地自助模式，这是因为承保的是保险人而非团体自身	南非民主教师工会聘用一间外部公司（Shimba 财务咨询公司）代表其成员协商各项金融服务，其中包括各类强制和自愿保险选项。 山西乡村模式由中国人寿晋中分公司首创，是一种通过村委会出售团体保险的中国特色模式
本地自助 （相互、合作和社区组织[3]模式） Local Self-help （the MCCO-model）	与涉及保险人的承保服务截然相反，本地自助模式指的是，集体分担自身风险的团体。这可能是由于企业保险市场缺乏适当服务，也可能是由于在风险分担和社会支持方面对当地社区有团结一致的偏爱。该团体向其成员收取保费，并自行支付赔款。此类模式可包括按相互模式或非正规方案开展业务的持牌保险人。在地方自助性做法中，只向成员提供保险与也向非成员提供保险两者之间也存在差异	菲律宾互惠协会
自动注册 （Auto-enrolment）	自动注册模式以第三方[3]代表预先存在的团体购买保险为特征。此保险由商业保险人承保，保费由第三方直接支付给保险人。自动注册模式中的合约关系通常存在于第三方和保险人之间，而非最终客户和保险人之间。 该模式具有两个特点：（1）国家提供：国家为特定团体提供保险补贴。除非使用国有保险人，否则通常按照公共采购程序来选定保险人。（2）忠实福利：零售服务供应商，如移动网络运营商[4]或银行为客户购买保险，作为忠实福利	国家提供： 印度 Rashtriya Swasthya Bima Yojana（RSBY）是一项由各保险人承保但获得全额资助的国家医疗保险计划。 忠实福利： 坦桑尼亚国家小额银行给所有活跃的小额银行的个人账户持有人提供非洲人寿（African Life）承保的、自动获取的免费丧葬保险。国家小额银行提供各类"免费增值"忠实保险方案，如 Tigo Ghana 的开创性案例

续表

业务模式名称	定义	实例
被动销售（Passive Sales）	采取被动销售模式的保险人依靠客户主动购买保险。潜在客户使用保险人提供的被动销售渠道来购买保险产品，如互联网或超市货架。保险人通过宣传册或大众市场广告来推销产品。因为在销售活动之前不存在单独沟通，所以客户（而非销售人员或中介）有责任了解相关产品的状况。存在单独并活跃的现场面对面交易。销售完成后可能有沟通，例如，呼叫中心与客户取得联系，确认客户的详细信息并完成此项交易	南非的 Pep（一家服装连锁零售商）在其店铺网络中销售 Hollard Life 提供的保险产品
服务型销售（Service-based Sales）	服务型销售模式源于对特定服务的潜在需求。客户希望确保自己获得将来所需要的服务（如医疗或丧葬服务），因此，为了能够负担得起此项服务，他们需要购买由基础服务供应商（如医院）出售的保单。因此，主要的需求也基础服务，而对保险的需求也来源于此。保险销售主体与基础服务供应商完全相同。没有保险中介参与保险分销。该保险与本地自助模式的不同之处在于，它的承保主体通常是（非正规的）服务供应商本身或保险人。这种模式的另一个重要决定因素是供应商留存的风险的性质。只有为客户提有保障利益的举措才会被视为小额保险，所以才可归类为服务型销售模式	巴西 Grupo Vila 是一家大型家族所有的私人墓园和殡仪馆集团企业。它在巴西东北部三州开展业务，提供家庭葬礼方案，作为其服务套餐的一部分

注：1. 它是指保险联系于或被包括于其他产品或服务的销售中，如信用保险。对于购买该产品或服务的客户，大部分保险确实满足了但是并非必须具有强制性。

2. 它是指保险产品特定渠道中的现有客户基于自愿原则实现的购买。因此，保险是作为独立地位的产品、与另一款产品一同出售。

3. 保险人也并非最终客户的个人或组织。

4. 它通常被称作"免费增值"（freemium）模式。请注意，并非所有移动网络运营商模式都具有自动注册的特点，随着此类方案越来越多地回归到由客户明确选择加入的模式。

根据保险普及化倡议组织（A2ii）的国别诊断报告，这些模式的多样性显然会影响保险人和保单持有人之间的关系，进而影响被保险人的待遇。在这些模式中，那些在普惠保险市场上占据最大份额的模式通常具有复杂的价值链特征。凭借多个独立的参与者（包括管理人①、经纪人、代理人、客户聚合器和支付平台）能发挥出一系列潜在的功能。表2—2阐明了价值链中的潜在链接。

表2—2　　　　　　普惠保险模式中的潜在价值链要素

		再保险人	保险人	中介渠道			客户
				管理人	经纪人/代理人	客户聚合器	
				支付平台			
潜在角色	再保险	√					
	承保		√				
	管理		√	√	√	√	
	产品开发		√	√	√	√	
	市场				√	√	
	销售				√	√	
	保费收取		√		√	√	
	保险决策						√

资料来源：保险普及化倡议组织（A2ii）跨国综合的注释1，2014年。

在此类价值链较长的情况下，它需要在保险人和客户之间实现比使用经纪人或代理人模式更大的分离程度。在此类情形下，客户通常是与客户聚合器而非保险人或经纪人开展直接的互动。管理型和支付型基础设施和流程可以由客户聚合器提供，也可由独立的技术服务供应商提供。如果是发生后一种情形，这通常要求在保险人、客户聚合器和各类服务供应商之间达成一份服务协议。

---

① 管理人是指受保险人的委托，代表保险人开展管理工作（尤其是索赔管理）的个人或团体。

保险人与被保险人之间的分离程度、涉及的各类主体（其中一些主体可能属于非保险业的监管当局的主要管辖范围，如银行业或电信业）以及销售人员在这些模式中发现的技能组合可能强化常见于普惠保险的客户特征（如本章第二节第一小节所述）。因为这些特征增加了利用和扭曲激励以及误导的可能性，所以它们会增加并且异化普惠保险市场上的客户权益保护风险。除审慎风险之外，这些消费者权益保护风险是经营行为风险[①]总体概念的一部分。为了更好地理解在普惠领域中风险的性质及其对消费者权益保护的影响，并且鉴于这些风险的驱动因素不同，所以将这些风险划分为经营行为风险的子集（见专栏2—1）。

专栏2—1　普惠保险业务模式的典型风险[②]

普惠保险分销中主要有6种比较典型的风险[③]。

审慎风险，是指作为风险管理人的保险人无法履行其承诺，即无法满足受益人利益的风险。审慎风险主要源于保险人的经营和管理特征，因此，保险人缺乏能力或对保险人缺乏监管便会增加审慎风险。虽然审慎风险存在于所有保险模式中，并非普惠保险独有，但是它在普惠保险业务模式中的表现方式很特殊，故值得探讨。

客户聚合器，是指当保险人访问第三方的客户聚合器、通过该渠道销售其产品时，损害客户价值和向客户销售不适当产品的风险。

销售风险，是指销售人员以错误的方式向客户描述产品或向客户出售其不需要的产品的风险。销售风险的结果还包括损害客户价值或不当的产品选择。

保单风险，是指被保险人不知道自己已经投保，而在出险时无法提

[①] 经营行为风险可以描述为"保险人和/或中介以不确保公平待客的方式开展业务，从而给客户、保险人、保险行业或保险市场造成的风险"。

[②] 详情见本章附录。

[③] 请注意，普惠保险举措也会受到并非普惠保险市场独有的其他风险的影响。同样，这里列出的风险并非普惠保险独有。例如，审慎风险是各类保险的普遍风险，而支付风险、保单感知风险和售后风险也是普遍风险。

出索赔的风险。通过特定普惠保险业务模式销售保险的手段可能会增加保单持有人不知道自己已投保的风险。此外，还有一类风险是，被保险人不完全了解保险条款或不知道具体的索赔方式。

支付风险，是指保费无法送达保险人、无法如期支付保费或者保费收取成本不当的风险。支付风险意味着保险人可能无法定期收到保费。

售后风险，是指客户在售后维护、产品变更、查询、索赔、待遇领取、投诉等方面面临不合理障碍的风险。因此，此类风险是指保险人与中介的服务质量差以及在理赔等方面的低效率所导致的负面影响。

这些市场特征和风险使得监管者应当应对那些传统监管框架通常没有给予充分考虑的经营行为。本章第三节第二小节探讨普惠保险市场上出现的与分销相关的问题及其对监管者的影响。

四 普惠保险的数字化交易

过去数年，技术革新已经发挥作用，这些创新有助于扩大保险和其他金融产品和服务的可及性以及经济可行性。在一些地区，基于手机支持的分销或由移动网络运营商和其他客户聚合器驱动的保险供给大幅增长。这些途径被称作"移动保险"（mobile insurance）。

专栏 2—2　加纳 Tigo 家庭护理险
——通过数字交易平台[①]向客户提供人寿保险的实例

Tigo 家庭护理险是 2010 年推出的。此保险产品由 Vanguard 寿险公司承保，由移动网络运营商 Tigo 向客户免费提供，是 Tigo 预付通话套餐的忠实产品。Tigo 引入此产品旨在减少重大"扰动"（即预付费手机用户从一家供应商转移到另一家供应商）。客户可以采用 Tigo 通话时间来支付保

---

① 国际保险监督官协会（探讨型论文）《数字普惠金融及其对客户、管制者、监督者和全球普惠金融伙伴关系标准制定实体的影响》，详见 http://www.gpfi.org/publications/digital-financial-inclusion-and-implications-customers-regulators-supervisors-and-standard-setting。

费，将保障范围扩大了两倍①。

从这一创新型产品推出之日到2013年12月，加纳的保单持有人总数从72万增加到360万，其中有130万客户是通过Tigo投保的。

作为"数字普惠金融"发展的一个例子，移动保险是指，利用数字金融服务来推进普惠金融②。其他例子还有借记卡和销售终端（POS）机。普惠金融全球合作伙伴（Global Partnership for Financial Inclusion，GPFI）③认为："数字金融普惠涉及运用数字手段，以客户可承担的成本和供应商可持续的方式，负责任地为受排斥或未充分享受服务的人群提供符合其需要的一系列正规金融服务。"在普惠金融全球合作伙伴的术语中，使用手机技术被视为"数字交易平台"，即"直接通过使用交易数据传输和接收设备，或通过使用数字通信渠道，将数据连接到允许存储电子价值的银行或非银行机构，从而使客户能够以电子化方式付款或接受转账并且存储价值"。

专栏2—3 津巴布韦绿色人寿EcoLife——移动保险方案的失败案例④

EcoLife是津巴布韦最大的移动网络运营商Econet Wireless和津巴布韦的一家保险人First Mutual Life以及纳米比亚的第三方技术服务供应商Trustco之间三方合作的产物。EcoLife在推出7个月内就惠及了该国20%的成年人口，但是由于两个非保险主体Trustco和Econet之间发生纠纷，

---

① Tigo数字交易平台能够采用移动支付来支付保费（而非通话时间），这一做法在未来很可能获得许可。索赔只支付到Tigo钱包。

② 国际保险监督官协会（探讨型论文）《数字普惠金融及其对客户、管理者、监督者和全球普惠金融伙伴关系标准制定实体的影响》。

③ 普惠金融全球伙伴关系是G20的所有成员国、有意的非G20国家和有关的利益相关国家开展普惠金融工作的平台，该伙伴关系包括落实在2010年12月G20韩国首尔峰会上同意的《二十国集团普惠金融行动计划》。

④ 第2次保险普及化倡议组织—国际保险监管者协会（A2ii-IAIS）咨询会议，保险分销技术创新与监管启示，2014年4月24日，详见https：//a2ii.org/sites/default/files/field/uploads/notes_2_consultation_call.pdf。

该方案一夜之间戛然而止。对 EcoLife 停用客户的调查结果显示，63% 的受访者排除了在未来使用类似产品的可能性，42% 的受访者对保险不满意，30% 的受访者认为，该保险并非防范未来问题的最好方式。鉴于该产品已经触及 20% 的成年人口，所以其影响非常明显。

移动保险的规模潜力为增加金融普惠性带来了重大机遇，这一点已被数位移动保险"短跑健将"证明。例如，加纳的 Tigo 在推出 12 个月内惠及近 100 万人，赞比亚的 Airtel 在推出后迅速地惠及约 200 万成年人，巴基斯坦的 Telenor 推出 6 个月内惠及 100 多万人。

手机技术可在保险产品生命周期的各阶段发挥作用，包括保单持有人登记、保费收取、理赔、续保等阶段。在登记阶段，手机可以处理部分或全部客户信息和其他需要的详细信息。这也可以由代理人来执行。在特定情况下，需要单独安排额外的纸质信息或非数字签名。作为登记的一部分，例如，牲畜等照片可以用手机拍摄，再传送给保险人。在收取保费阶段，通常情况下付款基于客户的通话时间，或者通过允许非现金支付①的手机端的移动支付账户来支付。在理赔阶段，则可采用手机来提出索赔，并通过发照片提供损失证明。下一个方框描述了指数保险，它受到诸如气象站和卫星等其他技术的发展的影响。

专栏 2—4②

对于 Kilimo Salama，索赔付款是与一个指数挂钩的。农民在购买保险产品时，可选择距离自己土地最近的自动气象站，根据气象站记录的参数来投保。购买保单时会登记农民的电话号码。根据气象站的数据，当这一参数被触发时，所有与该气象站相连（通过电话号码相连）的农民

---

① 术语电子钱包、手机钱包、E-钱包和电子钱包有时用来指，这种携带、访问、使用存储在数字设备中或通过数字设备存储价值的能力。当该存储价值由移动网络运营商签发或分销时，则通常被称为"移动支付"。参见国际保险监督官协会的探讨型论文，数字普惠金融及其对客户、管理者、监管者和全球普惠金融伙伴关系标准制定实体的影响。

② 国际劳工组织小额保险创新设施（ILO's Microinsurance Innovation Facility），《手机和小额保险》（第9页），小额保险论文第 26 号，2013 年 11 月 26 日。

的 M-Pesa 都会直接收到一笔赔付款。农民通过短信收到付款确认。如果农民没有手机，那么这笔赔付款就会先打到相应的保险分销商，之后分销商再把钱转给农民。分销商给保险人出具一份实物收据，证明已经给农民支付了款项。

塔塔美国国际集团（Tata AIG）使用手机应用程序来审批和解决关于牲畜保险产品的理赔。通过一个专门为理赔开发的应用程序，代理人将动物尸体照片发送到中央服务器。中央服务器立即向理赔团队发送一份电子邮件，并为客户提供现场检查报告。以前，文书和调查报告需要 20 天才能送达理赔小组。理赔评估人员会将照片与报名时拍摄的照片进行比对。通过比较角间或皮肤上的彩色斑点等具体特征来给动物验明正身。一旦理赔获批，便向客户发送确认短信。这一手机技术的应用将理赔周期从 30 天左右缩短到 6 天。但是，目前最大的挑战是确保这一流程能让估损员满意。需要采用显示本地语言的软件，以便在运行阶段让人理解得更清楚。

手机技术也可以成为数据管理和分析的重要工具。客户和保费详情可以存储在代理人的手机上，然后传输到保险人的服务器。手机用户数据也可以将客户特征画像告知保险人。

根据第一章第三节"创新"的第 2 段和第 3 段，监管者可以允许或要求采用某些技术创新，以克服可及性障碍并保护保单持有人。

这些发展也带来了一些挑战。客户需要了解并能够通过手机执行必要的（交易性）操作。识字和算数都成问题的客户可能需要代理人等其他人来操作，从而造成滥用客户风险，以及隐私泄露和网络犯罪风险。采用现代数字通信手段的大型普惠保险方案能迅速惠及数百万人。数据泄露和误用问题会迅速变得非常严重。此外，低收入客户往往不知道数据保护和潜在滥用等问题的重要性。如果没有恰当披露（正确的）产品信息，那么通过手机向客户提供信息可能导致误报。

通过培训来确保优质的代理人也是一个值得注意的问题；如果代理人的流动率很高，那么就更应当重视培训。如果客户和代理商之间没有或只存在较少的面对面接触，这便会加剧客户滥用或信息误报风险。

对于保险人,依赖数字网络会带来各种与信息技术相关的风险。计算机服务器的容量应当足以保证保险人能够管理和处理输入系统的数据量,同时不会给系统的连续性带来负面影响。此外,采用第三方供应商来开发、运营或维护外包的信息技术系统应当得到妥善管控。此外,应当保护系统的完整性,防止包括恶意软件在内的任何形式的网络犯罪。

在保险中应用手机技术可能影响到多个监管者。一位或多位保险监管者负责保险业务的审慎方面和经营行为方面。银行业监管者和/或负责监管支付系统的当局也将对付款负责。使用手机技术和数字网络会涉及电信监管者。这类监管者将需要尽可能开展协调和合作,从而避免不必要的干扰以及损害客户利益。

监管者需要与保险分销的技术创新速度保持同步。

第三节 普惠保险产品的生命周期

继上一节细述普惠保险市场特征之后,本节将从经营行为角度展开,介绍普惠保险产品生命周期各阶段存在的问题。"生命周期"一词常用于指保险产品从开始到结束的过程,包括产品开发、分销、信息披露、承保、保费收取、理赔和投诉处理几个阶段。

一 产品开发

客户可享有的公平待遇包括以适当考虑客户利益的方式来实现产品开发和营销(指引 19.2.4)。虽然普惠保险客户群体内部差异较大,但是在新保险产品的初始阶段需要格外重视其共性,从而确保客户被平等对待。这尤其适用但是不限于:(1)保障范围——风险是否适合于目标市场?(2)条款——是否适合于客户?(3)定价——产品的定价和结构是否适当地匹配用户的保费支付能力?

对于这些问题有许多解决措施。例如,小额保险中心推广的原则为:每个小额保险产品需要满足 S. U. A. V. E. 的条件,即简单(simple)、可被理解(understood)、适当(appropriate)、有价值(valuable)和有效

（efficient）①。在不同的国家或地区，监管者实施产品监管的一个重要目标是提升保险的可及性。在这一前提下，监管者在产品监管方面的主要作用是控制产品上市，即审查产品是否符合某些标准或参数并为客户提供适当的价值②。

第一，保障范围。正如产品设计是由供给驱动一样，如果没有研究特定目标市场的需求，产品不太可能满足需求并承担与目标市场相关的风险，并且更可能造成次佳的客户价值，导致不当销售或滥用客户。无论产品设计是需求驱动还是供给驱动，都会引起客户权益保护相异的问题。例如，当购买消费品时，供应商通常会提供针对商品损失、损坏或延长保修期等问题的保险。这种附加销售产品通常用于为零售商创造收入，而非满足客户的需要。

监管者应当认识到，保险人可能要求购买某些产品或服务的客户购买相关保险，如普惠保险中的信贷人寿保险。由于这些产品的强制本质，其提供给客户的价值经常是供应商考虑的次要问题，产品主要旨在减轻服务供应商而非客户的风险，即供应商利用了交叉销售的机会。虽然监管机构的目标是保护强制性产品为客户提供的价值，但是他们也需要认识到，这些产品在开发新兴的普惠保险或信贷市场上所发挥的重要作用。

专栏2—5 对指定问题的应对

许多国家和地区要求客户在需要购买强制性嵌入式保险时能够自主选择保险提供者。强制性产品的中介也要遵守经营行为和信息披露上的要求。

秘鲁的监管者规定了信贷/抵押人寿保险的合同条件，也规定了金融

---

① 小额保险中心和国际农业发展基金，《小额信贷提供者的小额保险产品开发》（第14页），2012年10月，详见http://www.ifad.org/ruralfinance/pub/manual.pdf。

② 欲了解更多信息请参阅第5届保险普及化倡议组织—国际保险监督官协会（A2i-IAIS）咨询会议，普惠保险产品监督，2014年8月28日，详见https://a2ii.org/sites/default/files/field/uploads/notes_5th_iais-a2ii_consultation_call_product_oversight_in_inclusive_insurance_0.pdf.

企业接受客户选择的合法保险的义务。此外，在保险期限内，客户能自由决定是否用另一个有相同或更好功能的保单替换现有保单，即如果保费已经被融资了，客户就有权取回未来的利息。

第二，提供组合险。有时，保险会与其他金融或非金融产品一起出售，如银行或信贷产品、家用设备和家具等之类的消费品、机票等。这个概念称为"捆绑"。此外，术语"嵌入式"用于表示与其他产品一起提供的保险。对于普惠保险市场的监管者，有关产品的重要问题包括：寿险、非寿险和健康险之间的区别；不同要素在同一保单中的捆绑程度；嵌入式产品的条件。下面依次讨论这些问题。

在捆绑产品的背景下，寿险与非寿险之间的界限。除非不同的保险人承保不同的组成部分或允许复合保险人，否则，提供人身保险和财产/非寿险之间的法定划分可能禁止提供复合保险产品。低收入市场对财产保险的需求通常很低，例如，丧葬保险和财产保险的组合产品可能比单独的财产保险产品更具吸引力。因此，在非寿险产品中加入寿险成分，就更容易受到低收入市场的青睐。但是，对于对寿险产品和非寿险产品有不同审慎要求的国家和地区（寿险产品的持续期比非寿险产品长），寿险产品和非寿险产品的捆绑为监管带来了挑战。作为应对，监管者可能要求，寿险和非寿险小额保险产品需要遵守某些产品参数，以确保它们在相同的基础上承保。

专栏2—6　对指定问题的应对

印度的《小额保险条例》规定，如果寿险和非寿险的保险人承保各自的组件，并且组件之间存在保费和风险的清晰分离，那么允许捆绑寿险和非寿险。

同样，在菲律宾（保险备忘录通告1–2010），保险人（商业机构或合作社）和互惠协会可以提供同时包含寿险和非寿险的捆绑式小额保险产品，只要每个组件都是分开承保的。

赞比亚、坦桑尼亚和南非等国家的非寿险和寿险之间的法定划分禁止了捆绑产品的提供。南非和赞比亚的《小额保险条例》通过允许寿险和非寿险覆盖具有相似风险状况的捆绑产品来解决这一问题。

健康保险的分类。如何对健康保险分类对于一些国家而言至关重要。例如，如果监管将健康保险从保险范围中排除，或者定义上不明确，就会给非正规经营者带来一个不被监管的灰色区域。再如，严格划分医疗保障计划的业务与其他保险人的业务，并为医疗保障计划规定最低待遇，可能降低低收入人群中医疗保障计划的可负担性，抑制创新。对健康保险监管的灰色区域不仅可能发生在医疗服务企业不被监管或无人监管的情况下，甚至可能发生在该区域还有其他监管者的情况下。

专栏 2—7　对指定问题的应对

在菲律宾，保险委员会允许私人保险人提供健康保险。许多公司目前同时提供住院现金给付（其中一些被批准为小额保险产品）和健康维护组织（HMO）的健康保险产品。在南非，医疗保障计划和健康保险业务之间有明确的界限，对小额保险相关产品造成了如下影响，例如，住院现金给付计划为客户提供的是医疗行为被触发后的支付，但与潜在的医疗成本不相关。

例如，秘鲁国家监督机构（National Supervisory Authority of Public and Private Entities Providing Health Services，SUSALUD）监管提供卫生服务的公共或私营实体，旨在促进和保护人们获得医疗保健服务。该监督机构拥有与保险人匹敌的能力，其监管范围包括向保单持有人提供的医疗服务的相关流程以及治疗方案协议（医疗审核或治疗指南等支持）的合规性。

与非保险产品或服务捆绑的保险。例如，包括信贷人寿保险、在储蓄产品或存款账户中免费嵌入的葬礼或人身意外伤害保险、移动网络订购保险（也称为"忠诚保险"）以及与消费品捆绑的保险。嵌入式保险的非保险元素并不属于被保险监管的范畴，保险监管者通常对交付保险的基础产品或服务没有管辖权。但是，这可能对保单造成重大影响。因为保险通常是供给驱动的，所以它给客户提供的价值可能很有限，使得保险分销渠道自身的利益可能超过被保险人的利益。保险的嵌入性质也增加了客户对保险风险的未知感。

第三，条款。保险条款适合客户吗？一方面，过短的术语会加剧保单感知风险——被保险人不知道他们有保险或需要续保。一些大规模提供的事故型保单的赔付率非常低。一些保单保障的时间只有几周。较短的条款还会增加逆向选择，从而增加保险人本身的审慎风险。另一方面，限制最长期限（如南非提议的以及印度已有的一些小额保险特定立法的情况）以及频繁续保的需要有助于提高客户对保单的感知。而且，如果客户对所提供的价值不满意的话，相对短的术语为客户提供了更换保险人或产品的灵活性。

为了确保产品适合普惠保险客户的需求，监管者可以要求产品设计简单、限制免赔条款、等待期或其他产品内容。但是，监管机构的监管规定如果过于详细就会限制保险的创新，阻碍保险人注册新产品。因此，两者之间需要进行适当的平衡，以提升保险的可及性。

专栏2—8 对指定问题的应对

各国出于各种考虑确定了小额保险产品参数：一些国家规定了赔付金额或保费的上限，以确保小额保险产品是为低收入目标市场服务的，或者限制仅提供这些产品的专业小额保险人的审慎风险。例如，菲律宾、印度、南非（提议）等。有些国家对保险产品施加了定性的限制。例如，秘鲁、巴基斯坦等国家限制了免赔条款的数量或种类，以尽可能减少免赔条款；在巴基斯坦，除非保险人能够向监管者证明免赔条款的合理性，否则不能将已经承保的内容设置为免赔。

团体保单。团体保险是基于预先存在的渠道，保险人通过该渠道为大量客户提供保险，同时还使用渠道的基础设施来降低管理成本。但是，团体保单可能无法对团体内的每个个体进行最佳设计，保险人也可能试图将某些风险较高的团体成员排除在保障范围之外。此外，个体成员可能不会被告知或自己感知到现有风险。因此，监管可以在其监管框架中纳入专门针对团体保险客户的保护规则或机制，如团体保险单中的证书要求。

专栏 2—9　对指定问题的应对

印度的《小额保险条例》规定，"每个保险人都应当以不可更改的形式向团体小额保险保单持有人签发保险合同，并附上显示该团体所涵盖个人详细信息的时间表，同时向每个人提供单独的证明。保险证明要包括具体的保险有效期、被保险人姓名、两个不同的承保办事处以及服务办事处的地址"。

南非提出的小额保险框架规定：（1）在法律上，保单持有人是指根据保单支付保费的个人，而不是代表个别保单持有人的管理人或任何其他实体；（2）个人保单持有人有权随时取消保险；（3）管理员（代表团体管理保单）应当与保险人签订书面协议，列明协议条款；（4）管理员应当根据《财务咨询和中介服务法》注册成为金融服务提供者，或者必须是该法案条款下保险人的代表。

实物支付待遇。允许实物支付可能增加保险对于客户的价值。例如，在丧葬保单的情况下，实物支付意味着受益人不需要组织部分或全部的葬礼活动。保险人也能比个人更便宜地提供实物支付。但是，允许保险人提供实物支付，也让保险人提供的支付可能低于保险金额。如果不对实物支付待遇进行监管，可能出现滥用客户的情况。

专栏 2—10

南非要求，保险人在提供实物赔付的情况下，给予客户选择现实赔付的权利。

第四，定价。 产品是否经过适当的设计和定价，以满足目标市场的保费支付能力？另一个需要考虑的、与保单条款相关的因素是保费支付的结构和灵活性：它们是一次性的预先交付，还是分期交付？理想情况下，应当根据客户的个人收入结构来设计交费结构。收入波动大和不规律的客户可能更适合一次性交费，如每年只能获得一次或两次收获的小规模农民。然而，对于大多数低收入人群，一次性保费支付可能是过高的财务要求。实际上，那些通过非正规交易或计件工作赚取收入的人通常是每周或每天获得收入，他们甚至可能不习惯于按月交费。

普惠保险市场的一个关键原则是可负担性。因此，当某些保险产品的费率对于普惠保险客户而言过于昂贵时，就会成为妨碍普惠的重大障碍。如果担心市场力量会充分降低价格（如有捆绑产品的地方）的能力，则可能需要考虑保费上限等替代措施。因为产品的盈利能力必须足以维持保险提供者，所以定价干预措施（如价格上限）需要与确保普惠保险产品可持续发展的需要相平衡。此外，在一些产品中使用免赔额（巨灾小额保险）被认为能减轻道德风险和逆向选择风险。

专栏 2—11　对指定问题的应对

1. 巴西商业保险监管局（Superintendencia de Seguros Privados，SUSEP）

产品监管的方式因产品线而异。对于一般保险，通过申请使用制，意味着在商业保险监管局执行快速分析并向保险人发布产品注册号后，产品将被批准启动。对于具有储蓄性质的人寿保险，采用在产品上市之前需要批准的预先批准制。对于小额保险产品，则采用备案使用制。

目前，商业保险监管局已经对49家小额保险产品和29家提供小额保险的保险人的产品进行了监管，其中包括3家专业小额保险人。平均而言，只要产品采用了标准化的保障范围和免赔条款，并按照《小额保险条例》的要求提供了必需的文件材料，3天内就能获得批准。

通过使用基于网络的电子系统，可以提升产品监管的效率。保险人将其产品上传到系统，在商业保险监管局对其进行最低程度的检查后，产品信息可在OSEP网站上公开访问。此程序允许客户和其他利益相关方检查所销售的保险单是否与商业保险监管局注册的产品一致,所以它是一种重要的信息透明的工具。该系统与统计会计数据库相关联,允许检索诸如市场份额、赔付率和保费构成等信息。它使商业保险监管局能够较全面地了解所有保险产品并更好地监管产品。控制权不仅限于对保单本身,还允许商业保险监管局全面了解市场上产品的性能。

2. 印度保险监管和发展局(Insurance Regulatory and Development Authority of India,IRDA)[①]

印度认为,产品设计是经营监管活动的重要组成部分,与普惠市场特别相关。低收入群体接受的金融教育程度普遍较低,所以小额保险监管框架规定了产品参数,如风险保障范围(保险金额)和特定的产品种类。

产品设计指引的发布是专门针对农村/社会部门的小额保险和非寿险产品。在其他要求方面,产品必须满足精算审查并遵守法律,包括保单表格和销售文件中使用简单语言。产品应当具有某些特征,如简单和便宜、易于理解、降低分销成本以及专注于购买而非销售。这些要求通过备案使用制进行验证,产品由精算师和主题专家组成的产品批准委员会审核,每个被批准的产品都会收到唯一的识别号,印度目前正在完善法律,以引入措施进一步保护弱势客户。

3. 南非金融服务委员会(Financial Services Board,FSB)

南非的小额保险政策建议,严格控制小额保险牌照中允许的产品设计参数,以平衡客户权益保护和市场增长。产品评审将在备案使用制的基础上进行。在南非的政策提案中,小额保险产品仅被定义为提供风险保障,不允许有储蓄成分,没有退保价值。在小额保险项目下,死亡事件、其他风险事件(事故和残疾)和财产保险的赔付设有上限。

小额保险产品的最长产品期限为12个月,可以续保。承保可以以个人或团体为基础,死亡和残疾产品的等待期限最长为6个月,而意外死亡产品不能设有等待期。对于已有的条款,不能设置为免赔,而在人寿

---

① 第5届保险普及化倡议组织—国际保险监督官协会(A2ii-IAIS)咨询会议,普惠保险产品监督,2014年8月28日。

保单中,有关自杀的免赔条款仅可以适用2年。无须管理费即可获得货币利益的权利,以提高产品的客户价值。出于同样的原因,小额保险赔款应当在收到必要信息后48小时内支付;并且在宽限期内,客户有权选择保单重置,并在一个月内恢复相同的条款。为了降低业务成本,监管机构将允许初始定价和后续保单变更由精算技术员签名,而非必须由专业精算师签名。

4. 加纳国家保险委员会(National Insurance Commission,NIC)

加纳的保险产品需要在国家保险委员会获得产品的预先书面批准(预先审批制)才能上市。鉴于当地保险市场仍在发展中,对于客户权益保护的理解处于起步阶段,所以采取了这种方法。大多数人不熟悉保险,所以监管机构很有必要监管产品。加纳目前正在通过一项新法律,允许采用备案使用制进行产品监管;与此同时,能采用过渡性的预先审批制。

二 分销

普惠保险经营中常出现的分销特征以及与消费者权益保护相关的风险(如本章第二节第三小节所述),会导致监管者面临新的监管问题。本小节从以下分销特征来分析普惠保险中的问题:(1)参与方:分销链中通常有多方,其中许多并非最初来自保险甚至金融领域。(2)销售人员的技能和能力:与传统上的持牌保险经纪人和代理人相比,销售保险的人员可能缺乏技能和培训。(3)销售人员或渠道的利益:对于销售商品或服务时顺带分销保险的人员,由于保险不是他们的核心业务和首要工作,可能存在激励扭曲。(4)相对议价能力:保险人的议价能力一般低于控制客户可及性的人(客户聚合器)。(5)分销成本:议价能力与长期价值链的结合可能导致高昂的分销成本。(6)声誉影响:如果客户聚合器看起来像保险,就会增加保险人的声誉风险。

第一,有关各方。如果普惠保险分销的价值链长,则保险监管者需要监管更多主体,需要将市场准入和持续要求设定在有利于各类中介提供服务的水平上,但是不应当损害客户权益保护目标。

在这种情况下,监管者会面临客户聚合器或其他第三方(如技术服务供应商或管理员)不在其主要管辖区域内的困难。例如,移动网络运营商受电信管理部门的监管，对其监管通常不会扩展到金融中介。保险监管框架中通常没有直接规定通过这些中介分销保险，其他法律（如银行业法律）也可能不允许其管辖范围内的主体（如微型金融机构）成为保险代理人。

多方参与情况下，保险监管者应当注意的问题：（1）内部机构协调。对于传统上不属于保险监管者管辖范围内的主体，如何实现保险监管目标？这可能要求保险监管者与其他领域的当局和监管者进行协调。（2）主体问责制。价值链中的所有主体如何以及在多大程度上对保险监管者负责？虽然价值链中新主体的机构监管仍归属于其原有的监管者，但是鉴于他们在保险分销中的作用，应当考虑将他们纳入保险监管者的职能管辖范围内。（3）委托监管存在许多各类分销网点（如银行分支机构或移动通话供应商是保险分销者时）意味着，对保险人的销售人员的登记和后续监管的授权委托是至关重要的。这可能意味着，保险人要对所有出售保险单的人的行为负责。保险人可能被要求保留销售人员登记册并对其进行培训和监管，以确保适当的经营行为。

第二，销售队伍的技能和工作能力。为了保护客户权益，中介监管通常需要一定限度的准入资格、经验和专业知识。准入许可通常涉及各类培训和认证费用。

在使用代理销售队伍，或在保险销售队伍由于新分销模式①而大幅扩张的情况下，销售人员的本质和特性可能与传统认证的保险经纪人和代理人不同。还可能是，在销售过程中要披露的信息类型与传统保险监管框架中要求的信息类型不同，这取决于特定商业模式的分销性质和产品种类。例如，复杂的产品（如需要大量解释工作的基金连接产品）通常不是普惠保险产品，而几乎没有免赔条款的简单产品是典型的普惠保险产品。

鉴于上述原因，保险监管框架中包含的传统培训、经验和资质要求可能无法完全匹配普惠保险的分销特征。由此可能产生的一个出人意料

---

① 就本章而言，分销模型被定义为保险中介发挥作用的工具，包括所涉及的各方以及这些当事方之间的关系。

的后果，即为了保险分销目的，客户聚合器简单地决定不要求销售人员持牌或注册——精力有限的监管者在面对众多新销售人员时不容易实施该要求，例如，当成千上万的移动网络运营商作为保险分销点时。

保险监管者应当考虑的要素是：应当确定对合格保险中介采用何种市场准入和持续性要求，以便在不给中介带来不必要的负担的情况下，推动广泛的中间参与、务实的监管以及确保充分有效的客户权益保护。可以考虑创新做法，如用平板电脑或网站进行培训，但是要充分监控其有效性，如通过神秘购物或客户满意度调查。

第三，销售人员或渠道的利益。对于代理销售人员、基于服务的销售、自动注册、被动销售以及在某些情况下的群组决策模型（如本章第二节第三小节所述），销售渠道的利益主要与客户聚合器或团体的利益一致，与个人客户的利益可能不一致。例如，白色家电零售人员主要为了出售基础商品，并将以能促进基础商品销售的方式提供保险；同样，信贷提供者可能主要关心与信贷一起提供的保险所提供的违约风险保护。

这意味着，渠道可能不太关心某些问题，例如，某种保单是否能满足个体的某种需要？保单是否被续保（还是只是在失效后重新出售）？如何以客户能够理解的方式披露信息？

保险监管框架中的佣金结构、披露要求等常规要素可能无意中扭曲了激励。例如，首期佣金的结构意味着销售人员没有动力让保单续保，佣金上限的设置不鼓励销售人员努力，披露要求没有考虑保险分销中新型参与者的作用和激励。

第四，相对议价能力。如果普惠保险价值链是基于保险人和聚合商之间的合作伙伴关系，这些合作伙伴可以促成对大客户群的访问，但是可能出现议价能力不平衡的情况，因为聚合商可以要求承销商提供大量资金以换取对其客户群的访问权。这增加了承保成本，并会转嫁给客户，从而可能损害客户价值。

传统意义上，保险监管框架主要着眼于保险人与客户之间的关系，而不关注客户与第三方之间的关系，所以不一定能解决这种合作关系的演变和力量不平衡问题。

第五，高昂的分销成本。因为价值链长，并且参与其中并获得报酬的主体较多,所以价值链中控制着客户群体一方的议价能力提高,就会增加分销成本。这会增加保费或导致赔付率不成比例地降低,从而势必导致客户价值受损。

第六,声誉风险的影响。当非保险人的客户聚合器被纳入普惠保险价值链中,保险人往往不是保险的主导力量。由渠道行为造成的销售保单风险、保单感知风险或售后风险均会增加保险人的声誉风险[①]。已交保费失效或保单拒赔有时是由中介的行为造成的,但仍会影响保险人的声誉。

传统的保险监管框架和相关的行为守则可能不包括为防止这种情况而进行的各种业务考虑。

专栏2—12 对指定问题的应对

因为本节提出的问题所涉及的普惠保险分销特点还相对新,所以大多数国家尚未调整其监管框架,其中有些正在行动中,以更好地适应普惠保险市场的趋势。巴西和菲律宾是两个已经制定了包含具体中间环节的小额保险管理框架的国家。在每个国家,独特的市场特征决定了具体监管对策的发展。

1. 巴西

巴西有一个大型的普惠保险市场,其特点是代理销售队伍和其他普惠保险业务模式的大规模运作,体现了许多普惠保险分销特征,这些特征使监管者面临上述突出的新问题。认识到这些市场特征后,巴西商业保险监管局(Superintendencia de Seguros Privados,SUSEP)代表国家保险理事会(National Insurance Council,CNSP)在过去3年中发布了一套制度来规范巴西的新分销渠道,作为其更广泛的小额保险/普惠保险监管框架的一部分。在保险价值链已有参与者的基础上,巴西保险监管机构引入了3个新的参与者:保险人代表、小额保险业务员和小额保险经纪人。此外,代理行业务员也被允许出售小额保险。

---

① 如果客户聚合器也遭受声誉风险(因为其品牌受到威胁),这种影响可能减轻。

特别重要的是 2013 年 10 月 25 日的 CNSP 第 297 号决议，其重点是规范零售商在保险销售中的作用。CNSP 制定了主要条款。

第 297 号决议内容包括：保险人应当对其代表的行为负责，代表应当仅通过个人保单或简化的保险"票"提供保险，并通过该渠道禁止捆绑销售。保险销售代表的从业人员必须具备最低的保险销售资格和培训要求，他们可能只能销售种类较少的产品和简单的产品。此外，商业保险监管局可以完全不受限制地访问保险代表的实际办公室/营业地点以及所有签署的合同以及与合同相关的所有信息、数据和文件。严格的披露要求（包括保险人的名称、产品功能的详细信息）也适用于这一情况。

此外，2013 年 12 月 18 日商业保险监管局的 480 号通知要求，所有代表保险人提供保险方案的零售商应当作为保险代表签署合同。480 号通知规定的主要条款包括：零售商应当与保险人签订合同才能代表保险人（根据 CNSP 第 297 号决议）；在法定的冷却期，被保险人有权取消合同；销售人员行为准则；明确的披露要求，包括需要一个有形的商店销售保险。

2. 菲律宾

菲律宾是小额保险监管方面的先驱国家。虽然也旨在实现正规化等目标，但是小额保险监管框架的很大一部分涉及分销。除此之外，该框架的分销元素包括，对于 50% 以上的业务来自小额保险的经纪人，降低了资本要求。此外，还包括有关中介机构许可和培训的各种规定。2010—2011 年，保险委员会发布了 3 份通知，中央银行发布了 2 份通知，以规范小额保险代理人的性质和代理人的培训。根据规定，保险人有责任确保他们使用的中介机构获得许可和培训。农村银行可以作为代理人。保险委员会必须在培训提供者获得认证之前批准农村银行的代理执照以及培训模块，并且小额保险代理人必须在其场所展示可见的标牌。该框架的其他部分（如关于小额保险业绩指标的保险通告 5-2011）也与普惠保险分销中的问题有关。

其结果是，小额保险代理机构的注册数量大幅扩张，包括注册为小额保险代理人的农村银行。要求农村银行注册为中介机构的通知产生了重要影响，其中，从事小额保险的最大农村银行（作为分销渠道）被纳入保险监管范围。然而，仍有一些非正规的供应商（如合作社）的地位没有被正规化。目前正进行一项涉及多个利益相关方的正规化程序，以及更新《小额保险条例》，以确保条例在不断变化的市场条件下仍然适用。

如本章第二节第一小节所述，所采用的分销方法可能增加普惠客户的脆弱性：客户对保险人较陌生；在客户知识和技能有限的情况下，被动销售技术或由技术水平较低或动机不一致的人进行的销售可能加剧错误销售的风险；在自动注册的情况下，客户可能不了解他们获得了何种保障，以及如何在出险时提出索赔。

因此，普惠保险业务模式对监管提出了挑战，监管机构需要考虑：（1）当传统上不属于保险监管范围的渠道被用于分销保险时，不同领域的监管机构之间需要协调；（2）允许的中介渠道范围，反过来将影响为确保适当销售所设定的对机构和资质的要求；（3）如何确保更广泛的主体的经营行为对保护客户权益是适当的，不会过度影响成本或限制分销方式能发挥的作用；（4）如何平衡与分销方式有关的动力系统，以减轻力量失衡对客户权益保护的影响；（5）是否以及如何监控客户价值的相关指标，从而在出现问题时做出适当的应对。

虽然客户权益保护问题需要特别强调普惠保险的经营行为监管，但是国际经验表明，"保护客户远离市场"的风险是存在的。这意味着，对经营行为严格要求是一种监管负担，会推高分销成本，以至于保险人可能无法找到在低收入市场分销的可行办法，或者仅销售不提供或仅提供有限咨询的产品。这样的话，就可能破坏在客户授权、披露、预防不当销售结果等方面进行经营行为监管的初衷。

三 信息披露

保险人或中介应当（视情况而定）采取合理措施，确保客户能及时以可理解的方式获得有关保单的适当信息，以便客户能就拟议的协议（产品信息披露）做出明智的决定（指引 19.5.1）。客户获得的信息应当清楚、公平和不具误导性，并且能够让客户了解自己正在购买的产品的特征——该产品是否能以及为何能满足客户要求,从而做出关于此产品的明智决定(指引 19.5、指引 19.5.4 和指引 19.5.9)。此外,应当注意的是,遵守相关法律的信息披露成本不会招致更高的保费,亦不会妨碍保险的可及性。

如本章第二节第一小节所述,普惠保险客户的特征对信息披露的模式、时间、内容和语言提出了具体挑战。保险核心原则 19 确认了这一点,其中除谈及产品特征之外,还阐明"所需要的信息水平往往会因典型客户的知识和经验等因素而异"(指引 19.5.10)。

将强制性信息披露与常规教育和宣传活动相结合可以事半功倍。

信息披露方式是指,相关信息传达给潜在客户和现有客户的具体方式。构成恰当的信息披露模式的一个关键要素是确定:哪些要以书面形式披露,而哪些可以用口头形式披露。信息披露模式的第二个要素涉及保险合同和保单详情是否必须以书面形式予以传播,或者说一份电子版是否足够。

在普惠保险的目标市场上,传统的信息披露方式可能有失妥当。信息披露甚至可以口口相传,或者通过一个本地聚集场所来举行对话。

信息披露有时会借助于提升认知和保险素养的创新手段。它可以采用视觉学习方法,如角色扮演、视频、海报、漫画以及其他学习材料,例如,由小商贩在其店铺内的宣传画上展示条款,以供顾客永久查阅。但是,这种方式起作用的前提是,保单是基础性的且不含大量的免赔条款。

信息披露时间涉及在保单销售过程中何时向客户披露有关信息最适当、最有效。相关的保单信息在客户刚好需要时是最佳的,这通常发生在客户决定是否投保以及索赔的过程中,此时客户通常最容易接受直接且有用的信息。

普惠保险中非常重要的一点是,信息披露的方式和时间要考虑到客户的工作/生活需要。客户的工作模式可能在特定的时段呈现出不同的优先次序(如收割庄稼),而且这需要被识别和适应。

披露内容应当含有产品的关键特征,包括但不限于保险人身份、承保风险、不保风险、保费水平、重大或不寻常的免赔条款和限制性条款的显著且清晰的信息（指引 19.5.11）。因此，确定保障范围和限制条件/免赔条款与产品开发之间存在明显的联系。条款越简单，信息披露越容易。如果信息披露量过大，那么客户便不太可能阅读这些材料并理解这些重要信息，基于这种风险，注重产品信息披露的质量要比注重其数量更能够服务普惠保险客户。

决定信息披露过程所需要的语言时要考虑到，保险人是否应当采用潜在客户的母语/官方语言来披露保单的详细信息，或者客户是否可以接受该国方言。

对语言的另一个要求是简明性。艰涩的术语和复杂的句子会妨碍普惠保险客户正确理解保单的内容。经过筛选的标准化信息措辞简单，易于阅读，有助于客户理解保单内容。

值得一提的是，**信息披露过程**的有效性与普惠保险中通常存在的中间渠道有关。当销售过程借助客户聚合器而非代理人时，因为客户聚合器的销售代理可能需要接受培训才能有效地披露保单的详细信息，所以信息披露不足的风险会大大增加。要求越严格，中介渠道的成本就越高，而这可能给接触低收入客户的渠道造成不利影响，因此，"保险中介在涉及信息披露时应当受到何等程度的监管"便成了问题。实施更强的监管也需要更强的监管能力，监管者可以让保险人对销售流程中所有的信息披露承担最终责任。

与**信息披露有效性**相关的进一步问题是，在众多购买普惠保险的交易中，客户打算购买的并非保险，而是其他的产品或服务，如信贷或资产。因此，此项交易的保险部分便完全服从于初级产品。客户和供应商/中介之间有关初级产品的议价地位往往完全颠倒，所有的议价能力均在供应商一侧（如信贷提供者）。在此情形下，无论保单的信息披露范围有多广泛，实际上都对购买或不购买保单的决定没有任何影响，因为客户是格式条款合同的接受方。

提供强制性产品和自愿性产品之间的紧张关系可能加剧，这是因为，担心强制性产品不会给客户提供足够的信息，供其：（1）做出明智的决定，从而选择退出提供强制性产品的方案；或者（2）明白解决问题或提出索赔的方式。即便产品具有强制性，或嵌入其他金融服务套餐（如储蓄、汇款、信贷），向客户提供信息也非常重要，它能确保让客户真的从这些产品中获益。

专栏2—13 对指定问题的应对

菲律宾保险人协会和保险监管委员会通过技术工作组联合开发了非寿险产品（承保人身、财产、牲畜的基本风险）和寿险产品（包括定期寿险和具有现金价值的寿险）的小额保单的模板。该模板确保了这份保单合同（长1页、以菲律宾语和简单的英语书写）披露了保险委员会所要求的产品和保险人的关键信息。该《保单合同范本》与保险委员会根据通知批准的其他所有小额保险产品类似，在保单合同正面以醒目方式显示小额保险标识。这是为了让客户能够立即识别出他们购买的是小额保险。

FINO 金融科技是一家印度银行代理机构，其与销售保险和其他金融服务的代理人合作。该机构开发出一款成本低廉的移动式培训模块。该模块可使 FINO 缩短真人实训的时间，通过更新产品、保单变更和回答常见问题来提供持续的支持。FINO 能跟踪代理人是否下载了更新。一旦下载，那么即便没有移动接收，代理人仍然可以使用这些更新。因此，代理人可以在与客户进行实地互动时访问这些更新。

小额保险经纪人——菲律宾 MicroEnsure 公司正在利用呼叫中心平台，为保单持有人提供理赔和一般的小额保险咨询服务。

莫桑比克法律要求保险合同必须采用书面形式，并交付实物保单。从小额保险的角度来看，这一做法的成本很高，在实践中也可能行不通。

2012年，巴西《小额保险条例》允许以"远程手段"订立合同，无须硬拷贝签名或保单文书。

加纳和南非的法律均认可电子签约。而在没有电子商务法律的情形下，坦桑尼亚默许使用电子签约。（1）加纳和坦桑尼亚的 MicroEnsure/Tigo 的移动保险产品依靠电子签约。（2）南非也有一些保险产品依靠远程（电子或电话）签约和信息披露。如 Outsurance 人寿、Customerele 人寿和 Hollard 的一些产品。

1. 信息披露的内容

赞比亚等国家则根本不处理信息披露和透明度问题:"未明确规定以何种方式向客户披露的信息内容,亦无金融建议之规定。"这给市场造成了不确定性,而赞比亚的《小额保险条例(计划草案)》正设法对此做出纠正。

另一些国家则将"信息披露要求"详细列为经营行为监管的一部分,而且许多国家已经或正在考虑把这些要求与小额保险的具体情况结合起来,如印度和菲律宾的小额保险法律。巴西的法律明确规定:"客户应当完全知情,信息披露应当完全透明。保险人应当以正确、清楚和精确的方式向客户提供保险产品,并以葡萄牙文提供关于产品特征的充分信息。"中国则要求采用简单的保险单证,上面载明双方所有重要细节,而且应当把保单发给保险持有人。在秘鲁,法律加强了保险人身份、销售渠道、承保风险、免赔条款、理赔流程、保费等方面的透明度要求,同时要求保险人(直接或通过其销售渠道)提供详细信息。

2. 信息披露的语言

南非 Hollard 保险人用简单直白的英语创建了一份小额保险保单模板。此外,对于通过零售商以无纸登录处理方式提供的产品,人寿保险合同中最重要的特征会通过图片和简单直白的语言来沟通传达。Hollard 公司的小额保险产品客户的文化水平一般较低,依赖于面对面的销售和语言讲解。

巴基斯坦的《小额保险条例 2014》规定:"向小额保险保单持有人披露的任何信息均至少以乌尔都语书写。"

印度的《小额保险条例》规定:"每个保险人均应当以当地语言向小额保险保单持有人签发保险合同。"

3. 信息披露的有效性和流程

在加纳,巨灾保险的 MILK(Microinsurance Learning and Knowledge)项目的研究表明:客户对他们的强制性保障范围并不知情。当洪灾出险时,在许多情况下,赔付对于客户而言是一个惊喜。然而,即便是自愿性保险产品,哥伦比亚也出现了类似的现象。当客户回想起投保事宜时,他们对自己应当获得的利益很困惑,通常期待得到与实际所得极为不同的回报。

在哥伦比亚,所有的贷款都要求购买信用寿险,但是客户应当能以合法方式从任何来源购买这种保险，并且应当了解这一规定。然而，在实践中，大多数有小额贷款的低收入客户都是通过微型金融机构购买这种保险的，很小部分的（通常少于5%）客户会选择向其他的保险人单独购买此保险。

在蒙古国，监管者如果认为保险人的广告宣传存在误导性，可以要求其撤回广告。

在秘鲁，保险人负责向客户提供信息和文书。在不符合规定时，保单甚至会被废除。在这些案例中，如果情况确实如此，则顾客有权在自由浏览或冷静期内收回已付的保费。

四 承保

承保是指，保险人同意承担投保方案中的客户风险，而投保方案可由客户或者代表客户利益的经纪人或者其他中介提交。承保表示保单持有人与保险人之间已签订合同。在达到此既成事实之前，双方需要充分商定风险状态、价格和条款，才能达成协议。

为了承保，保险人会要求潜在客户提供特定的资料和/或文件。为确保客户权益以及规范保险人的经营行为，监管者亦可对签约流程提出若干要求。例如，客户应当以书面形式提交一份签字的方案和一份正式接受的保单或保险凭证，经纪人应当与客户共同签署这份方案，客户可在一定期限（称为"自由浏览"或"冷静期"）之内取消保单并索回已交保费。

财务诚信，尤其是反洗钱和反恐怖融资领域的监管目标对承保提出了要求，要求客户在接受前提交特定的信息和文书。

如果低收入客户难以满足保险人和/或法律强制规定的文书或信息要求，或者客户无法获得必要的文书，这就会妨碍普惠性。

本章第三节第一小节讨论普惠保险业务模式时提出了普惠保险领域中的一系列承保问题，这些问题均需要恰当的监管应对。

本小节考虑如下四个话题在普惠保险市场上引发的问题：（1）团体承保：较之于个体承保（承保是基于对个体风险状况的评估），当保险人评估整个团体的风险状况并对其定价时，便会发生团体承保。因此，不存在个体承保，并且保险人不能拒绝承保个体，也不能根据个体风险状况来调整其定价。保障范围和条款均已实现标准化①。(2) 涉及投保和承保过程的新当事方：经纪人不必非得代表客户提交方案，被保险一方与保险一方之间也不必非得存在直接的投保/承保关系。(3) 非面对面/远程签约：为降低成本，同时方便创新性分销渠道②，普惠保险通常以非面对面或电子途径签约。(4) 洗钱/恐怖融资风险低：普惠保险单合同带来的收益往往很小，涵盖的是不易受洗钱或恐怖融资影响的风险类型。

团体承保。在团体承保时，个体可以购买保单，但是无须提交个体风险状况的资料。这使得客户承保变得更易于管理，降低了成本。如果通过团体收取保费，还可以增加保费的持续性。

然而，个人的不利因素使得低风险的个人无法从个人承保中获益。事实上，保险人甚至可能对最终客户的详细情况不甚了了。此外，公开的团体承保可能需要采用一段等待期来减少逆选择的风险。如果顾客没有完全理解等待期条款，那么当索赔在等待期内遭到拒绝时，他们会大为失望。如有人或团体变换了保险人，且需要再经历一段等待期，那么就意味着保险的中断。

潜在的监管考虑因素包括：(1) 是否允许对承保模式设置任何条件。(2) 第三方（管理人、客户聚合器等）可否代表个体订立保险合同？其条件是什么？(3) 如何确保风险池中的个体得到保护？如果他们的风险状况发生变化了呢？(4) 如何确保保险人知道保单中被保险人的身份？

专栏2—14 对指定问题的应对

拟议的南非小额保险监管框架规定：保险人不应当有选择地取消（或者拒绝续保）团体内的单个保单。一旦保险人不再认为这一风险处于可接受水平，那么就应当拒绝给整个团体续保。

---

① 团体保单可以是强制保单，也可以是自愿/开放式保单。依照前者，一个团体的所有成员都因其成员资格获得保障（如基于雇主的方案），这在最大限度内降低了逆选择的风险。而在后者中，如兴趣小组，个体可选择是否接受团体保单的保障。

② 本书中的创新性分销渠道不含传统保险中经纪人、代理人、销售人员等销售结构。在普惠保险中，这一销售结构通常被一家客户聚合器取代。

至于最长的允许等待期及其信息披露，南非小额保险监管框架规定：如果团体保单变更保险人，那么只要保险未中断，便不应当实施新的等待期。

最后，南非保险监管框架还规定了"blinder协议"条件，适用于有能力将保险人纳入保险合同的第三方（如管理人）。

有关投保和承保过程的新当事方。一份保险方案通常是由客户或客户的法定代表人签署，此外，在适当情形下，还要加上他/她的经纪人。但是，同样的方式不会总适用于普惠保险——这一现象直接关系到团体保险的普遍程度。例如，在普惠保险领域，团体保单通常通过第三方签订，该第三方可以是团体的组织者、经理人、客户聚合器、技术服务供应商或管理人。团体保单由代表团体中个体成员签订保单的第三方来签署[①]。这会带来风险：个体可能不了解自己获得的保障，也不清楚保险人是谁，更不明白该如何索赔；个体不知道保单会在未经过个体同意的情况下在保险人之间转移，也不清楚在保单转移过程中个体会出现保障缺口。

因此，传统的保险合同当事方是保险人和被保险人，中间夹着受到监管的中介，而在普惠保险中，可能有新的当事方介入这种关系。这些其他缔约方不必非得和保险人（情况如代理人）或被保险人（情况如经纪人）存在委托代理关系。

在诸多不断演变的普惠保险业务模式中出现的签约模式要求，监管者需要对承保过程中的经营行为要求进行重新评估。监管者需要考虑以下事宜：（1）需要重新考虑要求经纪人或其他中介共同署名的传统规定；（2）需要明确保险人、被保险人和第三方之间的契约关系；（3）在签约过程中需要考虑客户权益保护的具体保障措施，例如，要求在"车辆登记方案"中向客户提供特定资料，要求即便是非直接的保单持有人的个

---

① 具体案例有车辆免费或补贴登记方案。代表被保险人个体发出提议并支付保费的另一方可以是银行、其他信贷提供者、移动网络运营商或国家。在一些情况下，被保险人个体甚至不清楚其保障范围。

人，也有权获得保单证明文件，为代表团体成员订立保险合同的第三方行为设置条件。

专栏2—15　对指定问题的应对

● 中国的法律要求，给终端客户出具的简单保险凭证包含必要的信息，例如投保人姓名、被保险人姓名、受益人姓名、保险类型、保险名称、保险金额、承保期限、单期保费、付款日期、保险责任、免赔条款、保险人地址和客户服务热线详情。

● 乌干达、巴西等国家要求就保险人的身份与客户开展明确的（口头和/或书面的）沟通。在这些国家，保单会记录分销伙伴的名称。

● 越来越多的国家在法律中提及第三方/客户聚合器及其在签约过程中的作用和责任。

● 巴基斯坦和南非在不考虑是否存在第三方主保单持有人的情况下，在保险人和被保险人之间建立起直接联系。这包括在不考虑有关各方（如团体管理人和保险人）订立的中间协议内容的情况下，在保险人和被保险人之间建立连续的保险合同。

非面对面/远程签约。在普惠保险业务模式中，发出投保要约时客户一般不在现场，在场的是中介，他可以核实客户的详细信息。例如，顾客会购买一份标准的保单"息票"①，凭此交纳的保费将被视为提议或要约。客户的第一笔保费或随后与呼叫中心代理人的一次录音对话均会被视为要约。在其他模式中，客户可以通过电话、网络、手机等签约。在这两种情况下，客户均未签署有实体的保险方案。

这些因素促使监管者考虑如下事宜：（1）经过许可的电子签约、电子续签及相应的风险管理。例如，硬拷贝的文件上是否需要客户签名，

---

① 个人购买的任何"现成的"标准化保险合同均没有针对特定保单持有人的定制保障范围和条款。此类保险产品具有不同的形式，例如：在南非，它通常以保单卡的形式出售，其包装与手机sim卡启动包十分相像；在巴西，它被称为"票"或付款凭单。这些保单在一些情况下会印在销货单上；或者甚至像印度一样，印在肥料袋上。

可以考虑哪些替代选项（包括生物识别、语音记录、电子化承保）。（2）保单方案及其他文书的格式（硬拷贝或电子版），例如市场营销或售前资料、售后资料以及任何需要进一步开展的沟通，例如续保、取消保单和保费变更。（3）如何简化保单、息票、凭证等，使得在保证充分的信息披露和客户权益的同时，实现非面对面签约。（4）是否需要与其他负责发展电子商务立法的政府当局相协调，或在电子合同的法律地位不明确的国家订立更广泛的合同法。（5）保险人及中介如何储存电子记录及维护系统的完整性，从而确保记录不会遗失或被不当使用。

专栏2—16　对指定问题的应对

　　国际上存在许多电子商务法律实例，其中包括承认电子合同、电子记录、数字签名的法律。即使在没有明确执行电子商务监管的国家，如坦桑尼亚，只要符合根据合同或普通法订立合同的条件，电子签约的有效性通常得到默认。

　　巴西的小额保险监管框架允许数字签名和其他签约方式。作为远程签约方式要求的一部分，交易双方必须对数字签名予以识别。

洗钱和恐怖融资风险低。客户尽职调查（customer due diligence, CDD）亦称作"了解客户"要求（know your customer, KYC）。《反洗钱和反恐怖融资条例》规定了此类要求。根据《反洗钱和反恐怖融资条例》，负有责任的机构（有些国家和地区中包括保险人）不能与没有提交识别所需文件并验证身份的客户建立业务关系，从而直接给承保工作带来了负担。

　　一旦此类要求应用于保险，许多普惠保险目标客户可能由于没有必要的文件资料而被拒保。

　　以《反洗钱金融行动特别工作组建议和特别建议》的形式给出的国际指引、2013年反洗钱金融行动特别工作组（Financial Action Task Force on Money Laundering，FATF）关于反洗钱和反恐怖融资的措施、关于普惠金融的指引①允许采用风险导向的方法。对于风险较高的客户及交易，应当采取更严格的措施；而对于低风险客户及交易，包括低价值的人寿保险保单和旨在推广普惠金融的产品，应当采取简化的要求。"在此类情形下，倘若一国或金融机构对风险进行了充分分析，一国允许其金融机构采用简化的客户尽职调查是合理的。"②

因此，普惠保险市场使监管者需要评估与各类产品相关的洗钱和恐怖融资风险，从而确定承保要求的恰当性。

另一项要考虑的因素是，需要同财政当局和金融情报机构进行跨国或跨地区的合作/协调，从而确保在保险方面采取的任何措施符合该国关于《反洗钱和反恐怖融资条例》的总体方法。

专栏2—17　对指定问题的应对

一些国家对特定类型的低风险保险实施了客户尽职调查的豁免或简化要求。例如，菲律宾根据该国《反洗钱法》的规定放宽了对小额保险的客户尽职调查要求。

五　保费收取

为了购买风险保障，保单持有人需要支付保费。保费支付可以采取现金付款方式，也可以采用银行付款或数字支付等方式。

普惠保险中存在的忠诚产品让客户免于直接支付（通常称为"免费增值模式"），例如，由移动网络运营商付款。客户还可以选择升级"免费"产品或转移到已付费产品。这有助于那些旨在促进顾客群体熟悉保

---

① http://www.fatfgafi.org/media/fatf/documents/reports/AML_CFT_Measures_and_Financial_Inclusion_2013.pdf.

② 具体而言，金融行动特别工作组的建议只适用于人寿保险和投资型保险。此外，此类建议表明，在特定情形下，洗钱或恐怖融资的风险会更低。在此情形下的实例包括保费低于每年1000美元或1000欧元的人寿保单（或单笔保费低于2500美元/欧元）；此外，"向特定类型的客户提供适当定义和有限服务的（金融）产品或服务，以便推动实现普惠金融"。参见金融行动特别工作组《金融行动特别工作组建议10的说明性注解》，2012年，详见http://www.fatf-gafi.org/media/fatf/documents/recommendations/pdfs/FATF_Recommendations.pdf。

险并提升保险可及性的方案。

新兴市场经济体对现金的依赖较多,这使得客户和利益相关方均面临多种风险。相关方能够通过限制、篡改或销毁会计记录或根本不保存原始记录的方式来协助盗窃或挪用现金。支付系统可有助于减少现金交易带来的损失或盗窃,电子支付更是可以使个人免于此类风险,同时也确保在需要之时能获得这些资金。然而,卡和移动电话上的电子账户均需要具备复杂的风险管理系统,从而防止未经过授权的使用,在丢失或被盗的情况下也能启动停用功能。

接下来的段落将普惠保险中有关保费收取的问题分为几类加以讨论:(1)使用银行账户收取保费;(2)代理人和经纪人收取保费;(3)客户聚合器参与收取保费;(4)使用手机技术收取保费。

使用银行账户。在传统保险中,使用银行账户收取保费非常常见,这在普惠保险中还并非如此。并不是每个人都有一个可以用于付款的银行账户。如果保单持有人没有银行账户,便需要存入现金来支付保费,但是银行可能会收取超过保费数额的额外费用。如果保单持有人拥有一个账户,那么如果账户出现赤字(可能是缘于不平滑的收入模式),银行就可予以罚款。

另一个问题是银行分支机构的可用性。当然,在农村地区或特定郊区可能缺少供账户持有人使用的银行分支机构。有时这一问题可通过使用可以存取现金的自动柜员机来解决。

专栏2—18 对指定问题的应对

在巴西,使用银行账户收取保费非常普遍,甚至在普惠保险中亦是如此。银行拥有大量低收入客户,一些大型保险人也属于同类银行机构。此外,也可由通汇银行代为收取保费。

此外,因为此类服务费有时会高于保费,所以独立的保险人可能难以通过客户的银行账户收取保费。在零售场所用自动取款机(ATM)和销售终端(POS)刷借记卡支付保费也是一种选择。

所谓通汇银行(correspondent bank,CB)是指,由中央银行创建,旨在为银行服务不足的人群提供服务的银行。巴西商业保险监管局利用此类法律创造的环境，制定了一项规则，允许通过通汇银行分销保险。巴西各大银行的通汇银行网络分布在彩票机构、邮局、超市、小型商店、药店、加油站等零售机构。因为这些通汇银行大部分位于贫困地区，如城市贫民窟、各种弱势社区甚至偏远的农村地区，所以该系统可以为贫困人群带来银行服务的诸多益处。

通过代理人和经纪人收取保费。代理人和经纪人的数量往往超过保险人的数量，这加剧了普惠保险市场面临的挑战——代理人和经纪人在该市场上受到的监管还处于初级阶段。当保单持有人向代理人和经纪人支付保费时，需要有付款证明，而该款项必须正确记入代理人/经纪人的账户，之后转账给保险人。

当代理人或经纪人出现债务违约，或者从保单持有人收取的后续保费没有转移至保险人或者没有进入代理人/经纪人与保险人之间的账户，那么便出现了另一个问题。为了克服这一风险，有时根据法律，向代理人/经纪人支付的任何保费均会被视为是向保险人支付的款项①。因此，保险人要监管代理人和经纪人的财务和行政事项。

客户聚合器的参与。如本章第二节第三小节和第三节第二小节所述，客户聚合器在普惠市场的保险分销中发挥着重要作用。零售商、公用事业服务供应商、移动网络运营商、雇主等各方均可作为聚合器，销售保险合同，进行保费收取、理赔等客户关系管理工作。从保险角度来看，这些当事方通常不受任何正式监管，所以前几段中提到的现金支付、恰当管理、支付保费等问题便更加重要。在此类情形下，即使保险人在与分销商的关系中占主导地位，监管者通常也不太依赖保险人来有效监管分销商，这是因为：保险人难以进入某些强势的分销商的众多网点，或者保险人没有建立起合适的控制系统。

使用手机技术。如本章第二节第四小节所述，在保险或移动保险中使用手机是普惠市场上众所周知的现象。保费收取问题值得一提。移动

---

① 同样，只有当保单持有人实际收到了保险人的赔款，才会认为保险人已经支付。

保险是一种合适的保费收取方式。因为支付很容易，无须现金，这种方式有助于克服保险可及性障碍。然而，有时仍需要向代理人或客户聚合器支付现金；之后这些代理人或客户聚合器便将此款项存入手机，进而转入保险人的数据库。这就需要考虑现金管理和保费收取以及监管移动网络运营商代表保险人收取保费的做法。

起初，在移动保险中，通常通过从客户的通话时间中扣除费用来收取保费。这减少了通话时间，而且有时保单持有人并没有意识到这一点，所以出现了另一种做法——在移动网络运营商开设电子货币账户。

移动保险成为有用的分销模式的一个重要条件是，地理区域和电信基础设施必须能互联互通，能运行移动设备，或者用户能够在连接到保险人信息系统之前，先将信息存储在设备上。

移动保险是保险人为移动网络运营商开发的一种忠诚方案，最初通常免费提供，因此，客户通过保险人识别移动网络运营商。这意味着，移动网络运营商的任何经营行为均会影响到保险人。参考本章第二节第四小节中的 EcoLife 实例。

六 理赔

高效和迅速的理赔流程通常是为客户创造价值的重要特征。其原因在于，承保范围经常涵盖基本的生存和收入需要（如健康、农作物、牲畜、设备、车间、死亡、残疾等），并且应当迅速理赔并支付赔款，才能避免收入继续减少或为应对开支而变卖资产。

此外，还应当提到理赔绩效的重要性。在传统保险市场上，不公平的拒绝索赔和不必要的拖延支付赔款均可能导致诉讼。然而，普惠保险的保单持有人几乎无法承担律师费，所以在实践中也无法依法强制保险人支付赔付款。这一做法会损害保单持有人的信心和普惠保险市场的信誉。

这一小节将在以下分类中进一步讨论普惠保险理赔流程引发的保险监管问题：（1）理赔流程；（2）文书要求；（3）赔偿性质。

理赔流程。在产品开发阶段应当考虑理赔流程和成本。简化的产品设计将极大地改善理赔流程。大量的免赔条款则意味着更复杂的解决流程,并且可能造成高拒赔率。为改善普惠保险产品的理赔和保单持有人的理解,此类产品应当尽可能简单,且具有规范的保单措辞、有限的责任免除和尽可能少的文书要求。

普惠保险客户关注理赔速度,所以保险合同必须记载支付赔款的最后期限,并且减少过多的文书要求,以避免程序太冗长。

保险人在评估赔付款时会考虑保险合同的种类和承保范围。团体保单可以通过雇主、银行、信用机构以及其他专业或社会组织签发,通常在特定情况下支付赔款。有时团体保单的赔款不像个人保单那样直接付给受益人。赔款支付可能要通过保单管理人,从而导致受益人收到的赔款延迟。从这个意义上讲,在确定赔款支付模式之前,保险人应当分析各种情况。

指数保险[①]等产品的赔付也需要不同的方法。根据产品种类,指数保险的赔付可以迅速完成,这一优点能够减少或避免保单持有人变卖资产。基于天气的指数保险或基于卫星的农作物或草地指数保险便是这种情况。然而,这些产品的缺点是,保险机制难以理解且保单持有人无法掌握理赔的基本原理。在这两种情况下,还存在基差风险,即实际损失与指数确定的损失之间存在的潜在差异(如与某一特定农作物的产量有关)。根据对客户赔付的影响方式,基差风险可能损害客户对保险的信任(若农作物受到损害,却被拒赔),或者如果不管自己怎样做都会获得赔付,那么这一预期会消减农户保护农作物的激励。

使用新技术也会提高保险赔付流程的运行效率。在一些国家和地区,保险人正在将移动电话技术用于牲畜保险产品的登记与理赔,以便在发生了导致牲畜死亡的事故、疾病、火灾和水灾时提供保险。移动技术正被应用于降低交易成本、缩短理赔时间、改善客服质量等目的。在新的登记流程中,可以通过手机获取经过登记的动物详情、照片、受益人信息等,并直接传输到中央服务器,以便"即时"登记并签发保单。同样地,在新的理赔流程中,佩戴包含有关详细信息的耳标的动物照片会使

---

① 指数保险的赔付不是基于被保险人的实际损失,而是基于预先设定的外生指数(如降雨量、温度、湿度、农作物产量等)。详见本书第四章。

用电话传送，而不必通过从前的物理文书传输。此流程的改进会缩短理赔时间、降低成本和减少欺诈。因此，保险人可以在农民急需时提供资金，从而提升该产品的客户价值。

代表保险人交付赔付款的创新渠道是扩大保险市场覆盖面和促进主动销售的重要方式。但是，需要考虑这种交付渠道的成本，并且注意到，即便保险人及时向中介付款，也并不意味着客户可以同样及时地获得保险赔款。

对于分析付款时间、损失程度等信息，比率分析是一种衡量保险人业绩的有用工具。较低的赔付率意味着，客户的价值较低和/或赔付较少，表明已付赔款和保费收入之间存在不平衡性；尤其是，考虑到普惠保险市场通常由初级保险用户组成，他们还不习惯使用保险来减轻家庭风险并保障收入。过高的拒赔率可能表明产品过于复杂、承保不充分、理赔流程过于困难。在任何情况下，它均应当推动监管者要求保险人调查比率不正常的原因①。

文书要求。另一个问题是，在出险时提供损失证明所需要的文书类型。取得保险人要求的文书的成本和难度也会影响理赔进展和结果。例如，在死亡的情况下要求尸检报告可能遇到严重的障碍。此外，要求复杂且昂贵的健康检查可能令普惠保险客户无法获得保障。因此，推动普惠保险需要制定恰当的文书要求。为每种保障范围确立简化的文书（如简化的索赔表格）将使理赔更有效，其流程对被保险人而言也更易于理解和透明。此外，还应当考虑其他形式的证据，如社区领导的声明、警察报告和医院报告。

赔偿性质。与普惠保险理赔相关的另一个方面是保单持有人获得的赔偿类型②，特别是实物性赔偿，如丧葬险和医疗保健险。如本章第三节第一小节所述，丧葬保单的客户可能无须组织部分或全部葬礼服务，所

---

① 巴西金融监管和普惠中心——小额保险中心。
② "赔偿"是指针对错误或不满的补救或补偿。根据经济合作与发展组织（Organisation for Economic Cooperation and Development，OECD），赔偿是"以货币补救方式（如自愿支付、损害赔偿、返还或其他货币补救措施）或者具有恢复性因素的行为补救方式（如商品或服务的交换、具体履行或解除合同）去补偿经济损害"。

以保单的实物利益可能令客户受益。但是,如果保单持有人已经迁移,那么丧葬保险的实物赔偿便可能不再合适。在一些情况下,保单持有人通过葬礼服务提供者的丧葬保险,有权在迁移或需要离开原村埋葬时获得金钱补偿。

有效的健康保险需要公开或私人提供的医疗服务是有效的和可及的,而此类服务受到基础性健康融资环境的复杂程度、保险人与服务供应商之间的关系及服务协议的影响,因此,小额医疗保险的理赔管理尤其具有挑战性。大多数发展中国家的卫生服务严重不足,所以在无法获得或缺乏健康服务的情况下,不充分的卫生服务会破坏理赔并且直接影响到将健康保险向特定区域扩展的可行性。

专栏2—19 对指定问题的应对

1. 标准化的保单措辞、受限的免赔条款、最低的文书要求

在巴西,所有小额保险产品均以立法形式实现了标准化的保障范围、措辞、文件要求和免赔风险条款。这些法律规定促进了低收入人群对产品特点的了解,有利于培育普遍的保险文化,进而改善理赔。

2. 理赔条款

根据一些国家和地区的法律,普惠保险理赔的时限可能只有传统保险的1/3。在有些情况下,延迟付款需要支付利息。在印度,任何延迟索赔均需要支付2%的利息。在巴西,除支付利息和缴纳滞纳金之外,赔偿还需要根据物价上涨而更新。

秘鲁:赔款应当在10天之内付讫。

加纳:赔款要在提交后7天内予以接受或拒绝;如果接受,则要在收到索赔请求后10天内付讫。

墨西哥:赔款应当在5个工作日内付讫。

南非(拟议):所有有效的小额保险赔付应当在保险人收到所有必要的文书后48小时内完成;此外,如果合同中有明文规定,还可以以分期付款方式支付赔款。

菲律宾:《保险备忘录通告1-2010》要求,小额保险合同索赔应当

在保险人收到完整的书面材料后的10个工作日内予以解决。此外,《通告5-2011》要求,小额保险人需要向委员会报告小额保险配套标准业绩指标之一的理赔时间（相对于10天的基准）。

3. 远程/电子支付

在巴西,新的小额保险规则要求,使用远程手段的保险人在索赔管理流程中包含此类程序,如保险人转交的合同文件的授权证明和完整性证明、保单持有人和受益人的正确身份、对资料和人员信息的真实性和完整性的确认、保险人向保单持有人和受益人发出的单据和信息的收讫确认。

七　投诉处理

根据保险核心原则19,监管者要求保险人及中介均建立起规则及程序,以公平及时的方式处理投诉。保险人应当披露保单持有人的申诉权以及处理保单持有人申诉的所有安排,包括保险人内部的理赔纠纷解决机制和外部的纠纷解决机制（指引19.5.11）。

普惠保单的保单持有人往往不清楚或没有充分认识到,如果受到不公平对待,应当采取哪些步骤,或者说,无法使用投诉处理和纠纷解决机制。保险持有人对保险合同所产生的法律权利和义务的了解程度通常不高。

普惠保险客户应当知道、理解并且能够有效利用现有的内部和独立的纠纷解决机制。后者意味着,客户有权获得简单、实惠、透明、及时、公平和公正的投诉处理和纠纷解决。

在普惠保险市场上落实投诉处理机制会遭遇下列挑战。一是投诉处理机制非常昂贵,难以承担。二是低收入群体可能不容易获得此类服务。与员工工资相比,差旅费和时间成本可能过高。对于此类的客户,充分且可及的投诉处理机制非常重要。基于网络的系统可能存在局限性。三是有时保险领域的某些部分不正规,所以没有受到监管。这限制了采用和执行投诉处理程序的范围。

专栏 2—20　对指定问题的应对

在菲律宾，保险委员会（IC）通过的《小额保险监管框架（2010）》规定，涉及小额保险的投诉应当在投诉备案之日起 5 个工作日内采取行动，并在投诉案提交最终解决之日起 45 个工作日内给出解决方案。在秘鲁，监管机构（SBS）颁布的《小额保险条例》规定，应当在 15 天内解决小额保险投诉。在巴基斯坦，证券交易委员会（SECP）于 2014 年通过了《巴基斯坦证券交易委员会小额保险规则》。这些案例表明，所有与小额保险有关的投诉应当在投诉备案后 5 个工作日内开始处理。

客户对补救选项的认识：拟议的南非小额保险制度规定，在保单概要中要明确说明投诉处理流程和申诉专员的详细信息。巴基斯坦证券交易委员会的小额保险规则规定，在开始订立合同时，保险人要向保单持有人提供保险人及保险申诉专员的联系方式。

内部投诉处理机制：哥伦比亚、秘鲁、巴西、巴基斯坦、肯尼亚等国要求保险人保有内部投诉机制。巴基斯坦证券交易委员会的《小额保险条例草案》强调，保险人应当确保小额保险的保单持有人"拥有有效和直接的追索途径"。要做到这一点，保险人应当让自己可以被保单持有人轻易联系到，应当建立有效的内部投诉处理机制。坦桑尼亚的条例草案规定："保险人应当快速迅捷地确定和处理小额保险保单持有人的投诉。"

综合申诉管理系统——印度保险监管与发展局的申诉纠正监控工具：印度保险监管与发展局（IRDA）创建了一个在线客户投诉登记库，允许保单持有人登记投诉并跟踪他们的投诉处理进度。印度所有的保险人都将他们的在线投诉记录系统与印度保险监管与发展局运营的综合申诉管理系统集成在一起。这样，通过综合申诉管理系统登记的投诉将流向保险人和印度保险监管与发展局。

墨西哥外部投诉处理机制：在墨西哥，保护金融业客户国家委员会（Comisión Nacional para la Protección y Defensa de los Usuarios de Servicios Financieros, the National Commission for the Protection and Defence of Financial Service Customers，CONDUSEF）有两项任务：提供金融教育和组织咨

询论坛、解决金融客户对金融机构的投诉提出建议。保护金融业客户国家委员会（CONDUSEF）在其网站上公布投诉统计数据。

哥伦比亚的投诉记录：在哥伦比亚，金融监管局（Financiera，SF）在其网站上按照月、季度、半年和年的频率来公布投诉统计数字。在此过程中，金融监管局不仅整合了向其提交的投诉，还整合了所有被监管主体和申诉专员收到的投诉。统计数据是按部门、按被监管主体和按投诉理由来组织的。此外，金融监管局还发布了统计数据，提供有关解决投诉的方式以及决定是否支持客户。

纠纷解决

菲律宾小额保险的非诉讼纠纷解决机制（ADReM）：2013年7月，保险委员会（IC）将小额保险非诉讼纠纷解决机制（包括调解与和解）设置为首选的纠纷解决方式。小额保险非诉讼纠纷解决机制采用的指导原则为：辅助性、流程公正性、赋权与自决、有效沟通与和解。小额保险的调解与和解流程必须遵循以下原则：低成本、交通便利、实用（适合于小额保险领域）、有效和及时提供。无论是商业保险人、合作保险协会（CIS），还是互惠协会（MBA），小额保险非诉讼纠纷解决机制中的指导原则根据风险载体而异。在任何情形下，他们的治理原则是保密、胜任、公正、一致、自我决定和执行解决协定。对于保单持有人就因被拒绝索赔或因未在10个工作日内支付全部款项而引起的纠纷，保险人、合作保险协会和互惠协会必须促进其采用调解与和解方法。保险人、合作保险协会和互惠协会必须在年度报表中提供有关小额保险非诉讼纠纷解决机制案件处理结果的信息。

秘鲁的保险申诉专员：秘鲁保险协会（APESEG）创建了一个合议庭，充当保险申诉专员（Defensoria del Asegurado）。为了让协会具有司法管辖权，设定索赔金额的上限为5万美元。任何决定均对保险人而非客户具有法律约束力。关于纠纷解决的统计数字会载于其年度报告，但是却不会提及相关公司的名称。

一些非洲国家的申诉专员：斯威士兰最近建立了保险裁定员，坦桑尼亚和赞比亚表示其正在建立行业申诉专员制度。

印度保险申诉专员的职责范围：印度在不同的邦均设有保险申诉专

员，他们在开展这些"乡村项目"时会访问一些地区，为投诉者提供此类服务。

萨尔瓦多的小型投诉仲裁流程：《客户权益保护法》第 136 条 A 款规定：在投诉额不足 3000 美元时必须迅速、自由地做出裁定。

尼日利亚三人仲裁法庭：2013 年，尼日利亚国家保险委员会（National Insurance Commission，NIC）颁布的《小额保险经营者指引》将仲裁采纳为解决小额保险纠纷的首选方法。如果不能通过仲裁来解决纠纷，那么纠纷将提交国家保险委员会解决。

在线纠纷解决——未来的方向？尽管目前的证据并未表明，新兴保险市场正将在线纠纷解决机制[①]用做纠纷解决方案，但是一些发展中国家已经将电子通信和信息通信技术（ICT）用于提供法律咨询，并且在一些情况下还用于解决纠纷。例如，在肯尼亚，HiiL 创新正义、Kituo Cha Sheria 和肯尼亚空间（Space Kenya）正以"M-sheria"的名义启动一项使用基于短信服务/在线机制的混合系统试点项目。用户通过短信向 M-sheria 免费发送法律问题，之后，该问题就会通过短信被直接回复，而且该问题也会匿名发表在 M-sheria 网站上。鉴于手机和其他信息通信技术越来越多地参与到新兴保险市场的保险供给中，此类平台很有可能被应用到与在线纠纷解决机制有关的保险中。

第四节　结论与建议

普惠保险的经营行为监管旨在确保保险人采取合适的经营行为，从而保护客户权益。因为这些客户常常是初次购买保险，所以更有必要建立和保持他们对保险行业的信心。

监管者应当为保险经营行为设定要求，以确保客户"从签订合同前到履行合同规定的所有义务的时期中均被公平对待"，因此，监管者深入

[①] 根据联合国国际贸易法委员会《跨境电子商务交易在线争议解决规则草案》，在线争议解决（On Line Dispute Resolution，ODR）被定义为"通过使用电子通信和其他信息通信技术以便利方式解决争议的机制"。

且全面地理解普惠保险的各方面和合同生命周期的各阶段，将有助于应用保险核心原则9（关于经营行为）。

对于管辖范围内的普惠保险，监管者在设计和实施有关经营行为的监管措施时，面临着普惠保险市场与传统保险市场之间差异带来的挑战。

在通过经营行为监管来提供足够程度的**客户权益保护**时，需要考虑每个国家或地区的保险部门的具体特征。这些问题包括居民的金融教育水平、监管执法权、法院系统的运作、客户权益保护机构的存在和运作、市场发展水平以及是否存在其他纠纷解决机制。

客户权益保护问题涉及产品生命周期的所有阶段，与下述环节紧密相关：**产品开发、分销、承保、信息披露、保费收取、理赔和投诉处理**。立法者在颁布相关法律时应当考虑到这些问题，监管者在监控活动时也应当考虑这些问题，从而确保普惠保险采用合适的经营行为。

在普惠保险市场上应当充分重视**客户价值**。这包括避免推出对普惠保险客户没什么价值的产品，同时加强旨在确保客户能够有效理解保险合同的金融教育举措。监管者应当考虑其在保护客户价值方面的作用，例如，通过监控或报告机制、将解决相关问题作为开展经营行为的一部分。

鉴于中介渠道在提升保险可及性方面能发挥的重要作用，在普惠保险**经营模式**中应当认真考虑纳入各种中介渠道以及能履行价值链不同功能的各种参与者（包括客户聚合器、经纪人/代理人和管理人），不可挫伤他们的积极性。但是，必须将他们纳入保险监管的范围中，同时考虑其经营行为相关的事项。特别值得注意的是：基于手机技术的数字普惠金融的影响力正越来越大。因此，应当结合商业模式的主要特征来对其密切监控，包括新技术带来的风险，监管者应当确保这些风险得到有效管控并制定恰当的监管策略。

支付方式也是致力于发展安全和高效的普惠保险市场的监管者应当考虑的关键议题。它涉及保费收取和理赔付款。该领域还应当考虑到，客户资金可及性水平和新兴市场经济体中人群所面临的风险的复杂程度。

此外，理赔的效率和效果会影响客户对保险市场的信心，从而影响普惠保险政策目标的实现，因此，**理赔处理**应当受到良好的管制和密切监控。

最后，监管者在追求最合适的监管方式时，应当寻求适当的平衡。考虑到不同国家或地区的背景和战略目标存在差异，要求和规则应当以恰当性原则为基础，并根据所在国家或地区的情况做出相应调整，从而确保以最恰当的方式满足普惠保险客户的需求，同时保护客户权益。

与有关监管部门和客户机构订立的协议和安排可成为确保客户得到充分保护的工具。尤其是，如果多个部门负责客户权益保护且对经营行为的监管呈分散化，便会强化这种需要。

致谢

本章是根据普惠保险和保险可及性领域各个合作伙伴的集体知识和经验起草的。参与本章的监管部门是国际保险监管者协会的普惠金融工作组。保险普及化倡议组织（A2ii，www.access-to-insurance.org）和小额保险网络组织（www.microinsurancenetwork.org）从从业者角度整理了文稿，其中包括由保险普及化倡议组织（A2ii）主持开展的国别诊断的知识和见解［由金融监管与普惠中心（Cenfri）进行综合］。这些知识和见解为本章写作提供了信息。

附录　业务模式相关风险的背景资料

每种风险均是业务模式的性质以及与其开发背景相关的一些驱动因素的结果。附表2—1列出并描述了导致这6种不同风险类型的驱动因素。除审慎风险之外，这些风险是经营行为风险概念的首要部分。

附表2—1　　　　　　　　　业务模式风险

风险类型	驱动因素
审慎风险——保险人无法履行其承诺，不能满足受益人利益	1. 保险人承保能力（风险管理能力、财务管理能力、产品设计能力等）——导致不适当的产品设计方案； 2. 缺乏对承保人的监管——可能由无正规的保险人（保险人未取得牌照，所以不被监管），或监管者缺乏能力导致； 3. 尤其是与风险池相比，保险人的规模太小； 4. 保险人的公司治理不健全； 5. 缺乏对特定目标市场进行合理定价的精算数据
客户聚合器风险——当保险人访问非保险的第三方的聚合器的客户群时，通过该渠道销售其产品时损害客户价值和向客户销售不当产品	1. 客户聚合器通过先前的业务关系拥有客户（包括客户聚合器只对一家保险人开放其客户基础的情况），保险人与客户聚合器之间议价能力不匹配；对品牌保护的需要能作为缓和因素； 2. 尤其是在信贷领域，客户聚合器相对于客户的议价能力影响了保险人和客户之间的购买决策； 3. 金融风险与客户聚合器的利益，如信用风险和产品缺陷风险； 4. 保险人、客户聚合器和被保险人的合约关系； 5. 在某一特定市场公众的分销渠道较少
销售风险——销售人员向客户错误描述产品或销售客户不需要的产品	1. 销售人员不完全具备向目标市场销售此类保险产品的知识和技能； 2. 对销售人员的激励与客户的权益不一致，例如，没有确保续保的激励措施（如只有首期佣金）；佣金有上限，阻碍了销售努力；激励措施是销售保险所属的产品或服务（如信贷），而非保险产品； 3. 销售人员责任心不足
保单感知风险——被保险人不知道自己购买了保单，而无法提出索赔（嵌入式产品和公共政策举措具有更高风险）	1. 没有具体的销售措施，如车辆登记获取的公共基金保险的福利或忠诚型保险产品； 2. "勾选框"销售流程，如嵌入式产品； 3. 客户的金融素养水平低

续表

风险类型	驱动因素
支付风险——保费无法交给保险人，如保费无法按期支付或保费收取成本不当	1. 保险人与客户聚合器或者客户之间存在中介，会使收取的保费被延期支付给保险人或者忽视向保险人支付保费； 2. 客户季节性或不定期的收入导致他们错过每月的或其他指定的交费日期； 3. 适用于收取保费的强制性支付系统要求，如保费必须通过银行支付
售后风险——在客户的售后维护、产品变更、查询、索赔、待遇领取、投诉等方面存在不合理壁垒	1. 客户的知识和经验较少； 2. 产品出售后，客户缺乏与保险人或者中介联系的合理方式（低收入的客户更喜欢个人联系——有一个可以联系的个人或分支机构）； 3. 由第三方分销其承保的保单的（从客户角度看）匿名保险人； 4. 无良保险人和监管不足，尤其是在强制保险的国家； 5. 团体承保方式，特别是保险人有选择性地中断续保； 6. 垄断保险供给的现实或既往历史； 7. 风险也可能来自社区，例如，在存在尸检文化恐惧的社区中，保险人要求客户提交尸检报告才能支付人寿保险的赔款； 8. 保险人提出的索赔要求不合理

资料来源：保险普及化倡议组织：《从迄今为止所有跨国诊断研究中总结出的结果》，2013 年。

附表2—2 说明了与每种业务模式相关的风险。尽管每种风险都可能以某种方式出现在大多数模式中，但是价值链参与主体的数量和每个参与者具体的激励结构导致了各种风险在不同模式中的重要性不同。

附表2—2　　　　　　　　业务模式的风险矩阵

	审慎风险	客户聚合器风险	销售风险	保单感知风险	支付风险	售后风险
个体销售			√	√	√	√
销售代理团队		√	√	√	√	√

续表

	审慎风险	客户聚合器风险	销售风险	保单感知风险	支付风险	售后风险
强制销售	√			√		√
团体决定		√		√	√	
本地自助服务	√					
车辆登记				√		√
被动销售			√			√
基于服务的销售	√		√			

资料来源：保险普及化倡议组织：《从迄今为止所有跨国诊断研究中总结出的结果》，2013年。

第 三 章

普惠保险产品的监管

第一节 引言

本章旨在为思考、设计和实施普惠保险市场产品监管的实践者提供指引。尽管本章的焦点是普惠保险市场,但是其中的一些考虑事项和建议方法对其他保险领域亦有意义。此外,如果保险业人士希望设计出适合于目标客户的产品,也值得关注本章。

本章以本书第二章"普惠保险的经营行为"为基础,广泛地分析了普惠保险市场上的"公平待客"问题。正如第一章写到的,发展普惠保险市场可以增加客户的私人价值和国家或地区整体的公共价值;在发布第二章后,国际保险监督官协会(International Association of Insurance Supervisors, IAIS)认为有必要制定和提供应用指引,以便阐明如何规范和发展普惠产品以促成这些目标的实现。

无论一个国家或地区在产品监管中采用何种方法,这些方法都应当是风险导向的。因此,监管者应当识别出其力图实现的目标中存在的风险。风险导向的方法应当注意识别和缓释风险,同时采取充分措施保护客户权益。

本章结构如下。第一节,引言。第二节解释产品监管的概念,从而划定本章的内容范围。第三节简述普惠保险市场和客户特点,提供实施产品监管的背景。第四节解释恰当性(proportionality)的概念以及其对运用保险核心原则的影响。第五节提供保险核心原则在产品监管方面的应用指导,聚焦对保险人的要求。第六节也提供了保险核心原则在产品监管中的应用,但是聚焦于如何开展监督检查。第七节进行总结,明确结论。

第二节 产品监管的范围、形态和方法

对提供给客户的产品实施有效的监管是维护公平、安全及稳定的保险市场的根本要求。同样,有效的监管被视为保险监管者的一项重要职责。进一步讲,支持市场发展也常被视为保险监管者的一个主要目标,在普惠保险的背景下尤其如此。有效的产品要求和监控可以确保产品的公平性和可持续性,可以为之前被保险服务排斥的客户提供保险服务,并在他们中间建立良好的声誉,从而支持市场发展。

产品监管可定义为保险人在设计、宣传、销售和行使保险产品所产生的权利和义务时,监管者为确保客户被公平对待而采用的各种规则、工具和流程。产品监管的主要目标是预防和/或减轻产品对客户权益造成的伤害,同时对利益冲突问题进行适当的管理;此外,同样重要的是,要确保消费者的目标、兴趣和特征得到考虑。因此,适当的产品监管可以增强消费者对整个保险行业的信心。

适当的产品监管应当考虑到一款保险产品生命周期的全部阶段,包括产品开发、销售、推广以及与产品销售相关的其他所有活动。此外,产品监管既要注重产品本身(保险保障范围、定价、披露、广告等),又要注重产品的分销和服务方式,例如识别目标市场和销售渠道。因此,产品监管并不止步于设计阶段,它还应当包含"确定产品执行是否依照设计方案"的监控阶段以及"允许对产品进行审查"的阶段。

为确保消费者被公平对待①,产品监管安排应当有效确保保险产品能

---

① 原则19中规定了公平待客的理念,如"包括以适当顾及客户权益和需求的方式开发、营销、售出产品所实现的成果;在销售完成之前、之中和之后向顾客提供准确、清晰和不具误导性的信息;尽量减少不符合客户利益和需要的销售风险;确保所提供的意见具有高质量;公平且及时地处理客户的索赔、投诉和纠纷;以及保护从客户处获取的信息的私密性"(指引19.0.2)。如本书"前言"中讲的,本书中"原则"("标准""指引")均是指保险核心原则中的"原则"("标准""指引")。

满足消费者的需求。在普惠保险的背景下，适合的产品监管面临了特殊的挑战。

专栏3—1　观察到的做法

在南非，公平待客是一种基于结果的监管方法，旨在确保被监管的金融企业为金融服务消费者提供具体且明确的公平结果。金融企业应当证明，他们从产品设计和推广到咨询和服务，再到投诉和索赔处理的整个产品生命周期中，以及在整个产品价值链中，向客户提供了以下6种公平待客结果：（1）客户能确信他们正在打交道的企业将公平待客奉为企业核心文化；（2）在零售市场上经营和销售的产品和服务的目的在于满足特定客户群体的需求，并且具有针对性；（3）客户获得了清晰的信息，并在销售节点之前、之中和之后均得到了恰当的信息通知；（4）提供意见的场合适宜，并顾及了顾客的具体情况；（5）产品的表现符合企业想要引导顾客形成的期待，并且服务达到可接受的标准、符合顾客的期待；（6）客户不会面对企业在变更产品、更换供应商、提出索赔或投诉等方面设置的不合理的售后障碍。

普惠保险是一种向未获得保险服务的人群提供合适的保险保障的工具。普惠保险产品通常很简单，只提供基本的保障，但是其分销机制可能通过复杂的价值链，或者所采用的技术手段（如移动电话）会增加其复杂程度和附加成本。尽管适当的产品监管应当考虑到未获得保险服务的人群可能更脆弱，但是监管要求不应当造成过度的合规成本，进而损害普惠保险产品的可负担性。

在某个国家或地区，执行产品监管的最佳途径应当决定于在监管目标（促进公平对待保单持有人、维护市场秩序、鼓励创新以促进保险准入等）的基础上，评估风险及其缓释因素。风险实例包括：产品不能满足消费者的需求、不合适（过高或过低）的保险费率、复杂的产品、客户较弱的经济实力和不充分的分销渠道。

创新在普惠保险中发挥着至关重要的作用。如果没有创新，许多开发平价保险产品的方法便无法实现。如果监管者的命令包含推广普惠保险，那么监管者在应用监管标准时也应当具有创新精神。不过，任何创新都应当考虑消费者权益可能受到的损害。鉴于普惠保险市场的目标客户的保险经验少于传统保险市场的目标客户，因此，经营行为准则就起到了至关重要的作用。

产品监管的一个关键阶段是将产品引入市场。在此阶段，可采取3种主要形态实现监管：首先是原则导向（principles based）的制度，其次是备案并使用（file and use）的制度，最后是预先审批（prior approval）的制度。本章第六节第一小节更详细地讨论了这些方式。监管者可以采用一种居于两种方式之间的方式或者采用多种方式的组合。此外，同一国家或地区对不同产品可以采用不同的制度，例如，原则导向制适用于一种产品，而预先批准制适用于另一种产品。

实际上，这些方式的组合形式存在于许多国家和地区，最常见的组合是对强制性保险产品采用预先审批制，对其他产品采用原则导向制。在某些情况下，对合同条款或费率的监管审批可能更合适，例如，保险人面对经济能力不强或脆弱的客户时、新品上市或产品非常复杂时，或保险合同属于法定时，如机动车责任保险或健康保险（指引19.5.3）。

第三节　普惠保险市场的特征

本书第二章概述了普惠保险市场的特殊性，尤其是（但不限于）：（1）普惠保险的客户特征；（2）国家特定的环境和条件；（3）普惠保险的典型分销模式；（4）普惠保险的数字化交易。这促使监管者关注与更传统的保险市场相异的经营行为，并思考如何应用保险核心原则。

普惠保险的客户特征。尽管普惠保险客户通常能够维持自身生计，但是他们往往更脆弱也更容易被伤害。这是因为，他们往往因为贫穷而面临各种匮乏，也难于获得各种风险缓释工具。除金融排斥和缺乏有效的风险转移机制之外，低收入客户还缺乏诸如教育、就业、住房、司法公正等其他的基本必需品。普惠保险客户的特征[①]具体涉及如下几个方面：(1) 教育程度和保险意识低；(2) 可支配收入水平低且收入模式与其他细分市场不同；(3) 开支的性质；(4) 非正式职业或个体户职业；(5) 对保险提供者缺乏信任以及对保险有负面理解。

低收入目标市场的这些特点令其中的客户容易受到不正当销售、产品价值打折和滥用客户的伤害。

尽管普惠保险客户群具有极大的异质性，但是总体而言，他们需要的是简单的产品。在实践中，普惠保险产品的覆盖范围非常广泛，如健康、农业、家庭财产和信贷（与小额融资有关）。这种产品的异质性反映出各种全球性普惠保险市场上存在的差异化需求。进一步讲，预计普惠保险将继续发展，将覆盖目前尚未覆盖的其他险种，如机动车保险。在普惠保险的分销模式上也呈现出这种异质性，为接触到最终客户，采用了甚至比传统保险还多的分销模式。

无论所承保的风险和分销模式如何，为了避免不正当销售，普惠保险产品及其分销模式均应当易于理解。这可以通过将普惠保险产品变得简单、易懂、合适、有价值和有效（灵活）来实现。普惠保险在承保范围、分销、服务供应方式等方面呈现出多种形式。普惠保险产品的这些不同表现形式的共同特点是——应当考虑客户的特点和需要。客户应当能够理解某款产品并且能从中得到实惠。

国家特定的环境和条件。如本章第二节第二小节所分析的，国家特定的环境和条件会影响消费者的脆弱性，尤其是：(1) 确定一个国家或地区的监管框架，决定监管者进行经营行为监管的范围和程度；(2) 保险业本身对消费者权益保护（尤其是在消费者纠纷救助和消费者教育方面）的态度、作用和参与度；(3) 消费者保护协会和当局的存在和运作；(4) 保险协会的贡献；(5) 存在的非诉讼纠纷解决机制；(6) 诉讼制度的作用。

普惠保险的典型分销模式。如本章第二节第三小节所分析的，典型的业务和分销模型通常以复杂的价值链为特点，具有多个独立的参与者

---

① 本书第二章第一节。

（包括管理者①、经纪人或代理人、客户聚合器、支付平台等），这些参与者影响了客户和保险人之间的关系。分销过程中涉及的多方将影响保险监管者为验证客户是否被公平对待所需要付出的努力。多方参与也会显著影响保障范围，特别是当每一方都收取费用或其他形式的报酬时。

普惠保险的数字化交易。 如本章第二节第四小节所分析的，诸如移动保险（mobile insurance）的技术创新已经显现，而且时常被用于提高传统保险市场之外的其他保险的可及性。

第四节　保险核心原则在普惠保险中的恰当应用

本节提供了与产品监管有关的、运用各个保险核心原则的一般性考虑事项和指引，其中特别注重恰当性②。保险核心原则以如下声明来描述恰当性原则："监管措施应当适合于实现国家或地区的监管目标，但是不应当超出实现这些目标所必需的范围。"③ 在描述恰当性原则时用到的"性质、规模大小和复杂程度"概述了分析恰当性原则时需要主要考虑的内容。对于普惠保险环境下组织和实施产品监管、实现相关原则声明或标准的预期结果和目标，保险核心原则中的恰当性原则提供了量身定制的解决方案。

在普惠保险背景下，产品应当简单，但是在一个对保险业务陌生的、脆弱的目标市场上，提供保险可能会增加风险。因此，对产品信息及透明性方面的信息披露要求也需要提高。在分析贯穿整个产品生命周期的产品风险的"性质、规模大小和复杂程度"时，还应当考虑到该产品给整个保险行业的声誉带来的风险。此类风险包括产品价值低劣、解释不充分以及保险人和分销渠道为普惠保险细分客户提供劣质的服务。产品

---

① 管理者是指受保险人委托，代表保险人进行管理工作（尤其是理赔管理）的个人或组织。

② 尤其是原则7"公司治理"与原则19"经营行为"。

③ 参见原则第8段。

和任何与产品相关的流程均应当就客户和保险市场声誉的风险展开恰当的评估。

专栏3—2　观察到的做法

小额保险在加纳面临着诸多挑战。例如，当客户购买通话时间时，手机保险可能作为附加套餐在不经意间便被购买。目前，监管者仍在评估如何保护那些可能不知道自己拥有手机保险的移动保险客户。

恰当性对产品（尤其是普惠保险产品）的监管有两个主要方面：程序方面和实质方面。程序方面涉及保险人的内部程序，实质方面涉及产品本身和产品的分销方式。

恰当性程序方面要求保险人应当充分认识和保护保单持有人（原则7）的利益。基于普惠保险客户的特征应用充分性准则。

在产品监管相关的恰当性上，一个被提倡的做法是，在分析顾客的性质和提供的保险种类的同时，保险经营行为规范应当考虑客户被不公平对待的可能性及其影响（原则16和指引19.0.4）。更具体而言，分销的恰当性的一个重要方面是，保险人在开发和销售一款保险产品时应当考虑到不同类型客户的权益（标准19.1和标准19.4）。对于普惠保险的产品监管，要明确要求保险人识别客户特性（如客户的需求、权益和金融素养水平），从而（在考虑客户的权益后）确定客户的特征。恰当性将考虑客户的特性。保险核心原则中用到的诸如"清晰、公平、不具误导性"等术语，应在推广产品、服务项目、销售网点的资讯要求、提供"合适的"意见时以恰当的方式加以解释（标准19.6、标准19.7和标准19.8）。

许多情况会同时用到程序和实质两个方面。例如，在使用一种特定的分销模式的过程中，在审查披露是否充分时，应当关注恰当性原则的实质性使用，而在审查内部控制的适合程度时，则应当关注程序方面。

第五节 适用于保险人的应用指引

一 产品设计

（一）合同要素：保障范围、条款和定价

如上所述，产品监管的主要目的是：要求保险人在开发和销售保险产品时考虑不同类型客户的权益[①]。保险人在开发普惠保险产品时，应当遵循一个考虑了目标市场具体需求的稳健型产品设计流程。

对于普惠保险产品设计和产品监管，能够识别和理解目标市场的需求至关重要。保险人只有开展了彻底的市场分析后，才能设计出满足消费者需求的合适的产品。普惠保险的目标市场所面临的风险与传统保险市场寻求投保的风险存在显著差异。这些差异可以缘于多种因素，包括可支配收入、生活方式、地理位置、季节、迁移模式、知识水平等。保险人有责任对所有的此类特征通盘研究，从而：（1）提供能给（普惠）保险消费者带来价值的产品；（2）将此类产品的成本控制在可接受的水平；（3）确保保险人在出售产品后仍能提供服务；（4）妥善承保及采用可持续的商业模式；（5）正确理解目标市场的产品。市场分析不应当止步于产品的设计阶段，产品的监控和审查应当是持续进行的工作。

此外，在设计将为目标市场上的客户创造价值的产品时，不光要考虑风险状况，还应当考虑其他各种可能影响消费者选择的因素，如索赔设施的可及性、目标市场的态度、当地习俗、充分的交付服务等特征。

对于保障范围，普惠保险产品的恰当监管应当包含明确和有限的保障范围，采用零免赔或少量的免赔条款。即便采用非传统方式（如手机），也应当用合适的形式将此类产品交付目标市场，从而保证客户能够理解其含义。

产品监管安排的要素包括做好适当的"基础设施"。"基础设施"一词是指保险产品充分发挥作用所必需的所有活动。保险人应当负责运行基础设施，同时确保保险产品在整个生命周期内的适当性能。进一步讲，

[①] 标准19.5；本书第二章第三节第一小节"产品开发"。

如果发生大额索赔，保险人还应当准备足够的再保险以保护其消费者及其自身。此外，再保险合约可能影响保险产品的设计（如在保障范围和免赔条款方面）。保险人还应当确保，对客户开放其所有的售后服务和索赔处理设施。恰当的"基础设施"还应当考虑到合适的分销渠道，并且应当能够有效地预先调节潜在的利益冲突。

普惠保险产品应当是平价产品，有合理的成本或定价结构，例如，通过将开支和利润保持在一定限度内以便客户能承受这一价格[①]。

专栏3—3　观察到的做法

在加纳，小额保险被定义为针对特定细分市场的保险，该细分市场需要被证明是扎根于一般性低收入者、特定类型的低收入者或特定地理区域中的低收入者。其保费应当让目标人群负担得起，保险合同必须让客户能够轻松理解。但是，收入较高的消费者也可以购买小额保险产品。

印度保险监管和发展局（The Insurance Regulatory and Development Authority of India，IRDAI）称："在印度，在与普惠市场有特定相关性的经营行为监管中，产品设计被视为一个关键组成部分。"低收入人群通常较少获得金融教育。因此，小额保险监管框架规定了风险保障程度（如保险金额）等产品参数，并且只对特定产品类别给予了许可。

"特别为小额保险和针对农村/社会领域的保险产品颁布了产品设计准则。在其他要求中，产品应当满足保险精算审查并遵守各项规定，包括在保单格式和销售文件中使用简单的语言。产品还应当满足具有特性（如简单、便宜、易于理解和分销成本低），同时要关注那些市场需求大的产品系列。"

秘鲁经过修订的小额保险监管办法（第 S. B. S. N°2829—2016 号决议）将小额保险界定为，低收入人群可及的保险，旨在满足他们的具体需求，通过针对低收入人群的中介分销，其保费上限是全国最低工资水平的2%。

---

① 需要指出的是，并非每一个监督者都有权监管保费水平。

菲律宾颁发的小额保险通告对小额保险产品的定义和产品设计方式提出了明确的指引。《保险备忘录通告1-2010》提出了小额保险产品及服务项目的监管：（1）马尼拉都会区以非农业工人日工资的5%作为保费数额的限制、以每日工资500倍为利润上限来界定小额保险产品。（2）要求小额保单对保险标的票面金额、给付金额、保障范围条款等做出明确规定的同时，确保投保人容易理解合同条款；书面材料要求简单；保险费用的收取方式和频率与现金流量一致，对于投保人并不繁重。（3）定义产品捆绑的规则。

（二）标准化合同表格和披露模板的使用①

监管者可以要求产品采用标准的合同格式，或者规定产品参数或产品特征。因为目标人群对保险的经验较少，产品应当简单、可负担并且为客户提供价值，所以产品标准化可能是一个适合普惠保险业务的做法。产品标准适用于消费者滥用风险高的领域，尤其是在产品由供给驱动、主要围绕保险人或分销商的意愿而非考虑消费者需要的情况下。例如，信贷人寿保险的设计可服务于信贷提供者的需要，而移动保险产品的设计则可以侧重于移动网络提供者而非保单持有人的目标。监管者能通过为客户提供产品比较来促进理解。监管者可使用的其他方法包括：向客户提供更广泛和恰当的产品，为客户提供标准化的合同和标准的产品特征要求。该产品标准也可以支持监管者：（1）满足其他监管和政策目标；（2）支持经过简化的产品满足不太繁重的合规性要求；（3）加强对普惠保险业务的监管；（4）监控普惠金融目标的实现。

1. 考虑客户利益和公平待客

在确定产品特性或为普惠保险市场开发标准化产品的过程中，监管者将考虑公平待客以及目标客户对产品的需求和利益（标准19.5）。在制定普惠保险产品标准时，监管者需要理解普惠保险客户的需要。

此类产品的特点大致可分为三大方面：（1）产品简单性指产品的保

---

① 关于产品标准的讨论主要基于金融监管与普惠中心（Cenfri）：《面向南非低收入消费者的保险产品标准：帮助还是阻碍？》，2011年。

障范围、承保限制、免赔条款和期限（承保期间和续保）应当清晰易懂；（2）对客户有价值；产品标准可用于激励保险人开发具有高价值的产品[①]，使产品具有合理且可负担的保费以及适当的利润。在一些国家和地区，尤其是不存在压价竞争的情况下，保费可能受到管制[②]；（3）为客户提供公平的产品条款，出于公平条款而设定的产品标准有助于克服滥用市场的惯例。

专栏3—4 观察到的做法：简单性

出于各种原因，一些国家和地区已经界定了小额保险的产品参数。一些国家和地区定义了货币利润或保费上限，以确保小额保险产品针对低收入目标市场，或限制专门提供此类产品的微型保险人的审慎风险。菲律宾、印度和南非（拟议）的情况便是如此。一些国家和地区采取了定性的产品界定。

专栏3—5 观察到的做法：更具价值的产品

针对南非信贷人寿保险产品价值不高的问题，《2017年信贷人寿保险条例》规定，信贷人寿保险业务每月的最高既定成本为抵押信贷人寿保险产品保额的0.2%和其他业务保额的0.45%。

菲律宾小额保险产品的绩效指标也注重小额保险产品的绩效（它暗示了产品与客户价值的联系）以及客户对产品的理解。

专栏3—6 观察到的做法：公平条款

1. 标准化的保单措辞、有限的免赔、最低的书面材料要求

肯尼亚、南非、南部非洲发展共同体（Southern African Development

---

① 金融监管与普惠中心（Cenfri）：《面向南非低收入消费者的保险产品标准：帮助还是阻碍？》，2011年。

② 需要指出的是，并非每一个监督者都有权管制保费水平。

Community，SADC）为协调小额保险条例原则制定了小额保险监管框架（拟议的监管框架），涵盖了宽限期、最长等待期、免赔条款等产品特征要求。在南非，非意外死亡给付的最长等待期为 6 个月，产妇津贴的最长等待期为 9 个月；在肯尼亚，非意外死亡给付的最长等待期为两个月，这是南部非洲发展共同体协调原则所规定的等待期的一半。

秘鲁、巴基斯坦等国家对免赔条款的数量或类型做出了限制性规定，要求这些免赔条款的数量或类型尽可能少；或者，在巴基斯坦等国，除非保险人能向监管者证明免赔条款的合理性，否则禁止对已存在的产品设置免赔条款。

2. 理赔条款

秘鲁：赔款应当在 10 天内付讫。

加纳：索赔要在提交后 7 天内予以接受或拒绝；如果接受，则要在收到索赔请求后 10 天内付讫。

墨西哥：赔款应当在 5 个工作日内付讫。

南非（拟议）：所有有效的小额保险的索赔应当在保险人收到所有必要的书面材料后的 48 个小时内完成；此外，还可以用分期付款方式支付赔款（如果合同规定了此付款方式）。

菲律宾：《保险备忘录通告 1-2010》要求，保险人在收到小额保险索赔的完整的书面材料后，应当在 10 个工作日内解决。此外，《保险备忘录通告 5-2011》要求小额保险人向作为小额保险配套标准业绩指标之一的委员会报告其理赔时间（以 10 天为基准时间）。

根据南部非洲发展共同体的协调原则，理赔付款的最长时限为 2 至 10 个工作日，具体时长视产品种类而定。

2. 理解便利性和产品比较（供参考）

规定产品特征和标准化产品能提供更加清晰的保险保障范围和通用条款，这应当有助于减少保单持有人在产品期限内对保单承诺的利益和自己承担的责任的误解。监管者对标准化产品和产品特征的背书可以增强产品的可信度，建构普惠保险产品的信心。通过为标准化产品或符合规定特征的产品创建和集体营销一个通用品牌，可以在品牌和相关产中建立信任。另一个优势是，事关保险的消费者教育课程可以注重标准化产品和规定的产品特征，从而在市场上建立对保险的认知和共识。

标准化的产品或产品特征更易于让消费者比较产品。尤其是，在允许某些产品存在差异的情况下，这让客户能选择更满足他们需要的产品。

专栏3—7 观察到的做法：小额保险产品

在巴西，所有小额保险产品的保障范围、措辞、书面材料要求、免赔条款均以立法形式实现了标准化。这有助于促进低收入群体对产品特点形成共同认识，同时也促进保险文化在低收入群体中传播。

客户可能对标准化的产品产生误解和不满。如果标准化的产品特征不同于客户基于现有产品产生的期待，就可能出现上述情况。例如，市场上出售的非正规保险（由未注册实体经营的保险服务，如殡葬承办人提供的殡葬险）。如果市场上现有的殡葬保险为终身型产品且采用均衡交费制，那么推出标准化的一年期可续保的保险产品可能就不符合客户期待。

此外，当客户希望产品具有相同性时，如果产品标准概括了某些产品特征的一般原则，那么，产品特征中的任何细微差异都可能导致曲解。

3. 鼓励更多企业进入市场，消除监管障碍，强化监管效果

如果在提供标准化产品的同时又能降低产品开发成本，那么，踌躇不决的保险人可能受到鼓励而使惠普保险业务大力发展。

产品标准化有助于降低监管障碍，扩大普惠保险市场的覆盖面。为了限制业务的风险和复杂程度，监管者可以施加产品限制以简化小额保险。这反过来会支持不那么繁重的监管要求（如审慎要求），同时将减少一些监管障碍，从而扩大普惠保险的覆盖面。

专栏3—8 观察到的做法：限制经营风险

监管者运用以下产品限制来限定小额保险业务的风险：（1）最长期

限为 12 个月（肯尼亚、南非、南部非洲发展共同体关于统一小额保险条例的原则）；（2）最大获益水平（尼日利亚、南非、南部非洲发展共同体关于统一小额保险条例的原则、印度、菲律宾）；（3）风险覆盖和基准保险金额（肯尼亚、南非、南部非洲发展共同体关于统一小额保险条例的原则）。

产品标准可以提高产品审批的效率，从而加快产品审批速度，同时使监管者更易于识别不合意的和不合规的产品特征。对于标准化产品，监管者关注的内容应当更加围绕产品的销售、服务和运营流程。

专栏3—9　观察到的做法：有效的产品审批

巴西：通过商业保险监督局（Superintendência de Seguros Privados, SUSEP）实现更快捷的产品审批。按照小额保险条例之规定，产品只要满足标准化的保障范围和免赔条款以及有尽量少书面材料的要求，平均在3天内即可获得审批。这有助于实现有效的保险监管，因为它使监管者能够迅速分析产品，同时对更具体的方面开展检查，如在规定的期限内检查赔偿金额、保险金额、保单交付的及时性和分销渠道的适合性。

对产品体验进行持续监控可能更有效。产品特征的标准化促进了在财务上和客户体验上对不同产品的比较，同时允许为客户价值和产品可行性制定基准指标。如此一来，监管者和经营者就更容易识别出哪些产品的体验会跌出预期基准，进而采取必要的纠正措施。在一段时间内，从团体经验中获得的见解可用于调整产品特征，从而更好地满足客户不断变化的需求。本章第六节第二小节将进一步讨论如何对普惠保险产品开展持续监控。

4. 监控金融普惠目标

一些国家和地区已设定目标，扩大针对低收入和服务项目不足的市场的保险覆盖面。普惠金融目标可能激励产品提供者提供低价值的普惠保险产品。产品标准能在一定程度上解决这些潜在的负面影响。标准化产品或符合规定特征的产品的业务量已被用来衡量被服务不足市场上的保单持有人增量。

专栏3—10 观察到的做法：金融普惠目标

印度：针对农村和社会部门的产品目标需要达到最低的产品标准。对于人寿保险，7%（第1年的业务）到20%（第10年及以后年份的业务）的保单应当来自农村地区。对于非寿险2%（第1年的业务）到7%（第10年及以后年份的业务）的保单应当来自农村地区。对于所有保险险种，0.5%（第1年的业务）到5%（第10年及以后年份的业务）的保单应当来自社会部门。

Zimele和Mzanzi产品是由南非保险业开发出的两款产品，它们被定义为用来衡量满足金融业特许的保险在金融普惠目标方面取得的进展[①]。《南非振兴黑人经济方案行为准则中金融业准则的市场准入目标》为恰当的产品、市场渗透和准入便利分派了目标。

5. 制定产品标准的方法和注意事项

要对消费者需求开展充分的研究和检验，以使制定的产品特征和标准化产品能满足特定客户市场的需要。应当遵循严格的流程，这一流程要规定，产品特征和标准化产品应当由具有相关技能、知识和经验的人来开发。应当监控并根据需要来更新产品标准的持续适用性。

监管者和行业均有意开发市场并为市场提供财务稳健和公平的产品，因此，可以通过监管者和行业之间的对话过程来制定标准化产品或标准化的产品特征要求。这一方法利用了团体技能和经验，同时可能克服其中一些障碍，如缺乏技能、成本高昂以及普惠保险产品开发经验较少。合作中可以鼓励保险人将标准化产品纳入其产品供应，同时又鼓励保险人在设计产品时遵循标准化产品的特性。但是，还要注意确保标准化产

---

① 金融监管与普惠中心（Cenfri）：《面向南非低收入消费者的保险产品标准：帮助还是阻碍？》，2011年。

品特征要求以及与保险人合作开发的标准化产品仍然符合公平待客原则。

专栏3—11　观察到的做法：行业协作

"在菲律宾，保险人协会和保险委员会通过一个技术工作组联合开发了一款非寿险产品（保障范围涵盖人身、财产）和一款人寿保险产品（定期寿险和有现金价值的寿险）的小额保单合同标准。"与保险人合作开发产品原型有助于促进行业认同。此外，通过将保险人纳入这一过程，保险人和政府都学到了更多关于优良的小额保险的知识，这种情况已经扩展到其他产品和过程[①]。

南非的 Zimele 和 Mzanzi 产品是通过保险行业协会开发的[②]。

该产品标准可用于满足普惠保险的监管目标——保护消费者权益、发展具有竞争力的普惠保险市场、解决监管障碍和促进对普惠保险业务的有效监管。然而，对产品特征和标准化产品的规范性要求可能产生如下副作用：（1）无法完全迎合目标客户群中所有成员的需要，或无法完全迎合顾客因时而异的需要，尤其是当该客户群被广泛定义时；（2）限制产品创新，拒绝客户接触可能更合适的创新性产品；（3）限制产品差异化和消费者选择；（4）无意中干扰了良好的业务实践和普惠保险产品的财务灵活性。

在制定产品标准时，监管者需要仔细权衡，打消客户对产品价值过低和条款不公平的担忧。因此，产品标准不应当对保险人的风险管理能力（如逆选择）造成负面影响。产品标准不应当含有用于设定最高保费水平的激励措施，因为这种激励措施会打消普惠保险产品的商业活力。

一些国家和地区采用原则导向制来制定最佳实践原则（如加纳），而另一些国家和地区采用更具规范性的方法，制定详细的产品标准（如南非拟定的做法）。

[①]《菲律宾小额保险监管影响评估报告》，2016年。
[②] 金融监管与普惠中心（Cenfri）：《面向南非低收入消费者的保险产品标准：帮助还是阻碍?》，2011年。

更广泛且更具原则导向的产品标准考虑到了产品的灵活性。此类标准能适应特定目标客户和业务模式的变化，并且因时而动，改进普惠保险产品，这为创新和产品差异化提供了更大空间。但是原则导向制不具备如下几项优点：（1）促进对保险产品的共同理解；（2）确保便捷的产品比较；（3）消除障碍；（4）发展更有效的市场监管形式。在保护消费者权益的同时提升保险准入，就需要在制定前述产品标准和普惠保险市场增长之间加以平衡。

同样重要的是，要谨记产品标准将决定期望的保险运作方式，这在普惠保险中尤为如此，因为普惠保险常常是客户首次的保险体验。因此，在制定产品标准时，务必要考虑监管者对保险的期望，同时考虑到客户可能因时而异，逐渐发展更复杂的产品。

产品标准存在的任何缺陷都可能导致客户对产品心生不满，甚至导致产品退回，而这可能影响到大量客户。如果监管者制定了不合适的产品标准，或者支持了市场上失败的普惠产品，那么监管者的声誉会承受损失。普惠保险产品一般面对频率高而严重程度低的理赔，因此，它不必有过大的风险边际。普惠保险的主要目标是向保单持有人支付赔款。

二 产品治理

（一）一般性产品治理

无论监管者采用预先审批、原则性监管还是综合监管的方式，产品监管安排都与保险人的治理安排密切相关。在原则导向制中，监管者的活动应当集中在治理安排上，但是这并不一定意味着此类安排的重要意义在预先批准制中有所降低。出于本章之目的，产品治理被定义为：保险人为在保险产品的整个生命周期中开展设计、分销、评审工作而承担的内部流程、组织安排、功能和策略。就其本身而言，它属于保险人的公司治理要素。

专栏3—12 观察到的做法：治理

南非：金融服务委员会已提出了公平待客框架。衡量公平待客的第一个要素是：(1) 客户确信他们正与将公平待客奉为企业核心文化的公司打交道①；(2) 提供产品的保险人，包括向普惠保险客户提供产品的保险人，将需要证明他们自己正在实现公平待客这一目标。

印度：有关框架规定由非人寿及健康保险人成立产品管理委员会(Product Management Committee，PMC)。该委员会是保险人的内部委员会，负责研究产品的规划、设计和定价，同时向监管者报备。产品管理委员会对所有产品起作用，包括那些要经过产品管理委员会预先审批的产品，或者那些可以由保险人推出后再向监管者备案的产品。如果情况属于后者，产品就需要得到产品管理委员会的批准。因此，监管者要规定或制定内部治理要求，从而确保产品遵循系统的开发方法、经过细致审查并得到执行。

保险人必须建立并落实公司治理框架，除达成其他目标之外，还要充分认识并保护保单持有人（原则7）。保险人的高管需要促进公平待客（标准7.10）。如保险核心原则7所述，保险人应当充分识别客户的知识水平和意识，尤其是客户对保险人提供的产品可能对其造成风险的认识，以保护保单持有人。因此，保险人应当建立恰当的产品治理流程。

适用于普惠保险产品监管的关键治理安排要求，保险人的董事会对向普惠保险市场提供的产品负有最终责任。这一责任包括产品开发、持续监测、审查和分销的所有阶段。进一步讲，无论分销是作为保险人组织的一部分，抑或是外包给第三方，保险人的董事会均应当对普惠保险产品的分销承担整体的和战略的责任。

在流程方面，保险人应当维护、运营和审查每一种保险产品以及某一保险产品的重要调整，之后方可分销该产品。这一流程应当与保险产品的性质相称。

---

① 金融服务委员会：《公平待客路线图》，2011年。

鉴于普惠保险业务模式的性质以及给消费者带来的风险，在将恰当性原则应用于保险人的治理安排时，应当考虑目标市场的金融素养水平以及在特定业务模式中第三方的作用。此外，因为客户可能不了解中介的不同种类、作用以及他们服务的利益集团，还应当特别注意与利益冲突相关的问题。保险人的治理体系还应当确保销售模式不会扭曲激励，进而鼓励中介和/或其本身的销售队伍将产品强行推销给不符合其利益的客户。普惠保险的客户可能没有受过教育或缺乏持久存储通信内容的手段，所以普惠保险市场也存在较严重的销售误导的风险。通常情况下，陈述主要以口头形式给出，所以保险人应当确保恰当的内部控制，以避免销售误导。

产品治理的关键部分是，监控为普惠保险客户提供的产品在财务可行性和公平待客方面的性能。公平待客涉及确保普惠保险产品为客户提供价值，并且产品条款考虑了目标客户的特点。本章第六节第二小节将进一步讨论监测普惠保险产品的性能。

保险人在确保恰当的产品监管过程中，必须建立起有效的风险管理和内部控制制度，这包括风险管理、合规、精算、内部审计等职能。在监管这些不同流程时，监管人员应当始终认识到，他们履行这些职能是为了确保公平待客。

合适的治理制度包括风险管理和内部控制，是确保公平待客的最强有力的保障措施，但是，该制度也会给保险人带来相当大的经营成本。保险人的经营成本最终会转移到保单持有人身上，这一点应当铭记于心。因此，虽然一项非常复杂的管理安排可以切实减轻客户面临的风险，但是它也会使产品贵到令人望而却步。主要的挑战是，如何应用恰当性原则。例如，一款非常简单的产品的设计流程可能并不需要一位有充分资质的精算师参与其中，但是为了验证在销售流程中是否遵循了所有适当的流程，需要有很高水平的合规人员参与其中。

专栏3—13 观察到的做法：小额保险精算技术员

拟议的《南非小额保险条例》表明，小额保险产品的定价应当由一名小额保险精算技术员（MAT）负责。小额保险精算技术员应当具备一定程度的精算资质和相关的定价经验，但是不必非要有完全资质的精算师。

鉴于普惠保险的商业模式，小型专业普惠保险人面临的一个挑战是：确保关键职能彼此之间充分独立。监管实践中应当就此允许部分简化措施。然而，此类简化措施应当与保险人和客户面临的风险相称。有助于降低关键职能成本的模式主要有两种：关键职能外包和将一项关键职能与另一项（关键）职能合并。对于将关键职能外包，保险人应当确保外包不会导致更大的风险；对于将一项关键职能与另一项职能合并，保险人应当确保正确管控任何潜在的利益冲突，从而实现自主经营，进而发挥关键职能、时间和资源的作用。

除创新之外，采用第三方服务供应商也是普惠保险的一个主要特征。第三方供应商能大幅降低保险人的运营成本，同时为一项全新的业务或分销模式带来便利，使特定产品变得更实惠。此类第三方供应商具有多种形式，如管理人、中介、分销商和客户聚合器。在设计恰当的普惠保险产品监管治理安排时，保险人应当考虑与第三方供应商提供安排相关的如下风险：（1）服务项目的延续性；尤其是当业务模式依赖于第三方服务时，保险人应当确保第三方供应商提供的服务项目的连续性，并且制定第三方供应商停止履行其服务项目时的应急预案。（2）充分控制第三方供应商；第三方供应商通常是一个或多个主体，他们常常会直接与客户产生互动。（3）保险人应当采取适当的控制体系，确保客户得到正确的服务，同时还要确保第三方供应商的做法不会损害消费者的最佳利益。在缺乏充分的控制时，消费者可能直接面临重大潜在风险，保险人也会面临风险。此外，缺乏控制还会带来系统性风险，如损害保险行业的声誉。（4）保险人的高管和董事会应当对第三方开展的任何活动或外包给第三方的任何职能负有最终责任。保险人应当对第三方服务供应商进行适当监管，而且监管者应当有权监管保险人进行这些监管活动的方式。

外包活动需要促进在普惠保险中采用第三方供应商的同时，执行恰当的内部控制（标准8.8）。适用的基本原则为：（1）保险人对外包活动负有最终责任；（2）一项活动的外包不应当带来比该类活动没有外包时更大的风险；（3）如果某款产品需要采用外包活动，那么监管者应当评估其内部控制的适当性。

专栏3—14　观察到的做法：外包安排的管理

例如，印度对保险人的外包做出了专门规定。通过场外收益和现场机制来监控外包活动，检查不该被外包的活动（如那些对保险人业务至关重要的活动）是否被外包了。

（二）（包括签订合同之前的）一般信息披露、促销和广告

保险核心原则要引导保险经营行为以及确保客户在合同期间得到公平对待，其中，合同期间是指从订立合同之前到履行完合同规定的所有义务的时间段。这包括，在合同签订之前和之后向客户提供准确、清晰和不具误导性的信息。

监管者要求保险人和中介以明确、公平和不具误导性的方式来推广产品和服务项目，亦规定，保险人及中介在销售节点向客户提供信息的时间、交付方式、内容等（标准19.6、标准19.7和标准19.5）。

普惠保险产品的披露应当遵循与传统保险产品相同的原则。信息披露应当易于理解，提供有关产品关键特征的信息，并且不应当就重要的声明或警告（如免赔条款）含糊其辞。

在销售阶段，宣传材料的信息披露应当为顾客提供足够的信息，以便他们能够在完全知情的情况下做出保险购买决定。客户需要能够根据其个人状况评估保险产品的适用性，并且正确地评估费用和定价结构。

保险人与客户之间高度的信息不对称是经营风险的一个重要来源，尤其是在普惠保险市场上，消费者对此类产品的熟悉程度往往较低，无法理解正常的信息披露水平[①]。因此，尤其是对于收入较低的消费者，保

---

① 参见保险普及化倡议组织（A2ii）—国际保险监督官协会，2014年。

险产品的定价和条款等因素常常可能不仅缺乏透明性，甚至还具有欺骗性。

至关重要的是，保险人应当向客户提供不具误导性、欺骗性和混淆性的关键信息，告知他们产品的根本好处、风险和条款，使他们能够做出明智的决定。保险人应当通过各种渠道向消费者披露的信息，包括广告、促销、预售、销售节点和售后信息。

保险人应当制定充分的规则及程序来推广其产品并向客户披露产品信息，同时应当有效且持续地运行这些规则及程序。最终，保险人和中介负责在销售节点向客户提供信息的时间、交付方式和内容（标准19.7）。

重要的一点是，保险人和中介决定在销售阶段向客户提供信息时，要考虑之前未获得服务的目标市场上的需求和产品性质。不太复杂的产品有助于向那些之前很少接触正规保险产品的客户更清晰地披露产品信息。此外，保险人和中介需要遵守关于普惠保险产品最低的或标准化的信息披露的所有规定（见本章第五节第一小节）。此外，需要对参与普惠保险产品销售的人员开展产品和销售流程的培训。保险人必须建立管控措施，同时监控其雇用的销售队伍以及所有中介开展的活动，从而确保良好的销售实践。

1. 预售信息披露——广告和促销

包括选定的沟通方式在内的任何广告和宣传材料均应当适合目标市场。广告和宣传材料中包含的有关产品或服务项目的所有信息均应当具有明确的定义，必要时可做出解释。此外，要以目标市场能够理解的方式展开沟通。

此类广告和宣传材料应当清楚地说明：该产品或服务项目的具体内容、作用机理、客户从中受益的方式等。鉴于广告和宣传材料可以创造出客户期待，因此，这些材料清楚地传达出关键限制、免赔条款、风险、收费、任何其他重要的合同条款等内容便具有重要意义。这将使顾客明白自己在购买之前应当对产品抱有何种期待。

极为重要的是，广告和宣传材料既不应当对那些不甚了解保险产品的客户产生误导作用，也不应当夸大对该产品所满足的需求的紧迫性，因为后者会迫使目标客户仓促地做出决定。

监管者在进行产品监管时，可以评估产品广告和宣传材料的公正性、清晰度和质量，从而确定此类信息是否足以令顾客明白其所购买的产品。对于宣传材料和广告的进一步评价信息见本章第六节。

专栏3—15　观察到的做法：广告

印度：通过监管机构立法建立了一个围绕广告的具体框架。虽然保险人可自由为其产品做广告，但是他们应当在广告发布后立刻向监管者备案。保险人被提倡发布透明度高的广告，而被禁止发布误导性广告。例如广告应当显示保险人的名称、注册编号、唯一的广告编号等。

蒙古国：监管者认为保险人的广告具有误导性时，可以要求保险人撤回。

2. 签订保单时的信息披露

保险人在签订保单时提供给客户的信息应当易于理解，并且符合大多数客户对该产品的合理期待。这些信息还应当包括任何索赔利益的基准和任何重大限制，同时不隐瞒、减少或模糊重要的声明或警告。

重要的一点是，因为客户在销售节点更可能接受信息，所以保险人或中介要在销售节点披露和解释产品所含的关键信息。

同样必要的是，保险人或中介要以一种便于消费者定位、比较和理解的格式来提供此类信息，以便消费者做出明智的决策[1]。需要注意的是，过小的印刷字体、冗长或大写字体的文本可能造成信息泛滥，令客户不适，进而使他们无法专注于与决策最相关的因素[2]。客户可能并不会检查保单的所有条款，尤其是以极小的字体或任何其他不易阅读的印刷方式披露的条款。因此，考虑到客户可能无法阅读或理解冗长且复杂的信息披露（如以极小的字体印刷的免赔条款和重要的条款），保险人

---

[1]　参见国家财政部门（National Treasury），2014年。

[2]　参见Chien，2012年。

或中介应当将重点放在做出明智选择所涉及的几个关键信息的披露上。

在理想情况下，保险人或中介应当通过一种可持续访问的媒体来披露信息，例如，通过书面或电子等方式为目标客户提供合适的服务。

信息披露的有效性取决于市场参与者的金融素养水平。监管者应当确保，产品的设计方案以及保险人和中介披露信息的方式考虑到了客户对此产品的知识水平。为了达到这一效果，保险人和中介应当以简单的方式披露信息，从而帮助那些金融知识不足或缺乏正规保险经验的客户来充分了解产品，进而做出明智的决定。因此，保险人或中介的信息披露中宜采用客户能轻易理解的简单直白的语言。为了迎合那些无阅读能力的顾客，保险人和中介应当以口头和书面两种形式提供这些信息。除保单用语等内容之外，根据所涉及的国家或地区，保险人和中介还可能需要使用方言或地方话披露其他信息。

金融素养不高的客户可以毫不费力地理解一款设计简单的产品，因此此类产品的信息披露容易理解。如果信息披露太复杂，那么该产品的设计方案便可能不合适，如那些具有过多免赔条款的产品。

专栏3—16　观察到的做法：信息披露

1. 信息披露规定

菲律宾的小额保险保单范本合同长度为一页，使用菲律宾语和简单英语。应保险委员会的要求，该文件披露有关产品和保险人的关键信息。

南非的国家财政部门对小额保险的政策文件规定：小额保险保单文件必须含一份英文书写的保单概要。此概要长度不得超过一页，字迹清楚，并且采用具有足够间距和格式的可读的打印尺寸来排版。它应当清楚地表明，小额保险人的名称以及该公司已在金融稳定理事会注册为小额保险提供者。

印度也就信息披露做出了详细规定：信息披露必须连同其他销售材料及"销售节点"材料一并载于内容说明书中。有关销售的进一步信息可见于《保单持有人保护条例》。此外，人寿保险中还有关于强制性预期收益价值的指引。《健康保险条例》还规定了客户信息表（类似于"关键特征文档"），要求保险人和中介披露一款产品特定的某些方面。

巴西法律明确规定："客户应当知情，信息披露应当完全透明。保险人应当以正确、清楚和精确的方式向顾客提供保险，并以葡萄牙文充分提供关于产品特征的资料。"

中国要求简明的保单，上面载明双方所有相关细节，而且会把保单发给保单持有人。

在秘鲁，法律强调保险人身份、销售渠道、承保风险、免赔条款、理赔程序、保费、给中介佣金等方面的透明度，同时要求保险人（直接或通过其销售渠道）提供详细信息。

《加纳、肯尼亚和南部非洲发展共同体关于协调小额保险条例的原则》的管理框架（或拟议的管理框架）也包括对简单语言和恰当的信息披露的要求。

2. 信息披露语言

巴基斯坦2014年的《小额保险条例》规定："向小额保险保单持有人披露的任何信息均至少要以乌尔都语来书写。"

印度的《小额保险条例》规定："每家保险人均应当以印度宪法承认的语言向个人小额保险保单持有人签发保险合同。如果不能做到这一点，则需要以此类语言提供关于该保单详细内容的书面说明。"

3. 信息披露方式

在普惠保险中，保险人通常采用新的信息提供方式。

例如，对于移动保险的案例，使用短信或及时短消息来确认保险、处理保费支付或理赔事宜。客户需要能够保存和使用这些消息作为保险证明等。

有时，保险人会采用其他方式提供有关保险内容的信息。例如，在商店张贴传单、参阅网站、在化肥袋上印刷参保条件。

保险人通过使用图片、漫画、无线电台、电视广播等方式向客户解释了购买保单或提请索赔的流程。

进一步讲，为了提高普惠保险市场信息披露的质量和简洁性，监管者可以要求保险人采用标准化的信息披露格式（指引19.7.7）。这还有助于客户对不同产品的具体内容进行比较。对于与其他商品和服务捆绑销售的强制性保险产品，采用标准化信息披露格式/模板可能更具说服力，如对信息披露实践较差的信贷人寿保险。

这些标准化的信息披露格式可以考虑：（1）对于应当向客户披露的信息，采用原则导向制；（2）详细说明强制信息披露的方式；（3）产品披露模板。例如，原则导向制要求消费者能够比较保单，所以该方式允许更多的灵活性和空间来适应客户因时而动的信息披露需要。然而，它失去了确保产品清晰、易于彼此比较等一些优势。

标准化格式可以采用"关键信息文档"或标准化信息披露模板的形式。文档应当概括产品的信息，长度不应当超过1页。此概要应当清楚，以可读的打印尺寸和格式排版，可以包括：（1）保险人名称；（2）客户的投保范围；（3）免赔条款（如有）；（4）保费价格及客户付款地点；（5）客户不交纳保费的后果；（6）客户申请赔付的时间、地点、方式和所需要的单证；（7）客户的投诉时间和地点。如果消费者认为遭受侵权，他们应当有权获得恰当、方便、独立和高效的投诉处理和补救机制。因此，概要应当表明保险人及其（如有）申诉专员的联系信息。

标准化或具有规定特征的产品的信息披露更直白（见本章第五节第一小节）。应当特别考虑保险人可自行决定的特征，因为这些特征可能造成产品间的差异进而令客户困惑。

专栏3—17 观察到的做法：关键信息披露

拟议的南非小额保险监管框架规定：小额保险信息披露应当包含如下6个问题及其答案：（1）我可获得哪些保障？（2）如果有的话，免赔条款是什么？（3）我的保费价格是多少？我在哪里付款？（4）我不交纳保费的后果是什么？（5）我申请赔付的时间、地点和方式以及需要提交哪些单证？（6）我可以在何时何地投诉？（说明小额保险人及其申诉专员的联系信息）[①]

[①] 南非国家财政部门文件：《南非小额保险监管框架》，2011年。

在为大量客户提供保险的群体决策模型中，个体成员应当有权访问保单概要，以便知悉保单的特点。

当保险人将数字技术用做分销手段时，他们应当考虑此类数字技术的适当性。监管者应当确保，适用于数字技术的透明度原则和信息披露原则与适用于通过传统手段分销的保险活动原则对等。对于采用数字技术的保险人，监管者可评估其采用的数字技术的适当性，同时要求此类保险人演示其向客户披露信息的方式。

保险人还应当告知客户其与保险合同有关的权利和义务。客户由于缺乏对法律权利和义务的知识和理解，可能会在索赔由于不披露重要信息而被拒。在普惠保险市场上，监管者可以引入易于理解且保险人能询问客户的标准化问题，从而将对客户的信息披露责任限于此类问题。此外，在普惠保险市场，可能有必要要求保险人和中介适当地证明其具备合适的牌照。

在与保险合同有关的其他权利方面，监管者可以要求，保险人在跟客户订立合同前向客户宣读的 1 页标准化文本。该文本应当包括，在合同有效期内，顾客在受到不公正待遇时取消合同、索赔和提起申诉的权利。此外，如果法律规定了一段冷静期，那么保险人应当告知客户有权在签订此协议后的一定天数内（冷静期内）取消此协议。

制定适合普惠保险客户要求的信息披露规定可以促进金融服务交付的透明度。因此，产品和服务项目将被更多地使用，客户将获得更多的益处，而正规金融部门的普惠性将为那些缺乏正规金融经验以及金融素养和金融能力偏低的、脆弱的低收入群体带来更少的风险（Chien, 2012 年）。

重要的一点是，要保护消费者权益，同时支持他们购买保险；但是，要注意的是，信息披露规定不得过于烦冗，实施起来也不应当太昂贵，更不能因增加信息披露要求的复杂程度而导致"保护令消费者远离市场"。

除设置必要的产品信息披露以确保公平待客之外，标准化的产品信息披露还具有一项优势：可令保险人更容易针对销售代理开展关于普惠保险产品信息披露要求的培训。标准化信息披露可以纳入普惠保险产品的消费者教育和宣传活动中。

（三）售后服务和信息

保险人需要：（1）执行恰如其分的服务政策，直至保单规定的所有义务均得到满足；（2）订立本合同后，向保单持有人披露本合同发生的权利义务变更（比如与通胀有关的保费上涨）或保险人可行使的任何合同选择；（3）根据保险产品的种类，进一步向保单持有人披露相关信息（标准19.9以及前述的指引19.9.1）。

1. 持续的服务

普惠保险市场上的许多客户对保险产品缺乏了解，所以重要的是，要向客户提供充分、适当和持续性的信息，使他们能够监控产品或服务是否能持续满足他们的需要和期待，为售后交易或查询提供可接受的服务水平。

因此，监管者应当要求，如果保险产品的规定或条款出现重大变更，或者如果有关产品或服务项目发生任何显著的事件或交易，那么保险人应当及时与客户进行沟通，向客户提供变更、事件、交易及其影响的详细信息。

保险人应当确保，在保单持有人想询问产品有关内容或者需要帮助时，两者之间的沟通渠道能够一直保持畅通。

为普惠保险提供持续的保单服务涉及多项活动，包含续保、通知保单持有人（如迟交保费）、保单变更、处理客户查询等。

普惠保险产品的持续服务应当注重公平待客。重要的是，保险人应当建立管控措施，确保任何外包服务活动提供的服务质量，并且通过客户满意度评估等措施来监控持续性服务活动的成效。

2. 理赔流程

监管者要求保险人有效且公平地开展理赔工作，并要求保险人的理赔程序要简单、透明和易得。理赔实践需要保证公平对待普惠保险客户，并及时理赔（标准19.10）。保险人应当制定恰如其分的规则及程序，确保理赔效率，并应当充分培训参与理赔流程的个人，以便提供高效服务（指引19.10.1和指引19.10.7）。

索赔文书和提交流程应当合理，要将普惠保险客户的要求考虑在内，这包括:(1)基于清晰合理的规则,简化提交索赔的流程,从而方便客户提交保险人预先披露的索赔文书,同时,将普惠保险市场的索赔核实文件考虑在内;(2)索赔提交地点的可及性;(3)收到相关文件后,支付赔款的时间;(4)就理赔进程进行沟通;(5)以正当理由拒绝索赔并告知客户拒赔理由的详细信息;(6)投诉和纠纷解决机制的可及性。

中介或其他的服务供应商可以协助理赔。在此情况下,应当明确中介的作用和责任,提供给客户的服务质量不能打折扣(指引19.0.9)。

3. 理赔流程

投诉可有不同的起因。例如,对于保险合同中某一条款的适用范围产生纠纷,对于一方(或另一方)是否履行其义务的分歧,或由于保险人或中介提供了不适当的服务而拒绝(全部或部分)索赔请求。

保险人和中介应当制定适当的保险规则及程序,以便及时公平地处理投诉。如果普惠保险客户认为自己在经营流程中受到了保险人或相关中介的不公正对待,那么他们在寻求赔偿①时通常会面临挑战和障碍。有些客户不甚了解自己的权利和寻求赔偿的可用机制,包括遵守向保险人或中介投诉的流程等。为保障公平待客,监管者应当要求保险人和中介以有效且"公平的方式"处理消费者投诉和不满。这意味着,保险人和中介在与消费者打交道时,应当始终保持应有的谨慎、技巧、勤勉、有道德和诚意。

在客户订立保险合同前收到的信息中应当包括有关客户"投诉权"的信息。

消费者可以向保险人、中介或监督者、消费者保护组织等第三方提起投诉。因此,消费者既可使用内部投诉处理机制,也可使用外部投诉处理机制。

在普惠保险市场上运行投诉处理机制可能遭遇某些挑战。首先,此类投诉处理机制可能贵到客户难以承受,尤其是打算包括后文所列的4

---

① "赔偿"是指对错误或不满的补救或补偿。根据经济合作与发展组织(Organisation for Economic Cooperation and Development,OECD)的说法,赔偿是"以货币补救方式(如自愿支付、损害赔偿、返还或其他货币补救措施)或者具有恢复性因素的行为补救方式(如商品或服务的交换、具体履行或解除合同)去补偿经济损害"。

类元素时。其次，普惠保险市场上的保险人和中介有时并未经过正规授权（经过注册或获得许可），所以也未被监管。就此而言，正规化必不可少。如果未经过正规化，那么消费者很可能难以获得赔偿，而这将损害消费者权益保护。

消费者应当了解现有的投诉处理机制：（1）金融素养课程应当提供关于"投诉权"的常规信息以及可用于投诉的机制；（2）在营销产品时，有关投诉处理机制的信息应当被纳入广告宣传页、宣传册等营销文件和策略中；（3）在信息披露阶段，在订立保险合同之前和之中，保险人和经纪人应当以告知客户保险产品特征的同等方式提及投诉机制；（4）在收到投诉时，要让消费者了解相关的投诉处理流程，以及未来可能或必须采取的步骤。投诉处理信息应当用醒目的方式展示在保险人和中介的经营场所。

鼓励保险人和中介向消费者提供以下信息：（1）投诉的详细方式，包括投诉部门的详细名称及包括其电话号码、网址、地址等在内的联系信息；（2）消费者协会可以帮助消费者投诉和代表消费者采取行动；（3）投诉者必须提供的信息类型；（4）适用的申诉处理程序特点，例如：投诉确认时间，处理投诉的时间范围，如果投诉人对有关决定不满意，那么可用的纠纷解决机制。

在普惠保险市场这一特殊情形中，鼓励保险人及中介对客户披露投诉的处理程序进行创新，如采用手机、互联网、免费热线等。保险人和中介应当向消费者提供获取投诉表格的实际地址或者电子地址。为了不给消费者带来额外的费用和延误，处理投诉时应当避免消费者提交不必要的文件。

以直白的语言草拟投诉流程的决定书，同时应当通过合适的沟通渠道将此决定送交消费者，确保消费者能收到。该决定书应当提供理由并解释其效果，同时应当说明寻求赔偿的所有可行选项。

监管者应当鼓励保险人和中介披露其编制的消费者满意度统计数据。对保险人或中介累计的多项投诉暗示着潜在的（可能是合规方面的）问题。关于投诉处理的记录可使监管者评估保险人公平待客的情况。因此，监管者可以鼓励保险人和中介在充分记录的基础上对消费者投诉开展持续分析。监管者应当有权获得投诉记录。

如果保险人或中介以对消费者有利的方式解决了投诉，并且该解决方案需要给予消费者某种形式的赔偿，那么，保险人或中介应当保证消费者及时得到此赔偿。如果保险人或中介拒不履行就此做出的承诺，那么，监管者可以考虑强制其执行此承诺（如通过罚款）。

专栏 3—18　观察到的做法

1. 持续的服务

FINO 金融科技是一家与销售保险及其他金融服务项目的代理人合作的印度银行代理机构。FINO 开发了一款基于成本划算的移动模块，通过更新产品和保单以及回答常见问题，提供持续服务。FINO 能追踪代理人是否下载了更新，并能跟踪到那些没有下载更新的代理人。一旦下载，即便在没有移动接收的情况下，代理人仍然可以使用这些更新，所以代理人可以在与客户开展实地的现场互动时访问这些更新。

菲律宾的 MicroEnsure 是一家小额保险代理人，他采用呼叫中心平台为保单持有人提供理赔服务，同时开展有关小额保险的一般查询业务。

2. 观察到的做法：理赔流程

一些保险人正在采用基于网络的系统，将合作伙伴分支机构与保险人的系统连接起来，以此保持理赔流程的效率，减少核实索赔和支付索赔款项的时间，如菲律宾的马来亚保险公司和危地马拉的 Aseguradora 村镇保险人[①]。

在巴布亚新几内亚，一家移动银行组织提供旨在快速支付索赔款项的保险。客户完全根据当地银行代理人的建议来接受索赔，并且该代理人会证实索赔的有效性。因为所有保险客户均拥有移动支付账户，所以这些资金已计入贷方，并在确认后大约一小时内可用。鉴于投保的金额很小且银行代理人与保险人之间保持利益关系，所以欺诈风险很低。

在巴西，小额保险新规要求保险人在索赔管理流程中采用远程手段，例如：（1）取得发包人证明并确认保险人提交了完整的合同文件；（2）确认保单持有人及其受益人的身份正确无误，保证其资料和个人信

---

① 国际劳工组织小额保险创新设施（ILO's Microinsurance Innovation Facility）：《小额保险业务案例第 2 部分——小额保险盈利能力后续研究》，2014 年。

息真实完整；（3）确认保险人向保单持有人和受益人发出的单证和信息收据真实有效。

秘鲁2016年修订的《小额保险条例》规定，小额保险产品的赔付期限从10天延长至20天，首付款必须在索赔注册后10天内进行。保险业认为首付时间要求太短，尤其是，在中介地处偏远地区，没有大众传媒方式能促进有关各方交流的情况下。

3. 观察到的做法：理赔流程

在印度，监管者要求保险人拥有经过自己董事会批准的投诉赔偿规则，这些规则应当符合监管者为保险行业制定的准则中规定的基准。为潜在客户和保单持有人提供服务的所有分支机构应当清楚地列明时间范围。监管者要求保单持有人在决定求助于保险申诉专员或其他纠纷解决机制之前，确保保险人已经用尽了申诉机制或渠道。

在印度，监管者亦建立起一个健全的网上综合申诉赔偿机制，称为"综合申诉管理系统"（Integrated Grievance Management System，IGMS）。该系统不仅建立了整个行业保险投诉的集中存储库，而且还为监管者提供了对投诉处理进行实时监控的工具。所有保险人均被强制与综合申诉管理系统实时连接。

菲律宾国民保险委员会发布的《商业公司小额保险替代纠纷解决机制实施指引》（L16-2013）说明了与理赔相关的纠纷解决机制的原则和程序。

第六节　应用监管指引

一　监管者在引入新产品时的角色——首选途径的方法和注意事项

监管者的产品监管责任有如下几种选项：原则导向制、备案使用制或预先审批制（指引19.5.3到指引19.5.5）。最佳选项的选择要根据国家或地区多方面因素，这些因素包括客户脆弱水平、产品复杂程度、监管者能力和资源及对创新的影响。这些方面会导致对不同产品系列的选择。如本章第二节所述，保险人服务的客户对保险缺乏认识，产品非常复杂，或者保险合同受法律强制规定，如机动车责任保险或健康保险（指引19.5.3）等，在此情形下，条款费率的预先审批制更合适。

（一）产品的原则导向制

原则导向制的主要特点是，监管者主要关注保险人的内部流程，注重产品开发、营销、中介的参与等，但是没有具体的权力去批准新产品或修改现有产品。

监管者需要确定保险人在产品开发、整个监控和审查流程、整个分销中已经采用并正在应用适当的程序。间接地，监管者要监管保险的治理程序和关键职能的独立运作（指引19.5.5）。虽然原则导向制在发达保险市场更普遍，但是它也会给欠发达的保险市场带来益处。在风险导向的制度中，保险人对产品负有最终责任。原则导向制的主要缺点是：对于监管者，监控与所有产品相关的流程是个繁重的任务。因此，最重要的是，即使产品已经上市一段时间，监管者仍有权干预。

监管者面临的主要挑战是，确定审查保险人流程的标准，以便评估他们是否遵守了适当的原则。在这方面，监管者应当采取一种风险导向的方式，考虑到客户的风险，或者更具体而言"……保险经营行为的规定范围应当反映客户，并考虑到客户特性和提供的保险种类"（指引19.5.5）。在实践中，这意味着，监管者将能够在普惠保险环境中恰当地应用为产品简单性而量身定做的某些规定标准，从而降低此业务模式的成本。此外，监管者需要在更高也更粗略的层次上概括出监管要求。

如果监管者对市场上的新产品更多采取原则导向制，那么，在现场检查中，在产品审查流程中已经提交的信息仍然可以被监管者用做持续监控流程的一部分。监管者可以应用抽样技术检查产品是否符合相关的法规。

专栏3—19

在原则导向制下，监管者可通过调查以下各项流程的适用性来评估保险人产品开发的方式、规则和管控的适用性及成效，将此用做现场检查流程的一部分：（1）整个产品开发流程的稳健性；（2）不同产品开发活动（如定价）的负责人的技能和经验；（3）过程的有效性以及高级经理和董事会对产品的签署。

一个稳健的产品开发流程将包括以下步骤：（1）识别目标市场：评

估目标市场面临的相关风险；(2) 初步研究：调查保险需求、市场上的产品供应、潜在的分销渠道和运营流程的技术服务供应商（如收取保费）；(3) 产品设计与规划：设计产品的特点和定价，确定分销模式、分销策略和控制系统（用以确保保险产品以预定的方式分销到指定的目标市场）、管理及运营流程、再保险保障、与分销相关的伙伴关系、保单管理等；(4) 推出新品：建立管理和运营体系、签订合作关系协议、订立再保险协定、培训分销渠道、开发营销材料、试验产品试点等；(5) 监控：监控销售和成本并识别产品风险。保险人应当监控并定期审查保险产品，考虑到目标市场预期能发生的变动，评估该产品是否依旧与消费者权益保持一致、预期的分销策略是否依旧适当。

（二）产品的备案使用制

当保险产品并不复杂且便于退市时，备案使用制可作为一个替代性选择。该制度允许保险人在一个国家或地区内注册保险产品，允许监管者重点关注那些给保单持有人带来更大风险的产品，与此同时帮助保险人提高新品上市的速度。

对于保险产品管控，备案使用制被认为是介于预先审批制与原则导向制之间的一个选项。在该方式下，监管者通常要检查保险产品条款以及精算单据。在那些市场竞争更激烈的国家和地区（如美国），还可以审查保险费率。

借助这一方式，保险人可以在备案后或者在收到监管者的快速分析后立即推出产品。在某些国家和地区，监管者预计会在一定的时间范围内做出监管回应，例如，南非的时限为6周。不过，监管者可以随时要求修改产品；即使在此之后，监管者也应当有权采取干预措施。

（三）产品的预先审批制

在此方式中，监管者有权审批合同条款和定价，监管者具有最大的产品监管权力。对于正在构建普惠保险市场的国家和地区，这似乎是一种常见的监管方式。这些国家和地区的保险人的技术能力或执行效力可能被限制，分销渠道是新的，并且通常处于保险监管机构的职权范围之外；而客户缺乏金融知识。此外，普惠保险产品可能缺乏有关产品销售的一些控制措施，如基于建议的销售和销售阶段的利益冲突管理。因此，重要的是要确保通过产品设计、与分销伙伴和其他服务供应商的安排来管理其中一些流程。这可作为产品审批流程的一部分予以评估。

预先审批制包括多个类型。预先审批可适用于条款、精算单据、甚至竞争更激烈的市场上的保险费率。预先审批流程的长度可因产品的复杂程度和监管者开展此流程的方式而异。

专栏3—20 观察到的做法：可信度

使用标志有助于识别小额保险产品、建立对产品的认识和信心：（1）在加纳，所有小额保险产品的所有产品材料都需要显示小额保险标志。（2）在菲律宾，所有经保险委员会根据《保险备忘通告》批准的小额保险产品均应当在保单合同的正面显著地标示出小额保险标志。这是为了让客户能够立即认出他们购买的是小额保险。

一般而言，使用技术可以加快与产品备案和审批以及记录唯一的产品编号有关的流程。产品在线备案的方式将确保速度以及相关的时间框架和程序的透明度。系统地获取信息的在线方式有助于创建一个中央数据库，促进对产品采用统一的方式，并为查询内容和必要的报告生成信息。

专栏3—21 观察到的做法：产品提交流程

在巴西，小额保险采用预先审批制。只要产品按照标准化的保障范围和免赔条款来运营，同时符合小额保险条例的最低文件要求，那么平均3天该产品即可获批。

使用基于网络的电子系统有助于加快产品监管。保险人将其产品上传到系统中，待商业保险监管局检查完毕，产品信息便会在商业保险监管局的网站上向公众开放。该程序是一项重要的透明工具，因为它允许客户和其他利益相关方检查售出的保单是否是在商业保险监管局注册的产品。该系统连接到统计会计数据库，允许按保险类型检索市场份额、赔付率、保费等信息等。它使得商业保险监管局能够充分控制和监控所有的保险产品，同时洞察受到监管的市场，因为商业保险监管局的控制不仅局限于保单本身，还能从整体上审视产品在市场上的表现。

然而，产品审批制也会面临挑战，而且还可能非常复杂：（1）审批范围。审批是否只包括产品本身，即条款和可能的定价？或者，还包含其他活动，如确定目标市场和设想分销渠道？（2）监管者应当制定适当的标准来审查产品。在审查产品是否符合法律规定的约束时，做法可能相当简单；但是如果审查流程包括定价，那么情况便会复杂得多。（3）监管者需要指派经过适当培训的员工来正确地审查产品。此外，产品监管流程不是以审查告终，因为初始审查完毕后，监管者需要进一步监控产品。

重要的是要记住，非常严格的控制会对创新造成负面影响，而创新是改进新的保险细分市场的关键。审批流程既要保护客户权益，又要兼顾创新和可选择的保险产品给客户带来的利益。

作为小规模试验或"沙盒"的一部分，严格控制能在保持适当的消费者权益保护水平的同时促进创新。在此情形下，有时是在更宽松的监管要求下，会创造出一个受到控制的环境，在有限的时间内销售限量产品，测试业务的可持续性。监管者可以批准作为启动测试或"沙盒"的一部分的产品。

专栏 3—22

监管者可通过评估对普惠保险客户的适当性，来审查保险人提交的新产品或经过变更产品的部分材料：（1）对产品需求与市场竞争的研究；（2）被认为应当具备的产品特征；公平待客及保险人风险管理（如逆选择）；（3）产品定价（为保单持有人提供良好价值并具有经济可行性的保费）；（4）广告和宣传材料的样本；（5）保险人提供给中介的、签订合同前的信息和支持销售的文件，包括保单概要和关键信息文件、保单文件、口头披露清单等；（6）销售流程及销售人员培训材料；（7）分销模式、分销合作伙伴、管理合伙关系模式中的利益冲突以及对中介的管控；

(8) 薪酬模式与销售流程中的利益冲突管理；(9) 收取保费、理赔、续保、查询、投诉流程及其他持续开展的保单服务；(10) 其他服务供应商列表以及管控与各服务供应商之间的关系。

作为现场检查流程的一部分，监管者可以更详细地审查产品开发流程的某些方面，如完整的需求研究报告或完整的定价模型。

各个国家或地区的产品监管方式大相径庭（见表3—1）。

表3—1　　　　　　　　　　　国家实例

国家或地区	产品监管制度
澳大利亚	采用原则导向制。涉及产品的充分性、实施和信息披露，保险人有责任在发行保险产品时满足澳大利亚证券投资委员会（Australian Securities and Investments Commission，ASIC）监管要求
巴西	保险人通过电子网络系统上传其产品，该系统向所有在商业保险监管局网站上注册的利益相关方开放这些产品。 对于常规保险，采用备案使用制。这意味着，产品经过在商业保险监管局快速分析、保险人获得在商业保险监管局发布的产品注册号后，保险人便可发布一款产品（条款加精算单据）。商业保险监管局可随时要求对产品做出更改。在此情况下，条款分析主要检查如下内容：目标受众、每个保障范围的保额、保障范围措辞、免赔责任、免赔额、适用于每项保障范围的宽限期、合同类型（个人或团保单）、保单期限及续保条件、保费支付条件、用于营销该保单的分销渠道、所需要的单证、理赔支付的最长期限、受益人条款。 对于精算单据，检查下列各项：目标受众的定义、保障范围、适用于每项保障范围的宽限期、费率和保费的设定、用于定义每个费率的统计数据或参数、生物计量表信息（需要时）、费率重估准则（包括公式和期限）和保费附加费用的信息（适用的最小和最大的附加费用率）和技术规范。 负责的精算师必须在精算单据上签名。 预先审批制被应用到更复杂的保险产品上，如养老金计划、年金和附带储蓄功能组件的人寿保险单。保险人可以选择使用保险人设计的非标准产品，也可以使用商业保险监管局提供的标准产品。这些产品大部分为标准产品。在此情形下，保险人必须将产品方案或参数发送给商业保险监管局。它们将因方案类型（养老金、年金）而异，如利率、收入类型（终身收入、临时收入、一次性收入等）、生物计量表和重述索引等

续表

国家或地区	产品监管制度
中国	保险人必须向中国保监会提交"关系社会公众利益的保险险种、依法实行强制保险的险种和新开发的人寿保险险种"的保险条款和保险费率以备预先审批。其他保险产品的条款费率应当报送中国保监会备案,这是备案使用制的一个例子
欧盟	欧盟监管者对产品监管采用原则导向制;根据欧盟法律,不允许实施产品预先审批
印度	印度集成了预先审批制与备案使用制。人寿保险产品、零售的健康保险产品和非寿险产品均需要预先审批。人寿产品的措辞和定价都需要预先得到监管者的批准。保险金额在500亿卢比以下的非寿险产品也需要预先审批。但是,寿险之外的其他商业产品以及团体健康保险都采用备案使用制,保险人需要在产品发布前从系统中获得一个唯一的识别号。印度所有政府通知的保险方案也遵循备案使用制。监管者对产品进行抽样审查,并有权质疑设计、定价等因素。即使是那些需要预先审批的产品,(由指定精算师和各主要管理人员组成的)产品管理委员会在审查产品方面明确发挥作用
秘鲁	小额保险产品采用备案使用制,最长为15天的注册时间。引入这一做法是为了加快小额保险产品的注册流程
菲律宾	所有小额保险产品均要审批
加纳	在加纳,一款保险产品被国民保险委员会(National Insurance Commission,NIC)批准后方可发布。保险人可通过提交保单合同、精算估值及证明该产品符合小额保险产品准则(即该产品的目标市场、价格、可负担性、可及性等因素预先已经过内部评估)的书面评估记录来申请新品评估。 如果该产品不再符合小额保险产品的标准,那么国民保险委员会可发出书面通知,撤销对该产品的批准
斯洛文尼亚	作为欧盟成员国,斯洛文尼亚不允许对任何保险产品采取预先批准制。在处理产品监管问题的流程中,在本章撰写之际,斯洛文尼亚的监管者正在实施欧洲保险和职业养老金管理局(EIOPA)颁布的《产品监管和管理指引(POG指引)》中的日常监管流程。斯洛文尼亚对产品监管实施了原则导向制,该国正在以恰当的方式执行POG指引,同时考虑到客户性质和产品给客户带来的风险。以下是保险人在针对适用普惠保险的更脆弱的客户群体实施《POG指导方针》时采用的一些规则。产品管理方法中最重要的特征是:在将恰当性原则应用到脆弱的客户群体时,应当以"违规推定"的方式加以实施该原则。因此,监管者将检查以下情形的合规状况:(1)保险人管理层在审批某项产品时,是否尽心考虑了目标市

续表

国家或地区	产品监管制度
斯洛文尼亚	场及其特点；(2) 针对易受伤害的客户群体，在确定目标市场时，保险人还应当确定不合适的客户类型（对市场的消极认同）以及万一顾客希望购买不适合自己的产品时应当走何种适当的流程；(3) 保险人应当针对自身的和外部的销售渠道建立适当的内部控制，以便正确地监控产品是否以适当的方式销售。应当对更难控制的外部销售渠道给予更多的关注。 尤其是对于那些专为更加脆弱的群体设计的产品，保险人应当加强产品监控。例如，如果发现对客户的赔付率明显低于预期赔付率、投诉率明显偏高等，那么保险人应当积极调查此类问题的原因，从而使该产品符合客户的利益
南非	南非的小额保险政策建议严格控制小额保险牌照允许的产品设计参数，以便平衡消费者权益保护和市场增长动力。产品监管将采用备案使用制
美国	美国有一个公认的监管标准——费率不得过高、过低或给予客户不公平的差别对待。尽管均基于该通用标准，但是为了以最佳方式符合各自的市场，美国的56个司法管辖区采用的具体方法存在差异。费率和产品审查流程很复杂，适用于某一产品/产品线和市场的标准可能不适用于另一产品/产品线或市场，商业产品线与个人产品线之间也可能存在差异。正是这种灵活性引导着适当的产品向消费者和具有竞争力的市场开放

综上所述，适当的产品监管方式将取决于对每个国家或地区的风险及其缓释措施开展的充分评估。根据前文提到的例子，新兴国家倾向于对比较复杂的产品采用预先审批制，对比较简单的产品采用备案使用制。另一方面，保险业较为成熟的国家和地区则常常更采用原则导向制。随着监管者将发布的正式决定，预先审批制和备案使用制为所有利益相关方提供了更多的司法确定性。原则导向制可能更符合恰当性原则，但是更容易产生任意监管的风险。

二 持续监管

监管者采用一项风险导向的监管方式，利用场外监控和现场检查，检查各保险人的业务，评估其风险状况、行为和公司治理的质量及成效以及是否符合有关法律及监管规定。监管者要获取必要信息，从而有效地监管保险人并评估保险市场（原则9）。

监管者负责监控有关普惠保险产品的公平待客问题。这涉及监控产品、分销方法、索赔等业务流程是否适合低收入、非正式就业，以及其他缺乏保险产品经验的客户群。

对于保险人就开发及持续管理普惠保险产品而开展的活动，监管者将监控其治理程序和规则的设计和执行情况。监控的方式为：（1）治理流程：产品生命周期管理规则的适用性、产品相关活动负责人的能力、向高管和董事会报告并签字；（2）规则及程序的执行情况：问责制和控制的成效、内部程序监控和报告（尤其是外包活动）及客户体验监测；（3）结果：监管规定的合规情况、客户对产品和投诉的满意度、中介行为的适当性、向客户提供的价值、业务量的持续增长、产品的财务可行性等。

监管者将根据监管规定评估合规性、公平待客和行业声誉面临的风险。

监管者可通过以下数种工具监控公平待客情况，其中包括：（1）定期汇报规定和场外监控：分析产品相对于基准或行业业绩的业务量、持续性、索赔、投诉、财务业绩等方面的报告；（2）现场检查：评估负责人的适宜性和保险人围绕产品的活动的流程和控制。现场检查可用于验证和调查产品提交中的信息、定期汇报更加详细的信息；调查是否存在任何违规、监管失败、流程变更的原因或者其他与产品相关的公平待客事宜；（3）其他活动（如神秘购物）。

必要时将采取纠正措施。监管者还可以使用监控活动来识别良好的商业实践。这对于发展中市场上的普惠保险尤其重要。良好的商业实践案例可以构成监管者发布的普惠保险业务实践指引方针的基础。

某些反映服务参数比率的信息披露可以提升市场的透明度，进而得到监管者或行业本身的公开支持。例如，理赔处理和拒赔比率以及与拒赔原因有关的数据可以很好地表明产品的透明度或保险人的理赔规则。类似地，索赔处理的周转时间反映保险人的理赔效率。应当注意的是，如果公众无法准确理解这些比率的含义便可能造成误解。

专栏 3—23　观察到的做法

印度有一些指导方针要求保险人特别公开某些信息。除如上所述的服务比率之外，还包括投诉处理比率及其相关信息。除服务参数之外，公开信息披露规定还包括已发生赔付率、已付赔付率、混合比率、代理佣金支出等中介报酬在内的企业绩效、管理费用状况等。

监管者将监控保险人、中介和服务提供者的活动。产品监管的监控活动注重在监控公平待客流程中整个产品的生命周期，包括：保险人的产品开发流程、销售和信息披露、持续的保单服务、理赔流程和产品绩效。本章第六节第一小节包含了对产品开发设计的评估。本小节依次分析产品生命周期的其他阶段。

（一）产品销售、促销和销售信息披露

宣传材料、信息披露和销售实践应当符合公平、透明和支持理性决策的原则，同时应当符合披露标准和格式。此外，保险人和中介需要遵守与普惠保险产品相关的、涉及最低或标准化信息披露的任何规定（见本章第五节第二小节）。此外，需要对参与普惠保险产品销售的人员开展产品特征和销售流程的培训。保险人还需要建立起对代理和中介活动的管理和监控措施，确保其遵守良好的销售实践。

可通过以下方法评估保险人的宣传材料、信息披露材料和销售手法：（1）汇报服务持续性以及代理人、销售人员和客户对销售实践的投诉，并进行场外分析；（2）实地调查活动，审查代理人及销售人员的培训计划、治理程序、对促销开展的控制及监查活动、信息披露及销售实践；（3）其他活动包括：神秘购物、为了解保险概念而开展的调查活动、对公共领域内可获得的有关普惠保险的信息开展全面监控。

专栏 3—24

1. 现场检查

监管者可调查保险人的流程、文件、行为准则及控制措施、监控销售实践流程以及代理人和销售人员的活动。

根据产品审批制度,在现场检查时也可调查在产品提交流程中评估的产品推广和信息披露材料。

在现场检查期间,可以进一步调查保险人审查广告材料的流程、宣传材料或活动的更正或撤回的有效性等。

通过现场检查,能评估信息披露和保单质量控制的有效性,同时审查给客户提供信息的流程。这可能包括审查保险人使用的流程,从而确保普惠保险市场能够理解披露的信息、信息披露材料和活动变更的原因等。

作为现场检查流程的一部分,监管者可以评估代理人和销售人员接受的培训是否合适。可检查培训方案内容和开展培训的人员的资格是否适当。监管者还可以评估培训内容的制定、培训人员的选择、培训活动的开展等内容,从而确定合适的质量控制措施是否就位。监管者的职员可以参加培训,可以在现场检查期间对评估的反馈进行分析,从而调查培训的有效性。监管者可能需要聘用一名独立的培训专家开展此类活动。

监管者可调查保险人的流程、文件、行为准则及控制措施、对销售实践流程及代理人和销售人员活动的监控。例如,可以使用标准的调查问卷来收集客户信息,也可以依靠保险人的流程来验证在保单初始阶段是否从客户那里收集到了所需要的信息。销售做法的变化以及与销售有关的控制和监测的理由可以在现场检查中进行调查。

作为现场检查流程的一部分,监管者可以评估代理人和销售人员接受的培训是否合适。这将使监管者能够识别并调查与广告、误导、过度加压等销售做法,以及与索赔有关的投诉事宜。然而,产品误解可能只会在索赔阶段暴露出来。

2. 报告和场外监控

作为定期向监管者报告的部分规定,从保险人和中介处收集到的特定信息能表明保险人或中介涉及良好的销售实践方面的业绩。这些信息包括关于销售、持续性、中介、代理人和销售人员的数目和留用数目以及投诉的数据。监管者可以将这些信息视为场外分析流程的一部分予以评估。在市场发展进程中,监管者可为普惠保险销售实践领域制定业绩基准。

3. 其他调查客户体验的方法

作为对市场活动开展的持续监控的一部分，监管者可以审查普惠保险产品的宣传材料。这种监控适用于所有媒体（电视、广播、新闻、广告牌和在线广告）以及街上的营销活动、宣传活动等。

神秘购物是一个有用的工具，可调查：（1）保险人执行销售实践的相关流程；（2）信息披露和销售实践在达到清晰、公平和无误导性的标准并提供对购买决策有用的信息方面的有效性；（3）常规客户体验（例如，客户在销售阶段是否得到尊重，得到体面的对待）。

神秘购物能用来调查消费者在整个销售过程中的体验。

监管者能通过调查、焦点小组和测试等方式来评估保险人销售实践中的客户体验；例如，客户对关键信息披露文件中的信息的理解程度。这可能构成监管者更广泛的金融教育活动的一部分。监管者可能需要聘请该领域的独立专家来开展这些活动。

监管者也可调查保险人的监控活动。例如，将保险人开展的客户满意度调查结果用做现场检查的一部分，收集和分析来自消费者保护组织、索赔机制和社交媒体的投诉信息。

神秘购物在小额保险中非常重要。监管者往往不甚了解现实中的问题是什么。

等待发生小额保险合同范围内的投诉并不是正确的做法。例如，在移动保险中，保单持有人不会为数额如此小的保单投诉。

在赞比亚开展的一项神秘购物测试中，多数顾客能够在没有出示必要身份证明的情况下注册一个数字金融服务账户。这些顾客能够绕过柜台交易的限制。调查发现，大多数向顾客收取交易费用的代理人都告诉了顾客错误的金额。据一位顾客表示："一开始他们告诉我转账免费，但是转账结束后又收了我一笔费用，而且代理人无法解释这笔费用。"诸如此类发现对监管者而言很重要，而这些监管者负责监管市场的合规情况以及识别与客户体验相关的新风险[①]。

坦桑尼亚在捐赠资金的支持下开展了一项包含访问客户、了解他们

---

① 世界银行扶贫协商小组：《数字金融服务神秘购物研究》，2016年。

在移动保险方面的经验的研究工作。此外，此项研究还包含了针对性的神秘购物活动。结合客户的体验以及通过神秘购物活动验证此类体验，监管者确信这些结果是真实的经历，而非由于客户理解不到位。因此，保险监管者能够干预并且鼓励保险人改变其行为，从而解决这些缺陷。

（二）售后服务和信息

监管者可通过以下途径评估持续性服务过程以及为客户提供的服务的效果：（1）汇报客户与持续性服务有关的投诉并就此开展场外分析；（2）现场检查活动，审查产品服务流程和培训、通知客户、保险人的投诉处理流程、与产品服务有关的控制和监督；（3）包括客户满意度调查在内的其他活动。

专栏3—25

1. 现场检查

在现场检查时，根据产品审批制度，可调查产品提交流程中评估的产品推广和信息披露材料。

作为现场检查流程的一部分，监管者还可以评估保单服务方面的职责（包括外包服务供应商的职责）是否适当。

保险人开展的持续性服务活动的有效性以及监控持续性服务的控制措施和流程，包括外包活动的控制措施和流程，可以在现场检查期间得到进一步调查。这可能包括，调查与保单持有人就续保开展通信的样本，或保单持有人支付后续保费的提醒，以及关于遵循处理查询事项的流程文档（如平均回应时间）。

2. 报告和场外分析

保险人（可能还有中介）给监管者提交的定期报告中所提供的持续性数据，可以表明，保险人或中介在持续性保单服务上的绩效。监管者可以将此类信息作为场外分析流程的一部分予以评估。

3. 其他调查客户体验的方法

客户满意度评估（如调查和焦点小组分析）可用于调查保险人开展

的持续性服务活动的有效性。监管者可以审查保险人的任何调查结果，也可以由独立的专家开展此类监控活动。

通过向保险人、监管者或消费者保护组织的投诉可以发现不良的持续性服务行为。

(三) 理赔流程

保险人需要确保理赔流程适合普惠业务。监管者可以评估与理赔责任、流程及其执行效果和保险人的监控活动有关的文档。这也将为保险人的产品设计流程提供反馈。保险人的理赔流程可通过以下方式予以评估：(1) 对索赔有关的付款、拒赔和投诉，进行报告并开展场外分析；(2) 现场检查，审查理赔程序运行情况及保险人的监控活动；(3) 其他活动（包括监控投诉、面谈），确定客户是否对理赔流程满意。这可以借助于审查投诉登记文件或对索赔文件进行抽样检查，它们是专题现场检查的一部分。

专栏 3—26

1. 现场检查

依照产品审批办法评估的理赔过程也可通过现场检查的方式来检查。

现场检查中，可调查理赔责任的正当性，特别是在理赔活动外包时。

现场检查中能调查理赔（包括外包活动）活动及其监控过程的有效性。这可能包括，调查索赔记录样本来评估付款花费的时长、在理赔流程中与客户沟通的质量、理赔工作人员的能力、外包服务供应商对服务标准的遵守情况。

2. 报告和场外监控

在定期向监管者提交的报告中可提供未决索赔、理赔时间、拒赔、存在争议的索赔、与索赔有关的投诉等信息。作为场外分析流程的一部分，对这些信息的分析可以表明保险人或中介在理赔方面的表现。传统上，虽然场外监控通常是基于"产品种类"，但是以基于"产品"的方式收集普惠保险的信息也可能非常有用。

3. 其他调查客户体验的方法

开展面谈，评估客户对索赔过程的满意度。监管者也可以审查保险人开展的任何调查的结果。

通过向保险人、监管者或消费者保护组织投诉来识别在索赔阶段发生的待客不公事件。

（四）产品的持续性

监控产品的持续性要依据对客户价值和产品财务可行性的评估。该评估可通过以下方式实现：（1）产品性能报告和场外分析：赔付和成本费用率、拒赔、持续性和投诉；（2）现场检查活动会审查保险人提供的产品和服务的各项流程和培训情况、客户通知、投诉处理流程，以及与产品服务相关的控制和监管活动；（3）其他活动包括监控投诉及对产品性能开展的独立审查。

调查产品开发、持续服务、理赔的监管流程可能凸显任何与普惠保险产品的公平条款有关的问题。

专栏3—27

1. 现场检查

现场检查可以包括产品性能监控负责人的适宜性、记录在案的监控流程（包括保险人制定的内部基准）的适宜性和保险人内部给高管报告方案的适宜性。

现场检查流程中可以调查产品性能监控运行情况的有效性。这可能包括调查内部性能监控报告和保险人为缓和业绩不佳而采取的措施。

现场检查流程中还可以调查保险人信息管理系统中存储的数据的质量、与产品设计阶段最初预测相比的产品性能和某一特定产品的潜在性能。

2. 报告和场外分析

可在定期提交的报告中给出赔付和成本费用率、拒赔、存在争议的索赔、投诉总量等信息。将这些信息与场外分析的基准指标相比较，可以从客户价值、覆盖率、公平待客等方面反映出需要关注的领域。但是这种分析通常受到常规报告中给出的信息颗粒度的限制（例如，此类信息可能是在业务线而非在单个产品水平上给出的）。普惠保险采用的赔付率基准所面临的挑战是，不同产品的索赔模式存在差异，例如，灾难性保险具有低频率和高严重程度的索赔模式。

菲律宾开发了报告模板，显示与财务和持续服务绩效指标有关的各种比率，同时公布了普惠保险业务监管的基准。小额保险产品的有效性比率包括承保成本比率、管理费用率、赔付成本率和理赔时间。衡量客户对产品的理解程度的比率包括续保比率和拒赔比率。基于保险人相对于基准比率的评分系统被用来评价效率有效性和客户对产品的理解程度。

南部非洲发展共同体《关于协调小额保险条例的原则》规定了监控客户价值的目标。

3. 其他调查客户体验的方法

通过向保险人、监管者或消费者保护组织发出投诉，可以明确有关低客户价值和待客不公的看法。

通过向保险人、监管者或消费者保护组织发出未偿索赔投诉，可以明确财务稳健性。尽管如此，监管者应当建立机制，以便在此之前发现财务稳健性问题。

在印度，监管者通过场外和现场检查来监控保险人在小额保险、农村保险和特定社会部门保险等的绩效（为提高对弱势群体的金融普惠性，监管者已就保费、承保的生命数量等设定了限额）。

总体而言，无论调查了何种产品或流程，监管者鉴于其所拥有的资源，均需要根据待客不公的风险以及市场声誉来具体调整其活动。监管者不应当通过收集、分析和调查不太可能就公平待客相关的风险提供有用洞见的信息，给保险行业和自身带来负担。但是，监管者仍应当对来自多种来源、表明保险人或中介待客不公的信息予以回应。保险监管活动需要有针对性和灵活性。监管者需要能够识别出公平待客方面要关注的领域，并及时实施适当的干预措施。虽然普惠保险产品可能比传统保险产品简单，但是两者的分销模式不同，涉及的服务提供者也不同。加之，普惠保险的目标客户相对缺乏保险经验，所以监管者可能需要对普惠保险业务的监管方法进行量身定制。

三　监管措施/干预

监管者执法权的性质影响着部分国家和地区采用的产品监管方式。尽管执行方式包括监管者可以采取的各类措施，但是根据一国的法律框架，一些补救措施需要相当长的时间才能实施。在此情况下，备案使用制或预先审批制会更有效，因为它们允许监管者迅速采取措施，防止不良产品进入市场，或在产品不符合监管者审批要求时立即令其退市。

专栏 3—28　观察到的做法

在巴西，收到罚款的保险人在某些情况下可以向商业保险监管局和上诉法院提起上诉。因为根据巴西的法律框架，一家公司有权进行充分辩护。

表3—2 综合了监管者采取的措施或做法。

表 3—2　　　　　　　　产品监管措施

	预防性	纠正性	制裁性
原则导向制	没有直接作用（仅就监管者的内部流程而言）	如果产品违反法律，则禁止或下令修改产品	如果产品违反法律，则予以制裁
备案使用制	在备案后、发布前禁止一款产品	如果实际推出的产品并非备案的产品，则禁止或下令修改产品	如果产品未经过备案便推出，则予以制裁
预先审批制	拒批	如果实际推出的产品并非获得批准的产品，则禁止或下令修改产品	如果产品未经过审批便推出，则予以制裁

监管者可以制定一项执行政策，反映其大致的原则和方法。"执行政策"可以反映执行目标、遵循的一般流程和程序以及监管者对被监管主体

的纠正行动的期待。其目标是，通过保险业的健康来保护保单持有人。

监管者执行的政策应当鼓励有效使用合规制度。该政策应当涵盖广泛的合规期望。当涉及执法时，可取的做法不仅要根据对广大保单持有人的影响确定优先次序，还要确保强制措施与违约的严重性及其典型性相称。优先次序应当根据是否涉及重大公众利益或关注事项，以及此类措施是否对保单持有人造成重大损害予以确定。在此，对个人和小企业的影响应当优先于其他因素；对弱势和易受伤害群体造成危害性影响的措施要获得更多的关注。

用于执行的工具也很重要。它可以被用于教育、咨询和说服，涉及惩罚和/或其他方面（如暂停部分或全部业务）的严格的监管活动。还可以使用其他的工具，如行政决定或者建议某些志愿行业采用自律计划。

涉及运行时，分析涉及的市场问题便至关重要：这是一个才存在的市场问题，还是先前便存在的市场问题？是什么原因导致了这一问题？

积极开展外联活动，承认和公布受监管主体应当遵循的最佳做法将有利于改良合规状况，同时避免非必要的强制措施。可以通过各种论坛，包括网站、新闻稿、多媒体宣传方案、讲习班以及其他行业论坛等来开展外联活动，提供咨询意见。其目的应当是促进合规状况。

专栏3—29　观察到的做法：干预

对于违反南非管理当局规范的任何人，可采取以下强制/监管措施：（1）执行委员会负责裁定所有涉嫌违法的行为，并可判处罚款、下令赔偿及支付成本等。此类命令如同高等法院的判决结果，可强制执行；（2）在特定情形下，如保险人违反或未能遵守保险法律的重要条款，那么监管者可禁止该保险人经营业务；（3）监管者可暂停或撤销违反相关法律的中介的牌照；（4）监管者依法有权公开披露任何违法者的身份（"点名指责"）；（5）监管者还可以将违反规定的案件提交检察机关，如南非警察局和国家检察机关。

印度的监管机构中设立了一个独立部门，即"执行部"，负责调查现场检查中发现的所有违法/违规行为。执行部要确保在执法行动的工具上保持广泛的一致性。执法行动可包括简单的警告和罚款、补偿措施，以便惠及涉事的保单持有人。如果有必要，可以采用停业整顿作为惩罚措施，而当行为过于恶劣时，可以对其注销。

为保护保单持有人而采取的补救措施将取决于违规的影响；根据具体情况，还需要决定是否只关注被直接影响的保单持有人，还是需要开展集体诉讼。例如，如果因产品设计错误而需要向保单持有人退款，那么该保单持有人获得退款的情况是否会涉及所有受到影响的保单持有人？

被监管主体对监管者的措施提起上诉的，可以向证券上诉法庭提出。该机构是针对法律规定的某些事项提起上诉的受理机构。《印度保险法》1938年的修正案规定，证券上诉法庭是保险相关案件的上诉平台。

还需要公布采取的执法措施的细节，以阻止其他人做出类似的违法行为。

获取并分析与违规或违法行为有关的数据将帮助监管者确定，是否需要以任何方式修改所涉及的监管框架。

除对被监管主体采取强制执行措施之外，重要的一点是，被监管主体所采取的补救措施应当保障受影响的保单持有人。补救措施是执法的一个重要元素。在需要开展集体诉讼的情形下，应当采取补救措施。在合同需要更改的情况下，应当更改合同并给予保单持有人相应的补救。例如，如果保险人收取的保费高于预先审批制批准的保费，那么保险人应当退还保单持有人交纳的超额保费。任何补救措施均独立于监管者可能采取的其他执法措施。

除代表保单持有人采取补救措施之外，还需要根据违规的严重程度，对被监管主体实施惩罚措施。这可以是从罚款到简单的忠告或警告，也可以是惩戒性的处罚，例如，在一段时间内，暂停被监管主体某个部门的部分或全部业务，甚至该主体的所有业务。

监管措施并不仅限于惩罚措施；监管者应当确保被监管主体对系统做出适当的纠正，以使今后不再发生类似事件。

第七节　结论

本章旨在为监管者、政策制定者和市场参与者提供指引，告知其如何运用与普惠保险产品监管相关的保险核心原则。这些保险核心原则有一个重要目标：保护客户权益。根据恰当性原则，应当根据各国家或地区的具体情况和特点来调整其监管措施，使各种解决办法能恰如其分地取得这些成果。这将有助于避免在监管流程中给市场发展带来不必要的障碍，同时促进客户获得保险产品。

产品监管只是监管活动和消费者权益保护过程中的一个要素。它已被确定为一个重要领域，为保持消费者权益保护目标与市场发展目标之间的平衡提供恰当的指引。尽管典型的普惠保险客户常常具备应对技巧，但重要的是，要认识到典型的普惠保险客户非常脆弱：他们的教育程度不高或根本没有接受过教育，收入低且不稳定，他们的生活条件一般，有时还会居住在偏远的地方，无保险经验或对保险持有负面看法。因此，需要给予特殊的保护。这要求保险人开发出合适的平价产品，同时辅之以更严格的监管审查和监控措施。

对于保险人保险核心原则给出了不同的规定，要求保险人在保险产品生命周期、产品开发、设计、销售流程、售后服务等环节均要公平待客。

监管者主要通过三种方式获得产品监管授权：原则导向制、备案使用制和预先审批制。根据客户的财务能力、产品的复杂程度、保险合同的强制性等因素，选择不同的制度。本章旨在提供一些应当注意的事项，以帮助各方考虑在具体国家或地区的最恰当的办法。

参考文献

本章第五节第一小节　标准化合同表格和披露模版的使用

Chamberlain, Ncube, Chelwa, Smit, 2011, "Insurance Product Standards to Reach Low-income Customers in South Africa: Help or Hindrance", Cenfri.

IAIS, 2015, "Application Paper on Approaches to Conduct of Business Supervision".

EIOPA, 2015, "Consultation Paper on the Proposal for Preparatory Guidelines on Product Oversight & Governance Arrangements by Insurance Undertakings and Insurance Distributors".

IAIS, 2015, "Issues Paper on Conduct of Business in Inclusive Insurance".

本章第五节第二小节 (包括签订合同之前的) 一般信息披露、促销和广告

"Access to Insurance Initiative and International Association of Insurance Supervisors", 2014, Report of the 5th Consultation Call Product Oversight in Inclusive Insurance.

Chien, Jennifer, 2012, "Designing Disclosure Regimes for Responsible Financial Inclusion", Focus Note 78, Washington, D. C.: CGAP.

IAIS, 2014, "Application Paper on Approaches to Conduct of Business Supervision".

IAIS, 2015, "Issues Paper on Conduct of Business in Inclusive Insurance".

IAIS, 2015, "The Insurance Core Principles", www.iaisweb.org.

National Treasury, Market Conduct Regulatory Framework Discussion-National Treasury, 2011, The South African Microinsurance Regulatory Framework, 2014.

本章第六节第二小节

http://www.ilo.org/public/english/employment/mifacility/download/mpaper12_clientvalue.pdf.

IAIS, 2015, "Application Paper on Approaches to Conduct of Business Supervision".

IAIS, 2012, "Application Paper on Regulation and Supervision Supporting Inclusive Insurance Markets".

IAIS, 2013, "Insurance Core Principles, Standards, Guidance and Assessment Methodology".

IAIS, 2015, "Issues Paper on Conduct of Business in Inclusive Insurance".

Frylinck, M., 2012, "Life Insurance Product Development: A Brief Overview".

McCord, M., 2007, "Product Development—Making Microinsurance Products Successful".

Matul, M., C. Tatin-Jaleran, and E. Kelly., 2011, "Improving Client Value from Microinsurance: Insights from India, Kenya and the Philippines".

第四章

普惠保险中的指数保险

第一节　引言

本章讨论的目的和范围在于，为寻求开发指数保险的团体和个人提供背景资料，并广泛地讨论指数保险。本章内容包括：（1）提供发展指数保险产品的背景；（2）探讨指数保险的利益相关方、指数保险与其他保险的区别；（3）分析指数保险的"法律确定性"问题以及一系列具体的消费者权益保护问题，讨论解决措施；（4）与其他类型的保险相比，试点项目在指数保险中的运用尤为突出，本章将讨论此类项目及其监管方式；此部分预计也会引起参与试点的各方的兴趣，并指导他们与保险监管者进行他们希望的互动。

本章重点关注的是——天气相关或自然灾害事件风险的保险，这些保险有的侧重对农业灾害提供保障，有的则侧重对其他自然灾害提供保障。也存在侧重其他指标的指数保险，如旨在反映政治不稳定或经济逆境等风险的保险、针对重大流行病等灾难性风险的健康或人寿保险；本章并未从范围中排除这些新型的保险。然而，本章并不涉及那些指数仅是资本市场、资产价格或其他经济指标的函数的保险，没有涉及支出是由投资组合中相关资产价值决定的产品的保险；同时，本章也不涉及与死亡率相关的（特别是针对长期的长寿风险）指数。本章提供指数保险运作的描述和示例，包括了发达经济体和发展中经济体，但主要希望改善发展中经济体的保险监管以提升金融普惠性。

第二节　指数保险相关背景

指数保险是一种新型且越来越受欢迎的保险类型。该产品中的赔款要参考预先确定的指数来确定。因为指数触发的设计可以被视为一个"参数"，指数保险也称为"参数保险"。

通常，该指数旨在反映因天气和灾难性事件而造成的损失，这是因为，它可以避免传统保险的索赔评估员的服务费用和行政协调造成的延误。这种吸引力可以具有能够避免逆向选择和道德风险的潜力。这些功能有望大幅降低承保和索赔评估成本。它们还使索赔结算流程更快、更客观[①]。这些因素的结合减少了提供有效的且可负担的保险的障碍，特别是对于那些常常更容易被此类事件影响的低收入群体。提升保险可及性能够直接或间接地改善民生，减少贫困并为经济发展创造机会；特别是在农业方面，提供有效的保险也被视为提升农业生产率的一种方式。

指数保险能从根本上改变了保险人面临的风险状况。更专业的观点强调，指数型产品的优势在于解决农业领域中的"道德风险"难题。不过，有些人则认为，扩大自然灾害的可保性可能导致风险的增加。

指数保险项目也被视为是，将灾难性事件风险转移到资本市场的一种具有吸引力的方式。面对自然灾害事件，人们渴望获得更强的应对能力，而将风险转移到资本市场被认为有助于拓展风险的可保性。

在许多方面，针对低收入客户的指数保险方案确实面临着许多与推进普惠保险相同的挑战；当然，并非所有挑战都是指数保险才有的。这些挑战包括：需要克服服务交付中的成本障碍、确保快速索赔、提升客户服务以及考虑客户较低的金融素养。

指数保险产品本身或其特定的运营环境会带来其他问题。目前，指数保险的方案许多都处于试点阶段。而上述问题意味着，试点阶段可能需要很长的时间才能收获成果，并且可能需要更长时间才能实现可持续性。农产品的试点面临着约束，如农业生产季节的时间和频率。

---

① 更快速的赔款支付可能无法自动实现，特别是当指数的数据没有及时产生时。

指数本身要有良好的结构和功能。与很多小额保险项目一样，指数保险方案依赖于通过拥有大量客户以维持低成本的保费，但是，风险指数的特性可能给其推广带来困难。在农业保险方面，为处于相似农业气候条件下的农民量身定制指数保险，颇具挑战性。事实上，越广泛地应用指数来增加客户数量，指数不能充分反映当地客户情况的风险（即基差风险）[①] 就会越大。

一　释义及术语

关于指数保险的讨论通常要考虑产品在不同情况下的应用方式——微观、中观和宏观。

（1）**微观**：目标客户是个人及小企业。当关注"低收入"群体时，通常的一个障碍是保费水平（绝对大小和相对于风险的大小）。因此，产品的设计往往是为了最大限度地降低成本、最大限度地提高效率，从而需要消除会增加成本的不必要元素。通常，已确定个人受益人的团体方案（类似于团体保险）也被视为"微观"的，即使它们在试点层面拥有法律意义上的保单持有人。本章中，这是的一个重要特性。

（2）**中观**：主要客户可能是参与该部门的中层团体、实体和其他地方组织，也是向微观层面提供保护的替代渠道。在这些情况下，"中观"实体被认为暴露于潜在损失。它能使用赔付款为微型客户提供直接的或间接的利益，但是"中观"实体与"微型"客户之间的关系不被视为"保险"[②]。

（3）**宏观**：购买者和受益人是一个或多个政府。他们可以将资金用于个人，如为紧急救济提供资金，但是个人并不是指定保险赔付的接受者。最近的主权参数风险转移机制涉及了替代性风险转移（ART）/资本市场解决方案。

在某种程度上，这种区别类似于更传统的保险，特别是在普惠保险

[①]　"基差风险"将在后文中进行更全面的讨论。
[②]　出售给保险人的指数产品可能被视为中观产品。需要明确的是，该保险人向其客户提供的合同是传统的保险合同，或者在基于指数的情况下，是"微观"合同。如果中观的客户不是保险人，那么向客户提出的合同和承诺应当清楚和透明地表示其不是保险合同和保险承诺。

的背景下。但是，在被保险的因素以及风险敞口或事件发生造成的财务结果上，中观层面和宏观层面有不同的特征。被保险人和保险人之间关系的性质可能不同，终端微观消费者的期待也可能不同。因此，在确定风险和关注点时，监管者需要考虑微观、中观和宏观情况之间的差异。

需要讨论的另一组重要元素包括保险的定义、可保利益、逆向选择和道德风险。专栏4—1对这些元素进行一些基本讨论。重要的是，保险索赔事件和金额能够在补偿型保险和指数保险中被合法定义。在指数保险背景下，法律定义、可保利益、逆向选择和道德风险均是更复杂的问题。然而，通常这些元素中容易与"基差风险"问题混淆。本章将详细讨论所有的这些元素。

专栏4—1 使保险成为可能的关键要素

从根本上讲，作为支付保费的回报，保险要履行赔付义务。索赔要以法律和合同条款的形式通过索赔事件的发生（或"触发"事件）以及索赔数量的确定方式来定义。保险合同旨在以明确的术语来定义事件发生，通常解决的是：什么是合格事件和什么是不合格事件。根据"赔偿"的概念，索赔金额将基于索赔人在财务条款中发生和报销的损失程度，或根据客户将财产到达到原来状态所需要进行的财产更换或修理。在其他情况下，通常在人寿保险中，索赔可以表示为名义金额。保险依赖于能够对被保险事件和潜在赔付进行定义。

保险与赌博不同，因为保险旨在提供对损失的保护，而不提供收益。保险购买者应当具有"可保利益"，这意味着，他们应当在事件发时承担损失，并且保障范围应当定位于补偿损失。如果保险购买者要从保险事件的发生和收到的赔款中获得经济利益，那么这将造成一种很不同的情况，并且有时令保险成为不可能，或者至少是有问题的。

为了有效地提供保险，传统的做法是努力避免或减少逆向选择的风险。"逆向选择"是指，高风险的客户可能隐瞒自己的风险状况而以低价格购买保险。在考虑承担新的保险风险时，筛选和收取适当的风险费用一直是承保过程的一部分，正如设计营销策略去识别出那些寻求最大化的逆向选择机会的被保险人。在保单签发之后,"道德风险"问题就出现了,因为被保险人可能有强烈的动机通过引发保险事件来从保单中获益,或者至少不会努力阻止保险事件的发生。"可保利益"的存在以及产品发布后避免"逆向选择"和"道德风险"问题对保险的有效交付和发展具有重要意义。

这些问题对于开发指数保险方案至关重要,特别是对于"微观"市场而言,其非常依赖于降低成本并确保客户支付得起。"逐案"承保和索赔评估可能成本高昂,特别是当保险金额很小时。因此,在赔付条件中使用指数对于提升保险可及性而言很重要。然而,一旦保险事件的定义与实际风险敞口存在差异,就存在对"基差风险"的担忧。

指数保险的赔付要基于客观的基准,与个人行为无关,这几乎消除了"道德风险"问题。指数保险以某种方式使用"指数"来确定保险事件和/或赔付金额。这与"补偿型"合同形成了对比,后者仅依赖于保险事故和被保险人遭受的实际(可测量的)损失。一些合同复合了补偿型合同和指数型合同的特征或元素,或者使用可能在理论上受到影响的数据构建指数,所以合同中的道德风险问题或多或少存在。

通过将赔款与不反映个体风险高低的指数联系起来可能无法消除逆向选择。一些指数保险产品的拥护者认为,它减少或消除了道德风险和逆向选择,但是这是两个不同的问题,保险人和监管者应当避免将二者混淆。"逆向选择"效应能减少或消除的程度也取决于产品结构、分销方式和该指数对异质性风险的颗粒度(granularity)。其中的一些问题并非指数保险不能克服的。在一些情况下,可以使用有广泛覆盖率的指数来减少逆向选择,但是力度降低会增加基差风险。虽然指数保险可能降低道德风险,但是保险人和监管者应当确保不会混淆道德风险的减少与逆向选择风险的减少。重要的是,剩余的逆向选择风险仍需要得到适当的关注。

指数的使用意味着赔款可能与损失无直接关系,而是通过统计推断的关系和相关性进行关联。当一个产品是基于指数时,其设计、风险定价就需要很多量化分析的专业知识。随着时间的推移,能够设计和定价此类产品的技术专家团队已经发展壮大，现在已经为指数保险在世界多地的一系列新发展做出了贡献。

在农业保险领域，往往存在两种指数保险：（1）总损失/区域产量/单产：指数是根据该地区的实际经验得出的统计数据，如农作物产量或牲畜死亡率，包括特定"区域"的或"总量"的。当农作物是保险标的时，可以应用术语"区域单产"（area yield）。这些产品为"区域"内的标的提供保障，并反映了整个区域的平均损失经验。个人遭受的损失通常与总体"平均"状况不同。然后，可以基于"区域"层面而不是"农场"层面的损失进行赔偿。（2）间接损失：指数是基于间接统计数据的，如天气相关因素的测度（降雨量、温度、风速等）及其与可保利益之间因果关系的预期。指数的数据来源可能不同，在有的实例中，指数使用来自卫星图像的数据替代或补充来自气象站的数据。在设计产品时，可以争论和/或调查指数与实际损失之间的联系，以使得指数的表现与保单持有人的经济结果之间存在关系。这种关系可以通过相关性来证明，但是这种关系可能不是完美和直接的"因果关系"。

自然灾害性风险产品也采用类似的方法，即"行业损失"的触发、基于经验的其他"单独"计算的触发，或者基于物理参数（如测量的风速、地震等级大小或降雨量水平）的方法。虽然物理参数有时更简单、更便于直接解释，但是物理参数可能比基于实际保险赔付经验的行业损失产品涉及更严重的基差风险。

与间接指数产品相比，总损失产品的历史更长。后者大量仍处于试验阶段。根据所涉及的产品，间接参数可以更容易地引入到新兴市场，这些市场可以使用或引入一些全球数据集，比短期内建立起本地的、更详细数据的收集能力更容易。最近，一些指数产品也被设计为在预期事件发生时触发指数而不是在事件发生后采取措施。

二　其他背景

许多从业者特别是那些积极参与农业保险的人员，都指出了数据不足的问题。数据限制可能表现为缺乏精细数据、缺乏时间序列数据甚至缺乏分析能力①。数据限制会影响设计指数的现实可行性，其原因是，数据可能无法充分可信地构建指数。数据限制也影响指数反映直接风险的能力（最小化基差风险），这通常是缘于数据不够精细②，在使用气象站的数据时尤其如此。它也被认为是构成风险对再保险吸引力的挑战之一。

更好地反映相互指数中客户的损失敞口是一项要不断推进的工作。"农作物切割试验"③ 涉及在保险的区域收集一些本地数据，而不是进行逐案索赔评估。此外，利用技术收集非常具体的数据将变得越来越重要，如使用卫星图像和遥感技术，以便更准确地衡量农业生产成果并降低产品的基差风险。使用这些方法会增加成本，但是仍比逐案评估的价格要低。

例如，"归一化差异植被指数"（normalized difference vegetation index，NDVI）有时用于通过测量植被的"绿度"来反映牲畜饲料的丰富和健康状况，为旱灾造成的牲畜损失提供保护。根据给定区域的历史平均产量，研究干旱对牲畜的疾病和最终产量/损失的影响。NDVI 是根据遥感卫星收集的数据计算出来的，自 1981 年以来每天都有覆盖整个地球的颗粒度④。

一些领域的发展更能服务于普惠保险市场，例如，使用基于移动电话的支付系统，通过克服分销和交付障碍的快速扩张已成为现实。不同的是，在撰写本章时，移动分销在更广泛的"普惠保险"中所发挥的作用引发了多个有趣的话题，而本章重点是关注农业场景，通过"要素供应商"（如种子或肥料的分销商）分销指数型农业保险。

此外，本章还提出并探讨了补贴问题。任何形式的农业保险都需要

---

① 例如，一项牲畜保险方案可能遇到的问题是，可以获得卫星数据但是缺乏有能力的合作伙伴对其进行分析。

② 天气指数保险设计师经常批评气象站的密度不足，这意味着，他们无法从指数中获得足够的灵敏度来反映当地条件的变化。

③ 农作物切割试验是指，通过对农作物进行取样来测量农作物生长进展的过程。实验结果可以作为设计指数的基础。这种方法的目的是，允许对条件进行一些实际检查，同时避免在补偿型保险下根据索赔评估所要求进行的全面逐案检查；其目的还在于，通过更密切地遵循样本中确定的实际条件来降低基差风险。

④ https://www.ncdc.noaa.gov/cdr/terrestrial/normalized-difference-vegetation-index.

不断探讨补贴的作用。在政策和学术文献中，对农业保险的探讨具有独特性，并且由于指数型农业保险产品的特点，这些考虑因素可能与监管有关。

三　利益相关方

指数保险中有多个利益相关方，与其他更具普惠性的保险一样，一些利益相关方的新的或特殊的作用和观点需要被理解。利益相关方包括但是不限于：（1）保险客户；（2）保险监管者；（3）其他政府部门；（4）支持指数产品的机构；（5）外部（非政府）利益相关方；（6）捐助者和其他发起人；（7）公私合作关系；（8）中介。

保险客户是最终的利益相关方。监管者角色的核心是要考虑和反映保单持有人的权益。对于保单持有人是否要被保护，补偿型保险与指数保险通常没有太大的区别。这是一个有广泛意义的问题，包括有关指数合同的法律处理（见本章第三节）。但是，由于产品或其交付中可能出现某些问题，这些问题将在本章第四节讨论（参见"消费者权益保护"）。

保险监管者会通过与政府其他关键部门的沟通、合作和信息交流，确保政府部门履行监管职责，保护保单持有人，对保险市场的公平、安全及稳定发展具有重要意义。每个新产品领域都会联系到政府内部的某个/某些利益相关方。指数保险产品的利益相关方有农业部门或负责灾害管理和恢复的部门。重要的是，这意味着，他们可能不太熟悉保险监管者的角色，而保险监管人员可能也不太熟悉这些利益相关方的政策动机。

需要开展与**其他政府部门**的务实沟通。最初，沟通可以采取高级官员之间定期会议的形式。交流可以扩展到更有条理的工作组，并有一个定期的议程。了解其他部门的目标和观点、潜在的政策目标、其他机构掌握的可能有监管用途的数据、互补的技术专业知识等均是有价值的。保险监管者通常具有包括财务和精算问题在内的专业知识，而农业部门通常拥有有关农业风险和成果的专业知识。还应当考虑信息能够或应当分享的程度，以及为实现监管目标可能面临的更大风险情况而应当提前制定的议定书。

政府部门往往是明显的互动方。政府部门与**可能参与任何相关指数**

的数据生成的当局、组织或机构进行沟通也有一些好处。这种沟通有助于让他人认可指数及其背后数据的可信度。

外部（非政府）利益相关方也可能不同。交付产品的价值链可能包括与保险业联系很少的组织。通常这些组织有不同的优先级，并且他们的监管机构对保险监管者的工作的了解较少。例如，移动电话为保险创造了新的交付渠道，农业要素提供商也参与了农业保险的交付过程。其他外部利益相关方可能为产品提供一些支持服务，如提供数据或计算指数。其他全球合作伙伴关系，如保险普及化倡议组织（Access to Insurance Initiative，A2ii），可以帮助举办研讨和会议，教育监管者在其管辖范围内实施和监管指数保险。项目发起人应当理解，合作伙伴之间的激励差异可能引起问题，所以应当努力确保所选择的合作伙伴具有与项目长期目标一致的激励。

捐助者和其他发起人可以参与提供试点项目。根据定义，捐助者和其他发起人包括提供项目资金的人以及通过技术援助、项目管理或特定技术专业知识支持项目设计的人。通常，在项目的早期阶段，这些发起人是通常的"项目发起人"。随着时间推移，本地保险主体更可能成为"项目发起人"。如下文所述，指数保险条款常常采用试点制，这些试点项目比其他种类保险的试点更可能延伸多个阶段。

捐助者可以在试点项目中发挥特别重要的作用，尤其是因为，他们与保险监管者有许多相同的目标——最终实现一个可行、公平、安全及稳定的市场并且切实保护保单持有人的利益。为此，捐助者有兴趣推动项目走向成熟，并对必要的步骤进行资助。遗憾的是，捐助者有时只能承诺支持从最初步骤到市场完全成熟所需要的一些阶段，因此，其他捐助者可能会出面推动进一步的工作。本章提出了一种结构，即平衡初始恰当性与进展承诺，即使利益相关方无法承诺他们自己会参与所有的后续阶段（见本章第五节）。

捐助者可以考虑将本章中阐述的最佳实践模式纳入其项目审批流程中。附录中列出了一份清单，供捐助者和其他项目发起人参考（参见本章附录2：指数保险项目发起人的要点综述）。

公私合作关系可以发挥关键作用。政府可以与当地保险人（和其他人）合作，推进其基本政策目标的实现。而监管者有必要去了解所涉及的具体合作伙伴关系。

中介可能包括一些新的专业/专门的市场参与者。一些中介会参与分销那些不参与其他保险分销活动的指数保险。微型金融服务提供者通过附加于贷款的表格提供保险[①]。农业要素提供商以及种子、肥料和其他农产品的销售商和分发者也积极参与分销农作物指数保险[②]。合作社也被视为一个有效的分销渠道。无论哪一种情况，这些新的分销商可能对其角色与传统代理人和经纪人的角色有不同的理解。

第三节 法律确定性——指数保险是否被视为保险？

人们经常注意到，在现实操作中，指数保险产品可能会也可能不会被视为保险。国际会计准则以及当地的保险和其他相关法律都会考虑其可能导致的处理不确定性或不一致性。有时，保险法可能有些过时，专注于补偿型产品，可能涉及指数产品时对保险的定义含糊不清，或者可能明确地将这些产品排除在保险法之外。

保险产品的大部分数学工作都集中在评估两个要素：索赔发生的可能性以及索赔发生时的成本。这些计算同样适用于其他金融工具。一些衍生工具和各种保险连接证券可能会为买方提供类似的保护，但是根据有些国家和地区法律它们并不被认定为"保险"。

一 基于保险法的优先形式

国际保险监督官协会（International Association of Insurance Supervisors，IAIS）从保险监管者的角度处理法律问题，其认为，不同国家或地

[①] 这种形式的贷款和保险方案通常用于分销信贷寿险产品，称为"捆绑产品"。这种保险方式也被用于农村金融，其中，农业贷款和农业保险常被捆绑提供，有时被从业者称为"连锁保险"。

[②] 要素供应商可以作为强大的合作伙伴，也可以就保险人和经销商之间的正常关系如何在动态的环境中变化提出监管问题。这个问题大致类似于保险人和移动网络运营商在移动保险背景下的关系。

区的法律可能有不同的目标。指数保险产品是否被作为保险处理，关系到保险监管者的监管目标。保险监管者力求实现保险核心原则的目标，为保单持有人，维护一个公平、安全及稳定的保险市场[①]。

开展指数保险旨在提升保险的可及性，尤其是对于低收入和被服务不足的客户，它应当成为正规保险部门的一部分。这一目标令其特别需要健全的保消费者权益保护机制，以及确保更广泛的保险市场不被那些名为"保险"，但实际上不合法或不符实际的产品所破坏。

它是保险合同吗？

然而，在某些情况下，在法律安排下交付的产品并不是保险产品，这是可以理解的。其他法律后果可能取决于指数型产品是否被定义为保险合同。这些后果包括，供应商以及客户和受益人应当以何种方式对该产品进行会计和税务处理。

在普惠保险环境下，当考虑保险合同的形式要件时，对保险监管者更重要的一点是，指数保险被纳入保险监管框架，并且保险监管的目标能够实现。

它是由合格的保险人签发的吗？

任何一个指数保险可能是也可能不是由持牌的保险人签发的。同样，指数产品可能会也可能不会受到各种常规保险监管活动的影响。产品可能会也可能不会由于会计或其他目的而作为合法的保险合同签发。然而，即使它不是合法的保险合同，该产品仍应当纳入所在国家或地区的保险框架中。

它是合格的保险吗？

指数产品实际上可能会或可能不会被视为合格的保险。特别是，应当考虑监管目标可能存在风险的程度，并采用恰当的方法。从这个意义上讲，三个层次的指数保险是不同的：(1)从"微观"层面定义产品时，预计它将被视为由合格保险人签发的合格保险产品。(2)从"中观"层面定义产品时，被保险人是中观的合作伙伴，其可能将产品的利益传递

---

① 参见保险核心原则，特别是标准1.3。如本书"前言"中讲的，本书中"原则"（"标准""指引"）均是指保险核心原则中的"原则"（"标准""指引"）。

给微观参与者。鉴于中观方案和团体微观方案之间存在混淆的可能性，以及中观保单持有人可能不是指数保险专家的事实，该产品被作为正规保险市场的一部分是合适的。(3) 从"宏观"层面定义产品时，它更可能是非正式的。主权客户更可能不将保险与个人潜在支付直接挂钩，也不会收取专项款项。在这种情况下，保险市场稳定的风险不大（即使考虑声誉传染效应），所以如果愿意，这些方案可以不被纳入到正规的保险市场。

营造一个公平、安全及稳定的保险市场（这是保险监管的目标之一）的关键是，**如果产品不是由合格保险人签发的**，那么该产品就应当被理解为是不被监管、不受保护的保险产品[①]。个体可能会也可能不会认为他们的福利是"保险"。这种认识能通过经验研究来检验[②]，还能通过在讨论产品合同和推广产品时使用适当的语言来加强。将中观和宏观层面的方案应用于微观层面的方案中的任何变化，都要包括对沟通和流程的较大限制[③]，以避免将福利与"保险"混淆。这些限制并不会成为真正的中观层面结构的障碍，但是会限制某些观察者认为是"中观"但实际上是本章定义的"微观"团体的方案。预计这些限制将很容易应用于宏观层面的方案。对于中观和宏观方案，根据定义，最终微观客户不应当认为他们在法律意义上是保险产品直接的"一对一"受益人，或者在特定的损害风险情况下享有明确的个体风险保障。如果该产品不是正规保险，那么需要将其重要影响告知中观保单持有人，即使该保单持有人阅历丰富[④]。

[①] 在一些国家和地区，对于其他被排斥的产品存在类似的概念，其中一些产品的名称中通常出现"保险"二字。即使某些事物被称为保险，但是所有人都不会认为它是被监管的保险，那就没问题，例如，"国家保险计划"（National Insurance Schemes）或者某些国家的"产品保修"（product warranty）实际上并不是保险，这显而易见。

[②] 经验可能包括没有微观层面的客户接近保险监督者的证据，或没有客户寻求访问有关产品的保险投诉机制的证据。

[③] 应当避免这样的过程，例如，定期收集个人的专用或特定的捐款，并将捐款说成是"保险费"。

[④] 如果中观方案的规则被放松，那么中观方案将不能告诉其微观成员"单独为他们保险"。它可以说，已经购买了一种保险，如果它想它就可以在逆境中放弃一些贷款，但是它不应当做出"提前放弃某个人的贷款"等承诺。

有些国家和地区可以修改法律，将指数保险列为"保险"，其附加条件是"出于法律目的"①。另一种定义方式是，给予保险监管者一项权利，允许其视需要发布具有此效果的规章。

无论是否将宏观层面的方案作为正规保险，还是在考虑中观和微观层面的方案时，都需要将一些要素纳入监管安排。与其他普惠保险方案一样，其他政府机构有时候可能需要保险监管者的专业知识。与这些机构的协调与合作尤为重要，因为他们可能不太熟悉保险监管者及其角色。应当分享统计数据以促进信息共用，如公布保险市场规模的数据。

二　可保利益

指数保险不能回避可保利益问题。一方面，在某些情况下，产品成为保险的法定条件是存在可保利益。另一方面，一项业务存在确定的可保利益，才会对其采用保险会计处理而不是衍生工具会计处理。如果是在基于损失的补偿型合同的背景下定义可保利益——这是指数保险试图摆脱的东西，便可能引起问题。在赔偿方面，可保利益通常被要求在合同存续期间均成立，特别是在索赔时点成立②。

除定义产生的法律后果之外，指数保险合同通常应当在购买时要求可保利益，这与其他用于风险管理的保险是一样的。也就是说，客户能够理解，如果损害事件发生，他们的成本或经济损失会等于或大于自己将收到的赔款。事实上，这种情况将会继续存在于合同中，包括在保险人提出索赔时。

指数保险不同于补偿型保险的关键一点是，它不要求在索赔点拥有可保利益。这并不是说没有可保利益，只是它不必在索赔时被验证。

法律定义在表达上可能不太明确，可能要求了可保利益，但是对可保利益的存在时间及连续性的要求不明确；不过，法律通常会要求连续性。法律定义也可能无法承认上述"合理期待"元素，更倾向于事后评

---

① 例如，肯尼亚保险法的一项提案草案就做出这样的规定。
② 一些国家和地区在销售时点上并不要求正式的可保利益，如为了便于对即将购买的物品投保。

估的损失金额和赔付金额的明确性。

如果可保利益的定义是基于审慎承保的方法，那么补偿型保险和指数保险就是一致的。保单持有人应当理性考虑，在发生保险事故时，他们的预期损失至少与预期的赔付金额一样多。这种预期应当在合同签订之前就存在，直到实际收到赔款。同样，无论具体的险种是什么，如果保单持有人预计他们将至少从其中一项保险事件中收到超过其预期损失的赔款，那么这将导致保险人面临不可接受的风险管理挑战和逆向选择。这种定义和方法对保险人和保险监管者均是合理的。

除需要根据预期损失和预期赔付确定可保利益之外，还需要注意的是，无论在微观、中观还是宏观层面，可保利益应当由保单持有人拥有。对于中观和宏观层面的方案，保单持有人应当做好准备在损害事件发生时承担损失。这种预期可能是缘于对保单持有人直接或间接的影响或支持他人的承诺[1]。

第四节　消费者权益保护

保险监管的最终目标是保护保单持有人，发展公平、安全及稳定的保险市场（见保险核心原则的标准1.3）。当保险产品被更广泛的客户使用时，保险市场变得更具普惠性，但是同时要认识到，新的客户可能不太熟悉保险产品的含义。

当普惠保险扩展到一组收入较低的客户时，往往更容易受到一系列消费者权益保护问题的影响。低收入客户占有的资源往往较少，所以不太能够消化或承受损害结果。更少的资源也意味着，他们可能因生活条件较差而更容易暴露于一系列风险之中。

对保险产品的有限经验可能与其在保险领域中有限的金融素养有关，从更广泛意义上讲，与金融素养、甚至通识教育和语言素养的低水平也有关。在这种情况下，需要特别注意并且认识到，由这些原因引起的消

---

[1] 请注意，本章中对形式的评论意味着，中观方案不是团体分销的微观方案。在某些情况下，当中观方案不存在自己的可保利益时，它实际更应当是一个团体微观方案。

费者权益保护问题的风险以及解决这些问题的必要性。

指数保险通常比大多数其他零售保险产品更复杂，这给消费者权益保护带来了更大的挑战，并且增加了由于误解或其他原因引发问题的可能性。

一　产品开发

保险人（以及其他项目发起人）在开发产品时应当将精力集中到客户需要上，这是因为，对于指数保险，尤为重要的一点是，有关产品设计特性的一系列决策应当根据客户的需要做出。客户需要会影响到包罗万象的产品开发决策。这些可能包括但是不限于合同保障的事项、事件达到多严重预期会引发索赔（"触发门槛"水平）、选择或构建合适的指数、可负担的保费、保费支付的频率和形式，以及最适合提供产品交付服务（如承保、收费、付款）的分销方式。

（一）基差风险

在开发产品时，基差风险通常是首要考虑的事项，但并不是唯一的考虑事项。在某些情况下，不良后果也会归入基差风险，但是其问题实际上更应当归因于其他产品设计因素。附录给出了对基差风险更全面的讨论（参见本章附录1：考虑基差风险）。

基差风险方面的消费者权益保护问题通常强调：损害事件发生，但没有触发指数，进而没有产生赔付（逆向基差风险）。这个观点忽略了虚假的正赔付金额（顺向基差风险）的影响。该观点还倾向于，低估保单持有人和供应商之间对于"损害"事件定义的共同需要。

为减少逆向基差风险事件的数量或可能性，可以增加涉及付款事件的数量，降低触发门槛。但是，保险成本会增加，对极端事件保护的聚焦度也会下降，从而使客户尤其是低收入客户更难以获得这一产品。与此同时，较低的触发点意味着与客户的接触会更频繁，这有利也有弊[1]。

---

[1] 例如，除保险的额外成本之外，一个不利因素是，更频繁的理赔将增加处理成本。一个优点是，更频繁的理赔支付可能提供机会以更广泛地强化保险教育的收益，随后能更有效地让保险人引入一种客户可以选择的保费更低但是触发门槛更高的机制，从而使客户能更好地了解保险。

看起来最好的办法是，努力向潜在客户更好地说明存在着更不利的基差风险。一些事件引起了利益相关方的关注，它们本来更应当被认为是缘于产品设计没有满足客户的期待，以及客户和产品设计者没有充分理解合同中触发门槛水平设定的利弊。例如，出现过的负向基差风险事件实际上归因于未能满足经定义的触发门槛。

有一些有关衡量基差风险方式的考虑事项。从更直接的回溯测试，到对特定结果概率而言更复杂的考虑事项，以及由该基差风险事件引发的预期损失，这些事项在此范围内都存在差异。回溯测试分析有助于与监管者开展讨论，亦可帮助教育客户。项目发起人可能还期待将这种方法视为对他们的尽职调查和声誉风险管理的一部分。无论这一方案是在宏观层面、中观层面还是微观层面上运行的，其信息均可与客户共享。这些信息也有助于验证对"损害"事件真实内涵的共同理解。附录1中讨论了该措施的衡量和披露方式。

毫无疑问的是，保险人需要对基差风险的存在做出解释。而首先是要解释可能就是逆向基差风险事件①。

客户对正向基差风险的反应没有对逆向基差风险那么明确。有一种担心是，一款产品越存在正向的基差风险，该产品就越可能被视为保险之外的东西。另一种担心是，尤其是对于低收入客户群体，正向基差风险增加会提高产品成本，同时降低产品的效率和可及性。对于是否有必要在所有情况下解释正向基差风险，人们仍未达成共识。尤其是对于从微观方案中获得产品的客户，正向的基差风险可能破坏在本章其他地方论及的、在可保利益背景下客户的期待结果，所以并不太需要提前解释正向的基差风险。但是，保险人认为，在中观和宏观方案中向客户解释正向基差风险可能与这些期待结果有关。值得注意的是，实际上，一些微观方案向客户披露的负向的和正向的基差风险结果已经超过了最低标准。

涉及信息披露的第二个需要注意的问题是，存在一个自此之下没有

---

① 肯尼亚的 Kilimo Salamo 方案确实在其初始教育材料和与客户开展的讨论中向小微客户披露了两种形式的基差风险。

赔款的触发点。虽然这类似于传统保单的免赔或限额部分，但是在一些情形下，它已然成为一个让客户产生误解的东西。此外，由于客户承受了损失，而该指数却未触发任何索赔，因此，其被错误地当作基差风险问题进行讨论。如这一实例中提到的，产品自身最终经过重新设计来帮助做出此项解释①。通过采用阶梯式渐进的触发机制（a ladder of progressive triggers），供应商应当向潜在客户说明，其可以选择支付较高的保费以换取较低的触发门槛，这顺便让客户更好地理解较高的触发门槛以及在此触发门槛之下没有赔款。较之通过改变产品来降低针对所有客户的触发门槛，这种方法可能会产生更好的结果，包括避免负向基差风险。

（二）可信的指数

在成熟的环境中，对于各当事方，用于支持产品的指数应当具有可信度。它应当能够及时可靠地予以计算，编制指数的单位应当具有可信度，能及时且持续发挥作用。设计欠佳的指数可能是导致基差风险事件的错误源，而通过更好的指数设计则可避免这些风险事件。

项目发起人发现，在指数出现问题时考虑备用解决方案是非常明智的。指数保险通常用于处理极端事件，因此，有时会出现不寻常的压力导致原本亟须的测量失败。例如，在一些极端情况下，当地气象测量设备可能遭到破坏、超负荷工作、电力或传输中断等。

如同所有的新举措，数据的可用性、质量、适用性和连续性有时会成为问题。彻底弄清楚这些数据源和测量方法（以及在可能引发暴雨或其他自然灾害时的具体情况）的可靠程度非常有用。如果计算指数或采集数据时受到阻碍，那么发起人应该适当考虑该采取的具体措施。风险分析、或有事项和持续事项规划都是亟待解决的相关问题，以确保指数最终的信度。有时来自其他国家和地区的数据比本地数据更可靠和更广泛，因此，做出要使用本地数据源的决定时，应当评估对于信息可靠度和广泛度的需要程度。

---

① 在该实例中，如果保险人采用且在回溯测试结果中证明了一个高触发点，那么农民就可以识别出承保范围内"非常糟糕"的年份和承保范围外"糟糕"的年份。他们还可选择购买保险，从而为一个较低的触发门槛做好准备。根据这一解释，即使没有人愿意接受较低的触发点和较高的保费，一系列不予赔付的"糟糕"年份仍会出现。

为了具有可信度，还需要及时生成指数。独立且透明地生成指数也非常重要。及时、独立和透明的指数生成因素因方案而异，不同方案会涉及微观层面、中观层面或宏观层面协议。

仲裁在指数纠纷中起到的作用也应当被关注。合同文书中纳入仲裁选项的程度可能影响到如何将仲裁作为指数纠纷的解决方式。

二　通融赔付

如果出现损失后果，无论是真正的负向基差风险还是由于其他原因，均可能引起是否进行通融赔付①的问题。尽管支付此类款项可能造成重大不利后果，但是在诸多情况下，此类款项②会被支付。通融赔付的问题尤其要归因于有"先例"。事实上，在一些方案中，用于通融赔付的资金已提前备好了。在有些情况下，合作伙伴会分析此类通融赔付的优点，并就此优点达成一致意见，但是由于没有对成本分摊达成一致意见，可能导致项目失败。

保险监管者可能会参与讨论涉及通融赔付的案例。鉴于保险监管者在公平对待保单持有人方面所起的作用，这一点是正常的。对于经验不太丰富的客户，可能还有一种需要保险监管者积极参与的情况。在试点阶段解决这一问题的方法应当有所不同。在成熟的阶段应当建立起更健全的指数，并且相应地提高消费者教育和保险素养水平。

三　补贴

补贴是农业保险中存在争议的一个问题，特别是讨论农业指数保险时，常常绕不开补贴问题。补贴也是个政治问题。税收减免可以被视为"补贴"，也可以不被视为"补贴"。

虽然产品是否获得补贴不是一个审慎方面的问题，但是，如果补贴不透明，或者它们可以被取消，便会给客户带来始料未及且难以理解的

---

① "通融赔付"是指，虽然根据对合同的严格解读以及应用合同对赔付的约定，保险人不需要向被保险人支付赔款，但是保险人却支付了该款项。

② 对于某一特定产品或更广泛的保险，这些缺点包括创造期待或设置不良先例，使得只要事件不触发索赔，就会支付此类款项，从而损害产品的经济效益。

一路飙升的保险成本。这着实令监管者担心。

一些补贴的结构对理赔、再保险成本、费用开支等有所侧重。如果补贴侧重的是降低保费,尤其是如果补贴是透明性的,那么,可知:更容易确保补贴具有针对性;在补贴减少而扩大目标市场时,或者在发起方完全退出补贴时,降低实现监管目标的风险。

四 竞争与垄断

有很多可以进行指数保险交付的潜在主体。这些主体包括保险人、分销渠道、指数供应商和再保险人。在发展初期,可以为每个角色选择数量有限的参与者。同样,这一流程中的某些部分在短期或长期中可能不向竞争者开放。例如,在一个国家或地区,可能不存在太多有相似特征的要素供应商。

所有的参与者可能都倾向于维持其竞争优势,但是系统的某些部分会对潜在的竞争者保持开放。但并非系统的所有部分均是如此。

尽管竞争政策可能没有获得保险监管者的支持,但重要的是,监管角色不能在无意中造成最终难以实现(在初期或后期)竞争市场的局面。至少,应当努力确保一系列保险人都能够接触到分销、再保险以及方案中的其他要素。

五 产品安全

(一)条款和资本

考虑到基于指数的索赔触发信息是计算的关键部分,这些技术可能不同;尽管如此,指数保险产品建立充足的技术准备金的原理类似于补偿型产品。但是,大多数农产品的短期性质(包括短暂的风险期、触发后期待快速确定的赔付金额和无延迟支付的赔款)表明,与许多其他传统保险业务相比,充足的索赔准备金能更快搞定赔付事宜。

尽管如此,制定和评估技术准备金需要谨慎行事,因为常规假设是风险随着保单期限呈均匀分布甚至逐渐增加,但是指数保险,特别是那些承保气候型农业风险的保险通常并非如此。

除足够的技术准备金之外,资本不太可能仅仅因为产品的指数性质而需要特殊的考虑。制定资本要求的原则亦是如此。当业务类型与供应商的财务稳健性的整体风险没有实质关联时，恰当的做法是采用符合实际的解决方案。

(二) 再保险风险管理

对于大多数指数型产品，最具影响力的风险挑战是对巨灾再保险保障的需求。按地域聚集风险通常是指数保险的一个特征。损害事件的重大风险也是开发此产品的关键动机。相对于传统保险业务，指数保险可能更需要深入理解风险的系统性和灾难的极端性。

如果根据直接保险产品支付的款项与根据合同再保险产品支付的款项不完全匹配，那么保险人便可能存在第 2 种风险来源。虽然保险人可能对产品进行再保险，但是他们可能通过给予通融赔付，或者由于保险人购买的再保险与他们向客户提供的保险不直接匹配，从而承担部分风险。

除使用适当的再保险之外，维持有效的再保险和风险保障的可及性也是一个值得关注的问题。再保险可及性在许多实例中构成了限制性因素。在不确定情况下，保险的附加费用也是保险可负担性的潜在阻碍。在考虑潜在损失时，可能应当评估总风险敞口，此方法已经被成功地用于一些试点项目。换句话说，尽管涉及的总风险敞口对某些项目而言无关紧要，但是对于另外一些项目，无法使用再保险能力就会限制向客户提供产品。尽管如此，在某些项目中，如果没有严格的风险缓释要求，便无法获得再保险能力，而这意味着，大多数人根本无法获得任何保险保障。因此，对于监管者而言，重要的是，了解再保险可用性影响创新以及开发指数保险项目的具体方式。

对于提升供给能力，针对自然灾害事件的替代风险转移机制和与保险挂钩的证券等资本市场解决方案正在日益发挥出重要作用。

第五节　试点项目

许多指数保险方案从试点项目开始，或以试点方式存在的。项目可能在初始阶段便开始为客户提供保障，或者在围绕概念开展了更多工作后，在后期阶段提供保障。出于本章之目的，一个项目开始为客户提供保障时才成为一个试点项目。在此之前，项目可能开展各项研究并且制定出项目建议书的各项内容。

尽管许多保险举措在初期都需要试验，但是指数保险更倾向于通过"试点"开展各项业务，而且会持续更长的时间。例如，当考虑到普惠保险倡议时，国际保险监管者协会已注意到创新的必要性和"试点"的可能性①。本书第一章鼓励监管者在寻求扩大保险市场普惠水平的同时，促进创新，从而避免各类监管做法成为金融普惠的障碍。鉴于风险特性或产品复杂程度，一些指数型产品可能需要长期处于试点阶段。农业领域的试点往往要经过数个阶段，其时间表可由种植季节决定。考虑到有限的数据和季节性的风险因素，自然灾害的风险敞口往往需要有针对性地做出改进。

试点与保险人的产品开发方案不同。指数保险试点很可能涉及保险人之外的发起人，其中可能包括农业管理部门或负责灾后重建的部门、农业要素供应商、外国捐助者或特定风险领域的专家。试点启动后，其他发起人可能比保险人更了解产品和拟议流程。其他发起人对项目设计和运行的控制也可能远强过保险人，这点不同于常规保险产品，后者的控制权掌握在保险人自己手中。在本章中，这些人被称为"项目发起人"。

根据定义，"试点"有可能进展顺利，并且进入后续试点阶段或成熟阶段；也可能进展不佳，导致返工，甚至终止方案。图4—1包含了多个阶段的路线图。本章确定了四种具有不同特征的方案。

（1）**研究型项目**：此类项目通常有一个研究目标，调查一个特定问题并报告研究发现；它们可能采用正式的学术研究方法，包括抽样和分析工作。它们还可能既涉及能获得某款产品的人群，又涉及不能获得该款产品的人群，以便比较结果。除研究目标之外，此类项目还可能存有一个意图，

---

① 试点是指通过实验推进创新。一些项目会形成确确实实的创新成果，然后"等比扩大"，而有些项目则会在遭遇失败后停止。许多实体目前正在开展各种各样的试点工作，有时会获得项目发起人的支持，为项目带来大量资源。有些试点项目则可能不够正规或体量不足。

从长远来看，使某个研究点朝着更成熟的市场发展；它也许由于从项目中吸取了教训而没有这一意图，只是想从更一般意义上促进市场发展。

（2）"概念验证"阶段项目：此类项目旨在采集信息、改良并发展产品、交付最终可能成为成熟市场一部分的各项机制和其他元素。它们可能发轫于合同数量少、承保风险小的萌芽阶段。一个概念在超出"概念验证"阶段之前，可能存在数个周期，不断地改进和扩展测试范围。在此阶段，项目的体量也可能增长。

（3）"等比扩大"阶段项目：此类项目的运作基于一个大部分业已确定的概念，注重寻找方法来扩大产品交付规模。例如，它们可能包括将承保范围扩展至更广泛的地理区域、增加客户类型或新的分销渠道。在此阶段，项目发起人的主要目的是增加保单持有人和承保险种。

（4）"介入"型项目：此类项目注重使用保险机制在规定的时限内为客户带来益处。与其他项目的不同之处在于，这些项目不是永久性的，也不是因为受到所提供服务可能逐步成为成熟市场的鼓舞。相反，他们之所以采用保险方法，是因为这可能是获得项目所追求结果的有效方法。

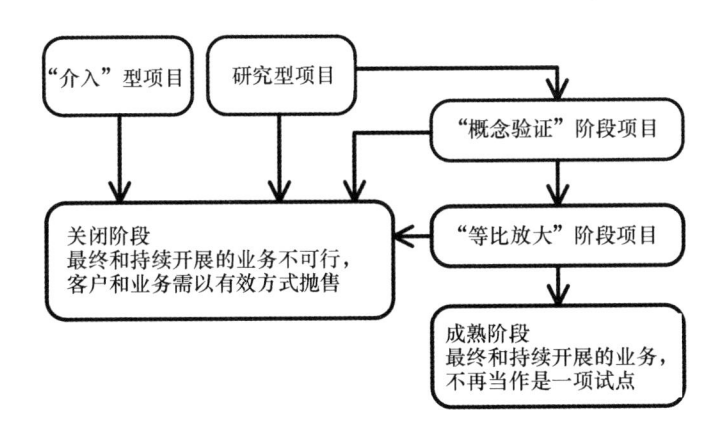

图4—1 试点和（步入成熟市场或就此关闭的）过程

可能需要恰当的解决方案。它们可能特别适用于试点的启动阶段。随着项目逐渐成熟，它们也可能继续以过渡性方式逐步变化。即使在成熟期，某些恰当性的应用仍然是合适的。

本章将讨论如何基于初始和最简单的起点，随着项目向前推进，在试点阶段解决一些问题。最简单的起点可以被视为最低要求集合的一个阐释。将这一问题如何发展并最终成熟作为进一步的案例，并将其作为第2阶段和其后各阶段所采取步骤的示例。

每个阶段都表明需要做出越来越多的努力，从而确保规划并完成最终工作范围。

一　达到成熟时的特征

本小节将"成熟阶段"的特征视为在达到试点阶段结束之前需要实施的指引。在计划周密的试点中，预先考虑试点没有成功时的后果是明智、审慎的做法。可以从许多角度来识别这些特征，包括供应商和推销商，审慎、竞争和经营行为的监管者，事关一系列问题的决策者。

在成熟阶段：（1）**可行性**：对于包括参与产品生产和交付的所有商家和人员以及购买产品的人员等市场参与者，方案应当具有可行性。①对于提供者，该方案将确保有足够的规模经济。一个可行和可靠的商业方案应当由那些承保此产品的所蕴含风险的保险人来制订。价值链中的其他关键供应商，特别是那些涉及分销和服务的供应商，也应当认可该产品是可行的、该指数是可靠的且足够的数据用于定价和估值。提供者准备好并利用充分的再保险保护。提供者要具备持续管理产品的技术能力。②对于客户，产品应当实惠①，产品设计特征（指数、由或有事项的类型和级别定义的触发门槛）应当可接受，与客户风险相关，可靠可信。该产品满足客户关于其风险预测的需要以及转移部分或全部风险的需要。该产品提供了充分的安全性承诺。顾客被公平对待。

（2）**可持续性、整体性**：即便一项方案对所有的提供者都具有可行

---

① 当客户自愿购买时可检验可负担性。二十国集团全球普惠金融合作伙伴组织（G-20 Global Partnership for Financial Inclusion，G-20 GPFI）将普惠金融定义为自愿获取和使用的产品和服务。无论试点产品是以自愿方式还是以单独购买方式提供，都应当从自愿购买的角度来判断产品的可负担性。换言之，该产品可能与另一项服务捆绑在一起，但是人们以这种方式来购买是因为它具有便利性和有效性，而不是仅仅因为它具有强制性。

性和可持续性，它也会严重依赖一个或多个参与者及其在提供某些职能方面的连续性。①应当识别出交付产品所需要的关键功能，并且要确信这些功能具有可持续性。如果关键功能的供应商停止提供这些功能，那么就应当具备保持该功能的替代性的协议。②关键功能包括提供再保险或交付指数或任何其他组件的能力。

（3）**竞争**：无论最终产品的提供方式是否包括了造成实践中垄断的因素，这些服务的范围都应当具有开放的竞争性。如果新入者愿意，那么他们应当能够进入这个市场。因此，应当避免垄断性协议，并且在现有协议范围内限制垄断性协议的持续时间，最终取消垄断性。例如，当存在一个指数供应商、一个关键分销渠道或一个由再保险支持的关键供应商时，此垄断权的缺失尤为重要。

（4）**如果存在，补贴应当为"智慧型"**①。补贴不应当造成垄断性。

（5）**监管**：具有广泛适应性的监管环境给所有参与者提供了恰当并且有效的法律确定性。保险在正规的保险市场上出售。监管者要对产品具有充足的专业知识。

该方案应当借助充足的数据来保障风险，而这些数据是为指数编制以及定价与估值而服务的。

所有元素在成熟阶段都应当能发挥充分的功能。例如，如果大量已投保客户无法充分获得消费者权益保护服务，或者不正式的或非法的保险大规模发展，就有可能损害正规保险部门的发展，那么这将是一个重大问题。

所有试点都应当认真计划。在不同试点阶段的恰当节点，项目发起人应当支持向成熟阶段过渡的方案。如果没有此类计划，那么方案即使可能在某些方面达到了成熟，也会在另一些方面存在严重的缺陷，以至于该产品起不到合适的效果。大多数发起人的目标是，为处于最终的成熟阶段的成功结果做贡献。

常规做法如下：（1）处于初始阶段的试点可能只需要遵守与恰当方法相一致的最小要求集。并非所有发起人都能承诺在试点开始时交付所

---

① 参阅本章第四节第三小节。

有需要的元素，而针对客户和其他利益相关方的解决方案的精准形式可能并不清晰；因此，此阶段主要是为了验证概念。（2）后续阶段的试点应当在各方面取得进一步发展，以便最终过渡到成熟阶段。根据定义，即便将涉及大量的调整，初始阶段依旧向发起人提供了一些试点应当进入第 2 阶段的理由。因此，应当酌情在项目预算中考虑需要制定的长期解决方案和在此方面取得进展的步骤。

本章的后续部分将讨论初始阶段中可能的"最低标准"，以及后续阶段应当合理预期到的进一步进展和过渡的步骤示例。在本章中，一个"阶段"通常指的是一个产品周期（例如，农作物保险涉及一个种植季，台风保险涉及一个台风季）。即便第 1 阶段拟有多个产品周期（如种植季很短），一个阶段的结束应当意味着进入下一阶段。在一些情况下，发起人的决策点如果早于其他触发门槛，那它就定义了一个阶段的终点。

并非所有的试点都会取得成功。没有取得进展的试点应当有序关闭，并尽可能降低造成不良后果的可能性。因此：（1）在试点过程中，客户应当知道该项目正处于试点阶段，尤其是要根据试点的结果再决定是否会持续提供该产品。（2）关闭试点时，持牌保险人未被清偿的保单责任均应当纳入业务组合并结转；客户应当知悉保障已经停止了。如果当时情况确实如此，而且根据当时的安排，该项目不会进行到下一阶段，那么，即便客户有意续保，该保险也不会再提供此服务。

预期产品发布期限将超出试点范围的试点项目，尤其应当注意制订应急计划，以考虑试点结束的情况。在试点项目向潜在客户做出任何承诺之前，应当制订一份应急计划。发起人应当将其已制定的协议告知保险监管机构。

二 授权试点

试点项目应当获得授权。此建议的意图在于，试点项目应当在正规保险市场中开展，而不应以非正规的方式开展。当未经过许可的保险人承保时，就会出现"非正规性"。在一些项目下，非保险人或在该国家或地区未获许可的保险人承保了风险。当保险人获得授权，而其分销渠道没有获得授权，仍可能出现非正规情况。甚至某些新的、有创新性的分销渠道根本没有获得法律认可。

强烈支持将试点方案纳入监管范围,并强调需要采取恰当的办法来促进这种做法。"试点方案应当至少在注册层面获得授权,并且不得违反在试点期间以及有关的试点期限以外的保护保单持有人的条款"并且与绝对最低标准有关;"例如,注册(指引4.1.6)或它在试点或过渡性系统中的应用(对于之前非正规的主体)应当包括查明组织及其具体形式,并在登记后向监管者汇报等要求。"在正式体系中推进试点方法应当考虑如"监管沙盒"等概念。

可采取恰当的方式进行授权。它可能以一种非常有限的方式启动,但是应当包括如下最低限度的元素——在第1阶段项目发起人应当:(1) **在产品出售给任何客户之前先与保险监管者取得联系**。项目发起人应当概括出项目的阶段性目标,并审查项目的活动和影响范围、产品、潜在基差风险评估以及潜在客户的信息。关于此沟通内容的核对清单可能促使不必要的、甚至是适得其反的合规导向,因此,应当避免采用①。本章附录2提供了一份供讨论的话题清单,谨作一般性指引。(2) **在确定阶段全力支持项目**。当发起人的承诺在一个决策点结束时(从而继续开展进一步的支持、寻找新的支持或以其他方式支持),如果定义中的其他方面定义了一个后续点(参见前文中阶段的定义),那么它就是定义周期的自然结束点。(3) **每次试点阶段结束后,如果试验阶段持续超过1年,那么应当至少每年与保险监管机构进行沟通**。尤其是项目发起人应当:①出于统计目的,提供在试点阶段结束时或年末的(以较早者为准)最低限度的财务信息:已赚的或收取的保费、已付的或应付的索赔;②考虑提供超出最低识别范围的资料,如保障的客户人数、已赔付的客户人数、与方案运营有关的开支、分出的再保险保费、可摊回的再保险和再保险人名称;③提供有关客户参与的资料,包括有关收到投诉及解决投诉方式的各种资料;④提供有关项目目标达成程度的资料;⑤报告在试点阶段遵守任何其他方面的最低要求的情况;⑥随着项目发展到新

---

① 起草小组考察了一些案例研究发现,由于担心在早期阶段引入过多的合规障碍,有的发起人会故意避免与保险监管机构沟通。

的阶段，信息要求也应当成熟，以覆盖形成项目成熟报告所需要的具体财务要素。(4) **提供下一阶段的试点信息**以及为成熟市场打造所有条件的过程计划。

保险监管者应当在试点初期"登记"试点。登记与附有条件的牌照颁发选项相结合，便是根据保险核心原则（最近修订之前）设想的登记（参见标准4.5，其中注意"监管者签发牌照时，在适当情况下对申请人施加额外的要求、条件或限制"）。保险核心原则（标准4.6）要求保险牌照清楚地"说明其范围"。因此，向试点提供的有许可应当严格限制在试点本身拟定的范围内。

如果监管机构无权在有条件的情况下签发有限许可，那么监管协议便无法达到保险核心原则的预期，并有可能对普惠性的保险的发展构成障碍。在此情况下，应当考虑临时的解决方案，认识到无保险监管者参与的、完全非正式的试点替代办法是欠佳的。例如，临时性解决办法可能包括在发起人和保险监管者之间达成谅解书。

上述关于"保险人"试点正规化的讨论可能与《保险法》规定的产品入市时的定位不明有关，但又是与之不同的问题。这意味着，注册考虑到的产品状态的解决方案将随着时间推移而出现，但是可能也会就临时协议取得一致意见（本章后续将进一步讨论）。

随着时间推移，项目发起人应当开始为完全获得许可的保险业务开发必要的元素。要求保险人获得完全授权可以放松为获得限制性授权。该保险人可以在实现监管目标风险较小的领域遵守相对少的规定。例如，一家拟议的保险人可能不会承保所有类型的业务，在此背景下，它依旧可以获得完全授权。这意味着，它将提供一个更完整的许可申请，同时希望在运营管理和报告方面更完善。

三　法律确定性

当根据《保险法》或其他法律之规定，指数保险产品的法律地位不明朗时，便会出现非正规性。即使产品在法律上被认为是保险，但是仍存在不确定性。

保险核心原则（标准4.1）写道："保险立法包括受获得许可的保险

活动的定义。"一种产品的首选状态是，被法律正式认定为受保险监管的产品（见本章第三节第一小节）。

在试点阶段，重要的是，要了解在试点阶段中的任何限制性因素，以及已经采取的处理这些不确定因素的步骤。试点发起人尤其应当：（1）**确保客户能获得投诉处理机制**：发起人应当澄清现有投诉机制的运行范围是否能够处理该产品。①最初，试点项目可能需要确立一种备用的投诉处理方法。鉴于最初的客户数量可能非常少，所以该途径可以非常简单。②在试点的后续阶段，发起人应当与有关当局合作，制定有效的投诉处理安排。（2）**了解产品、客户和供应商在税务待遇方面的不确定性带来的影响**：其确切含义对于收入较低的客户或主要在非正式经济活动中开展业务的客户，可能是微不足道，也可能具有潜在重要性。①最初，如果认为税务不太重要，知悉其存在不确定性后继续开展试点便已足够。在其他情况下，与税务部门讨论此情况并商定一种非正式的做法是较为恰当的。②在试点的后续阶段，发起人应当与有关部门和其他利益相关方合作，制定一个政策立场，然后确立恰当的法律，从而明确税收待遇。（3）**确定指数保险产品的定义是否因可保利益问题或其他基于产品的法律定义（如保险合同法、审慎方面的法律）而引发人们的担忧**。①最初，试点项目可能需要确定关注的领域和潜在的不足之处。②在试点的后续阶段，发起人应当与有关当局合作，制定法律修正案，确保一旦项目开始形成规模，产品便处于相关法律的管辖范围之内。

四　安全

从某种程度上讲，任何一款保险产品的价值均决定于它做出的承诺，而这些承诺应当具有确定性，即保险人将遵守这些承诺。通常情况下，信守承诺的一个重要保证是，做出承诺的主体的财务是安全的，这由充足的资本和其他风险缓解措施（尤其是再保险）予以保障。

在试点阶段，重要的是，客户和（更广泛以上的）社区对保险概念的信心不被不能提供足够安全保障的产品所侵蚀。负责任的试点发起人应当确保向客户提供的保险产品是合格的：①最初，试点项目可以通过一种或多种途径获得保障，如当地保险人的风险保险、再保险、或有担保或其他隐性或显性担保①。本地保险人根据承保的范围承担了不同的资本充足责任。再保险与应对承保范围的变化最为相关，但是再保险也可用以承担已保风险的主要部分。其他担保措施则可以根据试点的规模和期限发挥作用。"概念验证"阶段的最早期可能较少订立正式协议，而更成熟的试点在后期应当设法积累资源，同时以更传统的方式利用再保险。②在试点的后续阶段，鉴于最终目标是向全面且独立的资本化保险业务过渡，因此，发起人应当希望看到，更多的传统风险转移方式和资本资源在更大程度上支持项目。对于制定资本和估值条例，还可能需要通过能够形成具体规定的协商过程。

再保险是提供安全保障的一种非常好的工具。在直接保险人积累实力的初期，保险人可以豁免于最低自留风险水平的监管规定。甚至可能还需要考虑，再保险人是否能够在有限时期内直接为项目提供风险保障。

第三方担保只应当被视为是一种满足产品承诺的安全性需要的短期解决方案。在试点后续阶段，如果要继续向成熟阶段进行，就应当积累一些财务资源。如果第三方担保是财务承诺的基础，那么这些担保可能很有限，因此，只有当最初的试点在规模上取得成功时，它们才可能提供一定程度的保护。可以考虑，在保险金额超过承担能力之前，识别出一个试点可能取得的成功程度。

捐助机构和再保险人提供的担保会比其他组织更容易被接受，这是因为，其他组织参与通常是由于保险之外的其他能力。这是因为，这些担保依赖于担保人对保险声誉的关心，而保险的声誉对一个国家或地区中非保险主体的持续参与并不那么重要。

五 了解并量化风险、定价、估值和再保险

在试点阶段，重要的是，要了解量化风险相关问题的不确定性水平，同时管理和减轻来自薄弱环节的风险。负责任的试点发起人应当具备风险评估和量化的一定能力：①最初，试点项目的定价和相关估值所获得

---

① 一些试点的早期阶段是由一个筹集资金的捐助者予以保证的，该发起人承诺会补偿所有超出保费的赔付并在任何情况下为试点费用融资。

技术支持可能非常少。另一些参与者可能已经利用高水平的专业技术做了大量工作。因此，作为初始讨论的一部分，发起人至少应当与监管机构分享其定价方式。②在试点的后续阶段，如果定价不具有特殊技术，着手"概念验证"的发起人应当能够建立和展示一种更传统也更科学的方法：如有需要，与潜在合作伙伴合作。

随着定价技术越来越强大，这种能力也应当变得更加稳定。如果价格特别不稳定，这可能给该方案、给该市场发展甚至给更一般的保险市场招致声誉问题。

再保险人可能是项目早期阶段的重要合作伙伴。除最具试验性的试点项目之外，预期所有的试验项目都具备一位从事风险分析和量化的再保险伙伴。

在所有情况下，应当注意估计风险敞口。对于处于萌芽阶段的试点，可能只是简单地估算出一个风险总额，并考虑好应对方式。对于处于研究或概念证明阶段的小型试点项目，确定了用于支付风险金额的资金来源便足够了①。对于较大的试点项目，既采用自有资金支持自留风险，又采用再保险类型的风险转移是很常见的做法。

数据有限性是常见的困难。即便数据可用，解释数据的模型依旧很重要。

即便建模最初被限制，那么准备一个回溯测试来展示产品在过去的表现也非常有用。此外，这被视为教育潜在客户的一件有用工具。与监管机构分享这一回溯测试结果也很有意义。

六 可信的指数

除上述关于指数可信度的探讨之外，在试点阶段可能出现一些特别

---

① 一些案例中，风险总额与来自作为项目一部分的政府捐助者的研究项目资金相匹配。为了说明这一问题，本产品每份保单都有一小笔保险金额（S）以及规定好的预期保单的数量（n）。用于应对索赔要求的预算等于 $S \times n$，因此，只要保单数目不超过 n，项目就有可用的资金。在另一种情况下，如果试点保障的部分风险不能得到再保险，那么要审查已保风险，同时保障已保风险能够获得的支持能力。由于普惠保险的保险金额较小，故可以采取这一方法。指数保险所保障的险种性质表明，在缺乏可以获得的更复杂技术的情况下，应考虑没有再保险的所有合同索赔的"最坏情况"。

事项。在建立起追踪记录之前，指数、数据和流程的发展程度以及对指数的信任度可能非常低。

在试点阶段，高度重视指数的可信度具有重要意义。指数可信度对产品本身而言至关重要，如果等到试点发展到等比扩大的阶段，有缺陷的指数带来的危险将更大，因此，指数可信度方面的不足之处应当在较早的试验阶段就解决掉。负责任的试点发起人应当努力了解和改善指数的可信度，使其达到可接受的水平：①最初，试点项目可能发端于一个非常试验性的指数。如果情况确实如此，并且项目发起人已经探讨过如何应对指数生成过程中的故障事件，还将应对计划与保险监管者共享，这会非常有用。该指数的试验性质可意味着，发起人应当考虑如何解决可能出现的基差风险问题。②在试点的后续阶段中，关注"概念验证"和指数中不足之处的发起人应当采取措施提高指数的可信度，至少应当与旨在扩大规模的项目的第1阶段并行。

七 可行的业务操作

根据定义，所有新业务在达到规模之前都是不可持续的。不应当期望一个试点项目一开始便被证明是一个可持续的商业案例，否则它便不仅仅是一个试点项目了。然而，（1）最初，试点项目应当证明其能够交付产品。根据定义，任何超出此范围的承诺均不合理。但是，为了确保最初的试点阶段能够交付产品，所有相关的发起人和捐助者均应当做出承诺，交付试点需要的服务。（2）在试点的后续阶段，发起人应当期望看到，交付保险产品（包括相关服务）的关键方正在建设一个可行的商业案例。发起人应当确定最关键的职能，同时保证它们能够实现；如果需要，还能被替换。应当尽快进行为确保生成和强化指数和相关数据而开展的讨论。还应当了解拟议的关键分销和服务关系方法的可行性，然后遵循当事各方之间订立的协议。（3）最终，当试点接近成熟时，当事各方都应当能够提供一个完整的商业方案，表明此业务的可行性。

八 启用监管措施

本章提出的某些问题可能需要通过修订监管流程加以解决。如果没有开发和提供建议以及支持这些建议被采纳的各项资源，监管流程就不会发生变化。期待试点项目总是从完善、受到支持、具有广泛适应性以及处于适宜的监管制度下开始，是不切实际的。然而，（1）最初，在概念验证阶段的试点项目是否会继续推进尚不确定。在此情况下，为了实现监管目标，需要就处理试点项目制定其他协议。如果没有这么做，便会在提升普惠性的过程中出现不恰当的拖延和障碍，这可能背离了试点的规模和后续风险的有限性。（2）在试点的后续阶段，监管机构应当能够预期，发起人努力实现运作和启动市场的最终目标。为此，应当在必要的监管改革方面取得进展。初始步骤可能涉及对违反国际保险监管者协会的核心原则、标准和指引的法律和监管实践[①]进行盘点审查。随后通过协商加以改善，为最终的条例草案奠定基础，帮助这些条例草案以适当的法律形式在国家或地区范围内获得通过。

有利的环境应当涉及交付产品所需要的各项服务，包括那些被认为与保险人和保险分销有关的各项服务。

此外，有效的监管环境需要完善监管者的能力。预计当地行业参与者也需要加强技术能力。成熟市场的最终目标是，让市场参与者有能力管理和维护其产品，监管者有能力监管这些产品。要实现这一目标，应当：（1）最初，在成熟前的大多数阶段中，试点项目预计会以某种方式依赖于外部专业知识。而随着时间推移，适当水平的知识转移完全是可以实现的；此外，邀请监管者到可能作为部分项目活动的培训会议中是很有意义的。（2）在试点阶段，对于因提供必要技术投入的项目参与人退出或其他原因而无法继续采取此类做法带来的风险，项目发起人应当

---

① 尽管这篇论文给此类审查提供了一些启示，但是，国际保险监管者协会发布的关于监管支持普惠性保险市场的其他论文以及更一般化的保险监管论文可以作为此类审查的依据。相关专家将能够从中汲取一系列国家的经验和良好实践，从而提出建议。

考虑在必要时采取步骤进行管理①。

附　录

附录1　考虑基差风险

从概念上讲，可以通过矩阵方法来分析一系列潜在结果。附表4—1中的象限1和象限3表明指数触发门槛与损害事件发生相一致的情形，象限2和象限4反映的是存在不匹配的"基差风险"。然而，象限2表示，基差风险对最终风险承担者没有效果，并且在某种程度上，它提高了客户的成本并可能妨碍保险的获取和使用。相比之下，象限4的问题更多，因为如果保险人无法就损害事件提供保护，则可能给客户带来不幸和困难，同时给整个保险行业带来声誉风险。

附表4—1　　　　　　　　概念性的基差风险象限

指数触发门槛		损害事件	
		没有发生	发生了
	没有触发	象限1：无基差风险	象限4：成本高的负向基差风险
	触发了	象限2：正向基差风险	象限3：无基差风险

这一概念的第1个现实挑战是，需要在充分水平上定义"损害"事件的构成要素，从而表示"糟糕"结果。这是项目发起人面临的一个重要问题，但是也与监管者息息相关。最终，象限方法强调的是，基差风险是源于指数触发门槛和客户角度的损害事件之间的不匹配。

---

① 读者可回顾其他专业资源，包括保险普及化倡议组织（A2ii）发布的论文《指数保险：现状和监管挑战》，详见 https：//a2ii.org/en/report/thematic-reports-global-agricultural-and-disaster-risk-insurance/index-insurance-status；更复杂的基差风险评估，例如，Morsink、Clarke 和 Mapfumo：《如何衡量指数保险提供的可靠保障》，世界银行政策研究工作论文第7744号，2016年。

如果客户充分理解产品履行方式的含义，那么负向基差风险事件将会减少。这一挑战涉及定义符合客户要求的产品，以及与客户进行沟通，而这几乎与传统合同中定义超额投保、免赔责任或免赔额别无二致。因此，可以说这并非由基差风险所致。这种认识给出了应对这一问题的潜在领域：（1）了解客户眼中的"糟糕"结果；（2）确保已经将产品结构的信息传达给客户。

最初，项目发起人可能希望开发一个可以充分反映损害事件的初步构建的指数。项目发起人可以考虑向客户解释其所构建指数的相对成本，或者根据对客户观点的考察来改善这一成本。

可以用不同的方式度量基差风险。

测试基差风险水平的成本最低的选项很可能是，根据过去的实际经验来调查产品的性能。数据受限状况可能意味着，这一示例是基于"最佳努力"标准来编制的，但是也可以使用用于开发产品和指数的数据。此类分析有助于与监管者展开讨论，亦可帮助教育客户。项目发起人可能还期待，将这种方法作为他们的尽职调查和声誉风险管理的一部分。无论方案是在宏观层面、中观层面或微观层面上运行，均可实现与客户的信息共享。同时，可以调整展示的格式，以便说明每个层面的基差风险和产品特征。

对于在微观层面上运营的方案，如果采用的定义与客户对"糟糕"事件的预期不一致，那么客户可能无法完全理解此潜在基差风险的示例。如果结合它与客户反馈的结果，预计其定义会更接近客户期待。因此，微观方案会发现，与试图解释一个与客户期待可能有很大差距的产品定义相比，努力调查客户期待可能成本更低。采用内部开发定义而非根据客户期待开展测试的项目发起人应当更关注他们的沟通方式，以及他们将测试这种方法是否有效的具体方法，以及/或在试点项目的后续周期中做出改进。

对于中观和宏观层面的方案，基差风险的影响和程度可能有所不同。基于农业风险，农场层面风险的聚合是影响这一结果的一个因素。此外，中观和宏观层面的客户可能比微观层面的客户更能理解和承担负向基差风险事件。

附表 4—2　　　　有关测量和信息披露的最低建议指引

	新生试点	进行中的试点	成熟状态
微观	发起人应当开展重点研究，了解客户对损害事件的定义；发起人应当开发消费者信息，以便客户了解"糟糕"事件级别的基差风险含义。特别是如果对损害事件使用了内部项目的定义，那么作为跟踪和完善进一步试点周期的一部分，发起人应当验证沟通策略		保险人应当对客户认知和产品价值开展持续分析；保险人应当监控和保存客户信息，传递客户对保险人所提供保险的高水平理解
中观	发起人应当（至少）基于对基差风险表现的理解来开发历史情景，同时采取措施鼓励客户认识到他们面临的潜在风险	发起人应当基于对基差风险表现的理解来开发情景，同时采取措施鼓励客户认识到他们面临的潜在风险	发起人应当基于对基差风险表现的理解来开发情景，同时采取措施鼓励客户认识到他们面临的潜在风险
宏观	发起人应当（至少）基于对基差风险表现的理解来开发历史情景，同时将这些信息与客户分享	发起人应当基于对基差风险表现的理解来开发情景，同时将这些信息与客户分享	发起人应当基于对基差风险表现的理解来开发情景，同时将这些信息与客户分享

附录 2　指数保险项目发起人的要点综述

保险人（以及其他项目发起人）在开发产品时应当将其精力集中到客户需求上。一系列的产品设计特性决策可能必须根据客户需要而定，这对于指数保险尤为重要。

附表 4—3　　　　　　　指数保险项目发起人的要点综述

领域	项目发起人可以且至少应当……
理解客户	对客户的需要进行恰当水平的研究，从而告知客户包括客户认为的损害事件在内的产品设计决策
基差风险	开发基于测试方案的示例，与监管者和潜在客户共享。开发基于分析的方案，并与中观和宏观层面的客户和监管者分享
法律确定性	了解是否存在潜在问题，并在试点阶段围绕解决方案开展初步开发工作。计划在试点后期阶段支持开发永久性解决方案
客户信息	确保客户知晓试点项目的状态。 提供的回溯测试信息汇总结果，展示产品。如果试点关闭，忠告客户将不会有新阶段
项目设计	确保项目试点阶段与合作伙伴的目标和责任匹配，并与将考虑开展或结束新阶段的试点项目的终点保持一致。 如有必要，确保项目计划考虑到试点成功和关闭的结局
与保险监管者开展沟通	在研究过程的早期（包括考虑开展试点的时）与保险监管者进行对话

本章主张试点项目发起人和保险监管者应当尽早开展沟通。本附录对讨论的领域、范围和基础做出了说明。

应当在恰当的详细程度上开展这些沟通。建议讨论的大部分信息将由项目发起人及其合作伙伴准备妥当。重要的是，在与监管部门的对话中，提交和讨论的信息要处于恰当的水平，可能不用像项目各方之间讨论时那么详细。如有需要，随后可以随时提供详细的信息。

在以"概念验证"为导向的试点的过程中：（1）项目发起人应当明白，合作伙伴之间的激励分歧会引发问题，同时应当努力确保选择具有符合项目长期目标的激励措施的合作伙伴。合作伙伴的责任期限至少应当延长到每一个试点阶段结束之时。这项工作可以与监管者共享。（2）在"概念验证"阶段，项目发起人应当在该阶段得到重新评估之前对取得成功的标准和时间计划做到心中有数。（3）在"概念验证"阶段，为了统计整个市场，项目发起人应当分享他们预期的保费收入，然后分享实际的保费收入和赔付支出。（4）应当向监管者提供产品条款的概要信息。（5）关于基差风险，应当针对产品在过去的绩效准备一份总结，与监管者共享。（6）关于风险水平，项目发起人应当能解释通过再保险、保险或其他可得的资金来支付理赔资金的具体方式，以及由于可用资源组合的有限性，接受风险可能存在的具体约束因素。（7）特别是当项目展示"微观"或"中观"层面的方案时，应当与保险监管者共享提供给客户的信息。

第五章

普惠保险中的相互、合作和其他社区组织及其监管

第一节 引言

以相互、合作和社区组织（mutuals, cooperatives and community-based organisations, MCCOs）为特色的"相互模式"为无法享受保险服务的家庭或企业提供了一种获得保险的途径，从而在多种场景下提升了保险的可及性。不过，这并不意味着，监管者应当给予 MCCOs 优惠待遇。

本章旨在就如何以恰当的方式应用保险核心原则提供指引，这将有助于消除由不恰当监管造成的监管障碍，同时确保恰当地保护保单持有人。本章虽然介绍和举例说明了发达国家和发展中国家如何运作和监管 MCCOs，但是本章的首要目的是，为发展中国家的保险监管者推动普惠金融提供指引。

MCCOs 涵盖的机构类型广泛，包括相互社（mutuals）、互惠组织（mutual benefit organisations）、合作社（cooperatives）、友爱社（friendly societies）、丧葬会社（burial societies）、共济会（fraternal societies）、社区组织（community-based organisations）、风险共担组织（risk pooling organisations）、自我保险计划（self-insuring schemes）等①。

MCCOs 在普惠保险市场上发挥了重要作用。由于成员的性质不同，

---

① 本章所述的自我保险计划是指，为有效赞助或拥有该方案并以非盈利方式运作的团体提供的保险。

引发了一些需要保险领域和其他领域的监管者关注的问题。许多 MCCOs 是作为保险人运作的。不过，并不是所有的 MCCOs 都需要（以正规或非正规的方式）充当保险人，也有一些提供的是管理、教育和分销服务。还有一些 MCCOs 扮演的是"聚合器"的角色，如零售商、服务供应商、公用事业公司、会员制组织和公民社会组织，他们以非保险的目的将人们聚集在一起。然后，保险人利用这些"聚合器"（无论是否有代理人或经纪人的参与）来分销保险，并根据具体模式履行其他的职能（如管理和/或支付赔款）。

MCCOs 有一些区别于股份制保险人的特征，例如，MCCOs 是成员共有的，并由其成员/保单持有人参与该组织的管理。他们能够作为独立主体在偏远和农村地区自我运作，没有长的分销渠道，这使得他们成为改善保险可及性的有潜力的重要商业模式。MCCOs 还可以发展到农村之外的地区，成为为所有人服务的主流保险提供者，从而填补农村和城市郊区的空白。为了给低收入人群提供保险，MCCOs 还可以克服其他的保险人难以或不愿意解决的地理、文化、服务、产品设计等方面的障碍。

MCCOs 通常从成员那里收取保费，并自行支付所有赔款，因此，原则上讲，资金在该主体内留存和再分配。成员将向由 MCCOs 创建的资金池支付保费或捐款。这些款项用于支付成员提出的索赔、筹资成本和各种业务费用。MCCOs[①] 不产生作为股息支付给股东的利润，任何盈余都会再投资于 MCCOs，或支付给其成员。但是，如果 MCCOs 的财务状况有赤字，那么根据组织章程或附则的规定，可要求成员支付补充款项。如果支付补充付款的要求未包括在组织章程或附则中，或者无法被满足，则可以将赔付水平降低到可用资金的范围内。

这种典型的运作模式是随着时间推移而发展起来的，因为 MCCOs 通常起源于社区团体或专业团体中的团结和慈善倡议。当遇到不幸或意外事件时，如农场失火或养家糊口者死亡，团体倡议便会提供帮助，给由此受到影响的人募捐。随着时间推移，这些做法已经专业化了，MCCOs 现在的业务通常是建立在健全的保险经营技术和实践的基础上，包括保

---

① 存在混合形式的 MCCOs，其中一部分资本由合作社的股东提供。

费计算。

法律权利存在的程度可能是 MCCOs 发展程度的一种反应，例如，从非正规的慈善机构到持牌的 MCCOs。保险普及化倡议组织（Access to Insurance Initiative，A2ii）的报告《演变中的小额保险业务模式及其监管含义｜跨国综合》的注释1[①]谈道：很多社会中，当地的自助模式代表了保险的起源。小额保险就是发展于没有合适的或可及的正规保险选择的情况下，当然，也可能是因为，人们不相信正规保险，或者个人更喜欢基于团结的自给自足。紧密的社区关系通常是发展当地自助模式的先决条件。

联合国宣布 2012 年为国际合作社年（第65/184号决议）。联合国大会第66/123号决议认为，各种形式的合作社（包括在健康护理、住房、信贷、农产品领域）"正在成为经济和社会发展的一个重要因素，有助于消灭贫穷"，并将合作社视为"可持续和成功的企业，他有助于为城市和农村地区的各种经济部门创造就业、减少贫穷和提供社会保护"。联合国秘书长的报告中也谈道，合作社"通过相互公司，……以财产/意外伤害保险、医疗保险和人寿保险的形式提供社会保障"[②]。

G20 在匹兹堡公报（2009年9月）谈道，领导人致力于"改善贫困人口的金融服务可及性"，包括"为安全及良好地开展惠及贫困人口的新型金融服务模式提供支持"。一些国家的经验表明，作为市场的积极组成部分，MCCOs 可以成为实现这些目标的一种方式。例如，2015年1月，原中国保险监督管理委员会发布了中国相互保险组织发展的试点计划。该计划旨在利用相互社作为非营利机构的优势，在成员参与治理的情况下，提升中国居民享有的保险保障水平。

建议监督者、管理者和决策者考虑：（1）将保险核心原则恰当地应用于 MCCOs；（2）查明并消除过度监管带来的不必要的障碍，同时确保保单持有人得到恰当程度的保护。

---

① 保险普及化倡议组织（A2ii）：《演变中的小额保险业务模式及其监管含义｜跨国综合》（注释），2014年，详见 https：//a2ii.org/sites/default/files/reports/2014_08_08_a2ii_cross-country_synthesis_doc_1_final_clean_2.pdf。

② 《合作社参与社会发展暨落实国际合作社年》，2012 年 7 月 13 日（68/168）。

本章不涉及为提供 Takaful（伊斯兰保险）而形成的保险人的这种特殊情况①。在本章中，所列出的实例或观察到的做法只是为了起说明作用，不应当将其视为处于相关问题情景时的推荐解决办法或最佳做法。

本章结构如下。第二节先介绍 MCCOs 群体的主要特征和背景，这有助于解释保险核心原则引言第 8 段提到的"以恰当的方式实施保险核心原则"。为此，该节描述了 MCCOs 组织形式的主要定义、特征和范围；此外，该节还讨论了有些场合下使用的联盟、协会、集团和顶层组织，因为这些内容有时会影响某些保险核心原则的应用，并需要给予具体的指引；该节最后详细介绍了 MCCOs 群体的规模和增长状况。第三节分析相关的保险核心原则以及应用指引；在作为惯例的恰当性分析后，保险核心原则将用于以下联系较紧密的内容：正规化和牌照签发；公司治理；资本需求和资本来源；业务组合—转让、合并、去相互化和清盘；监管总则和监管审查。

第二节　相互、合作和社区组织简介

本节介绍相互、合作和社区组织（MCCOs）群体的主要特点和背景。MCCOs 和股份公司在法律形式上有显著的区别。

一　相互、合作和社区组织的一般定义和关键特性

相互、合作和社区组织（MCCOs）存在于世界各地，无论是在发展中经济体还是发达经济体。在发展中经济体，它们有时以自愿协会的形式出现，初衷是汇集资金以分担风险，或在逆境（如死亡）中帮助彼此。在发达经济体，MCCOs 保持其典型的特征，同时与商业保险人在相同的市场上经营和竞争，包括保险、养老金、储蓄和贷款在内的一系列金融服务是通过他们向其成员或公众提供的。

---

① 国际保险监督官协会（IAIS）和伊斯兰金融服务委员会（Islamic Financial Services Board，IFSB）联合发布了《关于 Takaful 的监督》（2006 年 8 月）以及关于监管伊斯兰小额保险（MicroTakaful）的论文（2015 年 11 月）。国际保险监督官协会（IAIS）继续在标准制定方面与伊斯兰金融事务委员会（IFSB）合作。

相互社（mutuals）并没有公认的定义。欧盟委员会为界定相互社提供了一个有用的参考。[①]"（相互社是）人们自愿组成的团体（自然人或法人），其目的主要是，满足其成员的需要，而不是追求投资回报。"他还将相互社定义为"提供寿险服务和非寿险服务、补充社会保障方案和具有社会性质的小额服务的企业"。[②]

合作社（cooperatives）的定义相对容易。最公认的定义来自《世界合作社监测》（2014年）[③]，其认为合作社是"一个自主的协会，主要由自愿联合的人组成，按照国际合作联盟强调的国际商定的价值观和原则行事，通过一个共同拥有的民主控制的企业来满足他们共同的经济、社会和文化需求和愿望。具有资格条件的成员能从资本上获得有限的补偿（如果有的话）"。

欧洲相互保险人和保险合作社协会（Association of Mutual Insurers and Insurance Cooperatives in Europe，AMICE）[④]的定义则是"相互制和合作制的保险人，即采用相互制或合作的法律形式的保险人，由其成员拥有或控制和管理。他们的目标是为其成员（自然人或法人）所面临的风险提供保险"。

国际合作和相互保险联合会（ICMIF）提供了关于小额相互保险的说明[⑤]："相互小额保险是一种保护人们免受风险影响的机制，并以他们参与此类产品、服务或机构的设计、开发、管理和治理的方式来换取根据为其量身定制的付款。"小额相互保险被认为具有普惠性，因为它可能覆盖所有不被传统小额保险覆盖的低收入或边缘群体。

很明显，不同的定义拓展了相互、合作和社区组织（MCCOs）的界

[①] http：//www.europarl.europa.eu/document/activities/cont/201108/20110829ATT25422/20110829ATT25422EN.pdf.
[②] https：//ec.europa.eu/growth/sectors/social-economy/mutual-societies/；另见欧盟委员会关于欧洲相互社现状和前景的研究报告，详见http：//ec.europa.eu/DocsRoom/documents/10390/attachments/1/translations。
[③] 由国际合作社联盟（International Cooperative Alliance，ICA）出版。
[④] 欧洲相互保险人和保险合作社协会（AMICE）：《事实和数字》，2012年。
[⑤] 国际合作与相互保险联盟（International Cooperative and Mutual Insurance Federation，ICMIF）：《小额相互保险战略》，2016年。

限，包括在不受法律定义限制的情况下根据相互/合作原则运作的组织。在全球范围内，这样的组织星罗棋布，其中一些仅存在于单个国家。通过对上述定义的回顾，可以得出以下 MCCOs 的关键定义特性，这些特性与保险有关，即（1）成员所有权：本组织所提供服务的受益人中，至少有部分因其成员资格而成为本组织的所有人，或拥有与股东型组织的所有人类似的权力①。（2）民主：通过行使所有权类型的权力，成员组成该组织的大会，并通过该会议对最终决策行使民主权利，如选举董事会的董事。（3）团结：成员在多大程度上为全体团体成员寻求有益的结果。这一概念与资本问题尤其相关。（4）为服务于特定的群体和目的而创建：组织成立后，成员通过共同的目标、宗旨或特征加入组织。（5）非营利：利润（或盈余）或损失（赤字）应当计算给成员。在损失的情况下，根据每个国家或地区的规定，采取不同的处理方法。

（一）成员资格

成员在实体所有权中的参与程度确实影响了监管安排和监管重点。特别是当保险公司中只有保单持有人而没有股东时，任何利益冲突的存在及其管理仅仅保护了保单持有人，而股份公司中如何解决股东和保单持有人之间的利益冲突，却并不清晰②。

然而，MCCOs 有一个复杂的特性。在某些情况下，无论是在法律上还是在实践中，并非所有的保单持有人都拥有相同的权利以及在董事会中的有效代表。在一些主体（主要是指规模较大的 MCCOs）中，存在部分所有权的特征，保单持有人中一些是成员和所有人，而另一些则不是。这可能是出于合规或制定业务战略的需要。在这种部分成员拥有所有权的情况下，拥有所有权的保单持有人与没有所有权的保单持有人之间存

---

① MCCOs 成员的所有权与股东的权利和义务有相同点，如在年度会议上投票或任命董事会成员的权利，但是两者并不等同。最关键的是，MCCOs 中成员的权利通常不能像股东那样随意出售/转让。

② 请注意，根据保险核心原则中使用更广泛的定义，保单持有人包括受益人。特别是，第三方责任的索赔人即使属于第三方，保险监管框架仍然适用于对其保护，因此，这里对其进行相应的解读。对于 MCCOs 的任何监督调整，均需要认识到第三方通常不是相互社的成员，需要在监管框架下对其保护。

在潜在冲突。在其他一些情况下，一类或多类的保单持有人可享有与他人不同的所有权权利。尽管这两个成员群体在法律上可能是等同的，但是组织管理中可能需要做出决策，务必权衡这两个成员群体之间的竞争利益。例如，在参与一种保险的成员群体与参与另一种保险的成员群体或保险不是其核心要求的成员群体之间，在有保险主体的成员群体和无保险的成员群体之间。这种情况下，要视决策机构的导向而定，可能出现一些需要加以平衡的潜在冲突。

（二）民主

MCCOs通常由成员以某种方式选举或任命董事会进行管理。这意味着，原则上，成员有权参与选举董事会、参加成员大会，并决定组织章程。

在规模较小的MCCOs中实现民主目标，比在规模较大的MCCOs中更容易。对于规模较大或地理分布较分散的团体，MCCOs有时采用分部选举（sub-electoral）的程序，如在不同地区层面、在不同保单持有人群体层面、在不同产品或服务种类层面，或者通过某种其他能确保成员在大会上发表意见的方式。英国的一些友爱社是通过"代表"制进行管理的，即本地分社提名一位代表人士，在成员大会上发表意见，其代表的是所在分支机构的所有成员的利益。这些方式可以推动民主进程和民主功能的发挥，即使在大型组织中亦是如此。同样重要的是，这种进程不应当妨碍普通成员在会议上发表意见。民主进程的实施方式也可以根据成员的历史或性质，或组成组织的特定群体和目的来确定。

随着成员民主进程的有效性降低，特定团体掌控民主进程的潜力越来越大。最常见的担忧是，管理层会拥有比预期更大的话语权，从而造成委托代理问题。此外，那些民主进程不同的团体也可能出现这样的结果。作为某些国家和地区一直存在的某些历史性安排，可能存在不同成员团体的一个特殊情况——国家是组织的一员。

健全的民主进程还取决于成员对投票过程的参与程度，以及他们是否知情并能够做出与他们切身利益相关的决定。与此同样重要的是，将所要审议的事项内容和时间及时通知给所有成员。

应当说明的是，虽然"民主"是MCCOs的一个特征，但是，为了从审慎和经营行为的角度保护保单持有人，并促进金融稳定，我们仍然不能忽视对其监管的必要性。

（三）团结

MCCOs 在大多数情况下都是相互制或基于自助的，他们为成员提供了风险池的一个构造方式，其后果具有两面性。虽然成员能从风险池的分散效应中受益，但是他们也需要共担风险池的经营风险，这意味着，风险池的财务绩效不佳时可能需要成员支付额外的费用。这一概念有时会在 MCCOs 的相关条款中正式陈述，有时以"团结"的名义暗示。

可以通过不同于股份公司的做法去实现团结。股份公司的股东要准备承担亏损，但是这种亏损一般不会超过规定的数额，这是商业规则所认可的。然而，对于 MCCOs，决定支付更多款项的可能是缘于商业或更社会化的考虑，这也反映了该团体成员之间的团结性。

团结的力量不尽相同，而且与本小节讨论的其他方面密切相关。

与团结问题有关的是待遇承诺问题。在这方面，在某种程度上意味着索赔在法律上可能被强制执行，或者减记，或者由 MCCOs 做出决定。有多种选择：（1）团体在没有任何合法的赔付义务时讨论赔付。MCCOs、其董事会或某个委员会将考虑成员个人所需要帮助的情况后，讨论赔付的价值。由于此时没有支付赔款的法定义务，具体的 MCCOs 可以不被视为保险人而纳入保险监管。（2）或者，MCCOs 可以根据现有资金的情况限制任何正式的索赔，从而限制该成员的合法权利①。因为原则上有获得赔偿的法定权利，所以，有理由假定存在保险合同，并有必要保护有关客户的权益。

专栏 5—1　酌定相互社：以英国和澳大利亚为例

酌定相互社是指不从事或不开展保险或再保险业务的相互社。成员在因遭受"合格的"风险或意外事故（即相互社先前指明可赔偿成员的

---

① 此外，为了支付赔款，按照 MCCOs 的内部规定或细则可能使其在法律上有可能通过所谓的"成员调入"（membership call）来筹集（额外的）保费/捐款。

风险或意外事故）而遭受损失时，可以申领补助金，以弥补所遭受的全部或部分损失。然而，该成员没有合同或其他形式的法律或等价权利去收取任何赔偿金。根据相互制原则，相互社有绝对的酌处权决定是否赔偿因"合格的"风险或意外事故而蒙受损失的成员①。

酌定相互社的例子：（1）军事相互社。在没有股东的情况下，2010年建立的军事相互社（The Military Mutual，TMM）用于造福于其成员，其盈余可以用于支持军事社区等军事建设。军事相互社提供一系列保险服务，以满足现役成员、预备役军人以及来自皇家海军、陆军和皇家空军的退伍军人的需要。

（2）NFRN 相互保险公司。NFRN 相互保险公司成立于1999年，主要为报刊社和其他零售商提供保险，是传统保险的一种替代。他们是由零售商建立并为零售商服务的，为成员提供有竞争力的保障、良好的服务和富有同情心的理赔理念。NFRN 相互保险公司是一家有限责任公司。

（3）Unimutual。Unimutual 是一家有担保的、由成员所有的公司。Unimutua 有限公司于2003年12月31日获得澳大利益金融服务（AFS）牌照［由澳大利亚金融服务局（Australian Financial Services Licence）颁发］，开业运营。Unimututal 是一家被授权发行自己的金融产品的酌定相互制机构，向成员提供互保和保险保护。该机构的成员资格和向成员提供的保护由 Unimututual 委员会酌情决定。根据澳大利益金融服务牌照的许可，Unimutual 还被授权为批发型客户提供金融产品咨询和一般保险产品的交易。这意味着，对于没有提供酌情保障的风险，Unimututal 被授权为成员安排保险。自1990年成立以来，由4所大学组成的 Unimutual 已发展成为高等教育和研究机构的资产和负债风险保护的主要提供者，其成员包括大多数澳大利亚的大学以及小型寄宿学院、音乐学院、大型研究机构等实体。

（4）Benenden。Benenden 保健协会有限公司是根据1992年的《友爱社法》注册成立的友爱社。其标准产品的核心要素是可自由支配的健康护理产品。该产品包括肺结核保险，其是基于合同提供的，约占保费收

---

① 《关于欧洲相互作用现状和前景的研究》的最终版报告，Panteia，2012年11月。

入的1%。在监管方面,对产品的自由裁量和合同要素有着不同的处理方式。该社的合同业务(提供结核病赔付)由英国审慎监管局(Prudential Regulation Authority,PRA)授权,并由英国金融行为监管局(Financial Conduct Authority,FCA)和审慎监管局监管。该社的其余业务是在酌情处理的基础上进行的,该社应当遵守审慎监管局对审慎管理的要求。

(四)为特定团体和目标而创建

MCCOs 通常是由一组特定的人为特定的目标而组成的。虽然 MCCOs 通常从一个明确的目标开始,风险池中包括一组特定的个人、企业或市政当局,但是,他们在发展过程中通常会追求其他目标和承保其他风险。这导致分散化以及将风险分散到特定的类似保单持有人团体之外的更大能力,进而最大限度地减少赔付对初始成员团体的影响。通常,法律要求他们不改变其已经定义的成员范围和/或宗旨,并将其用于招纳新成员。

MCCOs 根本的或核心的目标可以是保险功能,或者说,尤其是对于合作社,保险功能也可以是辅助的,而核心目标是其他的东西,如销售农产品或慈善以及宗教。成员可以采用一个共同的界定,界定可宽可窄,并且在地理上可以是接近的或分散的。

根据情况,团体定义成员和宗旨的严格程度可以部分上影响监管的方式,或影响监管者的思考。对团体的定义可能强化相互制关系的某些方面,或者,可能需要采取步骤加强团体的某些方面以确保他们发挥作用。

在保险普及化倡议组织的报告《演变中的小额保险业务模式及其监管影响丨跨国综合》的注释1①中,根据小额保险业务模式,MCCOs 被归入"本地自助"类别,其特点是,"一群人(如相互社或社区组织)共同承担自己的风险"。该报告还谈到:"自助团体向成员提供保险的最

---

① 保险普及化倡议组织(A2ii):《演变中的小额保险业务模式及其监管含义丨跨国综合》,注释1,第20页,2014年,详见:https://a2ii.org/sites/default/files/reports/2014_08_08_a2ii_cross-country_synthesis_doc_1_final_clean_2.pdf。

大动机是，成员们经历了他们自己无法缓释的风险时买不起正规的保险。本地自助小组模式允许个人成员之间共同分担风险，从而减轻风险的财务影响。在某些情况下，外部机构（如非政府组织或技术支持者）会鼓励这些团体的形成，并为这些团体提供一些服务。如果是后者，该团体和监管者应当了解技术援助中断带来的业务中断风险。然后，应当寻求替代性解决办法，或最好是预先为这种情况做出安排。

（五）非营利

MCCOs 的性质是累积盈余（也可能是赤字）。这些盈余是为了成员的利益而维持或分配的。值得注意的是，这种盈余的积累和维持应当是成员集体的，而不是个人或单独的。累积盈余能够在几代成员之间维持，至少在某种程度上维持。从长期来看，保留的盈余中可能有一部分是在现任成员都还没有成为成员之前产生的。任何盈余的分配方法可以通过增加待遇或减少保费来实现，这与股东公司提供的分红产品相似；但是，也可以包括，提供辅助投资服务或促进旨在改善福利的社区项目。无论采用何种分配方法，分配中的公平问题都是至关重要的，因此，监管者可以采取积极主动的方法来保护保单持有人并规定累积盈余的用途。

二 组织形式的范围

就本章而言，MCCOs 包括各种类型的组织，这些组织在不同的国家或地区的名称存在差异。MCCOs 可以包括以下组织和机构：（1）未根据任何法律或条例登记的；（2）被特定法律认可，不论是否是保险领域的法律；（3）被保险法认可的。

这些 MCCOs 的实例包括相互社、互惠组织、合作社、友爱社、丧葬会社/葬礼援助提供者、共济会、社区组织、风险共担组织和自我保护计划等。

附录 1 和附录 2 回顾了 MCCOs 在不同国家或地区的定义、形式和用途。MCCOs 在不同国家或地区有显著的不同。某些形式的 MCCOs 可能不被监管覆盖，从而以非正规形式存在。不同形式 MCCOs 的共存主要归因于所在国家或地区社会的历史和社会经济背景。例如，在日本，合作社有资格从事"共同社"（相互）业务，而在英国，友爱社的兴起是缘于应对不可预测的灾难性事件或急性/末期疾病,而在国家监管下,友爱社又进一步参与向其成员提供正规的人寿保险。丧葬会社(在非洲大部分地区)是从人们对葬礼资助及住院费用的需要而演变来的。这些社团在社区内既有社会功能,也有经济功能。

关于 MCCOs 的法律定义和形式的讨论可以达成一项共识,社区组织根据现实的需要选择组织自己。这些有组织/部分组织的团体本质上都是为了成员的利益而运转的。随着时间推移,赢得成员们的信任让这些组织被政府关注,并且这些组织也试图让政府规范和承认其为正规机构。有了这样的认可(通过政府监管部门),这些组织已经呈现出显著的增长态势,这在本章第二节第四小节有所讨论,同时该小节也强调了监管让新兴市场上的 MCCOs 释放潜力的作用。

三 相互、合作和社区组织的伙伴关系:协会、集团和顶层组织

多个 MCCOs 可以选择组成集团或成员制组织(如协会)。从业务或监管的角度看,这可能产生多种利弊。

(一)协会

MCCOs 通过相互协作和发展伙伴关系,有更大的潜力提供普惠保险。这种伙伴关系可以称为在国家或区域层面存在的 MCCOs 协会。每种分类的几个例子请见本章的附录 3,从中可以了解这类机构的必要性和重要性。

这种伙伴关系将加强组织团结,促进同行互学,制定行为规则,助力参与联合金融教育活动。此外,他们代表其成员面向公众,并与有关当局进行对话,如争取税收优惠和推动进国家普惠金融战略。

(二)集团和顶层(Apex)组织

MCCOs 有时以集团形式进行联合。在集团的顶部,有一个母公司或顶层(apex)组织。例如,母公司可以以各种 MCCOs 作为成员而合作形成。成员资格让它们能够合作并受益于联合安排。集团结构的 MCCOs 能够增强凝聚力,并向未获得保险或保险被服务不足的人提供大量急需的保险。例如,"母体"合作社可以提供保险技术知识或精算服务,或做出集体再保险安排。

例如①，法国法律于2001年8月29日基于《SGA》（保险集团公司）创建的相互保险集团公司（Société de Groupe d´Assurance Mutuelle，SGAM)②，其现有模式是具备上市资格的有限公司，其目的是，使集团的合作伙伴能够管理重要和可持续的金融纽带。相互制集团结构对所有合法的欧洲保险人开放［包括职业人寿和意外保险人（PLC）、财产和意外保险人（P&C）、健康互助、合作社、养老金提供者或再保险公司］，其中至少有一个保险人的总部设在法国的组织，所以符合保险规则③。互助保险集团公司（SGAM）本身并不能出售保险，其主要目的是管理投资和规划集团的战略。它是一种隶属关系协议（在SGAM及其成员公司之间），规定了环节、职责、承诺、成本分担以及所有其他的合作形式。这一法律工具被相互保险人视为一种有用的工具，可以在不失去相互制身份的情况下进行合作和提高凝聚力④。

顶层（Apex）组织存在的目的是，为由相互、合作和社区组织（MCCOs）构成的集团提供服务，或者便于这些组织聚集在一起，或者两种目的兼有。他们可以被他们所服务的组织集团拥有或运营，或者在法律上更加独立。

监管者应当关注这些现实中的结构及其可能的用途。例如，如果相互制组织的规模太小而难以雇用精算师等专家，就需要从母公司或顶层（Apex）组织获得这些专家。因此，应当让这些主体参与监管审查。此外，监管者可以依赖母公司/顶层（Apex）组织进行数据收集或满足某些监管规定（如培训代理人）。

---

① ICMIF.

② SGAM 包含在《保险法（保险法则）》，第 L 322-1-2 条和 L 322 1-3 条（2002 年 6 月 26 日第 D 2002-943 号法令，转用欧洲议会和理事会 1998 年 10 月 27 日关于保险集团保险业务补充监管第 98/78/CE 号指令）。

③ 由社会伙伴，即雇主和雇员组织联合管理。

④ 法国存在 SGAMS 的例子如下：Covéa（MAAF, GMF, MMA, 2003）；SMABTP（SMABTP, SMAvie BTP, 2006）；AG2R Prévoyance, La Mondiale（2007）；Sferen（MACIF, MAIF, MATMUT, 2010）；MACSF（MACSF, le Sou Médical, 2009）。

四　相互/合作保险的规模①

从全球范围看，相互/合作保险在2014年的业务达到创纪录的水平，保费总额为12860亿美元，比前一年（2013年：12690亿美元）增长了1.3%。自2007年以来，相互/合作保险的保费收入持续7年增长；这表明，自金融危机爆发以来，保险业发生了安全投资转移（flight to quality，FTQ）。在过去7年中的5年，相互/合作保险保费收入的年复合增长率高于全球整体保险市场水平。自2007年以来，相互/合作保险保费收入的年复合增长率在2007—2014年间略低于4%，是同期整体保险市场保费收入年复合增长率的2倍多（1.8%）。

相互/合作保险在全球保险市场上表现优异，其在全球整体保险市场的份额从2007年23.7%提高到2014年的27.0%。表5—1显示，2014年是全球整体保险市场连续增长的第5年，其保费总额比金融危机前（2007年）的水平高出13.6%。相比之下，在这7年中，全球相互/合作保险的保费收入则增长了29.6%。

表5—1　　　　　　　　2007—2014年全球保费增长率　　　　　　　单位：%

	保险	寿险	非寿险
整体市场	13.6	5.1	26.0
相互/合作市场	29.6	27.7	31.5

表5—2显示，2007—2014年，在全球五大地区中，4个地区的相互/合作保险保费收入的年复合增长率超过了保险市场的其余部分。2007—

---

① 本小节数据来自国际合作与相互保险联盟（ICMIF）。ICMIF对"相互"（mutuals）的定义包括那些法律地位在其国内法中不可归类的组织，但是这些组织的结构和价值契合了相互制/合作制的形式，即由成员保单持有人拥有、管理和经营的公司。这些组织包括：由人民组织拥有的有限公司、兄弟会、友好协会、Takaful提供者、互惠组织、非营利组织、交易所、酌定相互社、保护和赔偿（P&I）俱乐部、社区组织和基金会。参见国际合作与相互保险联盟《相互制市场份额报告》，2016。详见https://www.icmif.org/news/mutual-and-cooperative insurers-continue-expand-their-global-reach-latest-icmif-global-mutual。

2014年,欧洲和北美的整体保险的保费收入变化不大,欧洲市场小幅收缩(-0.3%),北美市场的增长微不足道(+0.7%);相比之下,这两个地区的相互/合作保险保费收入的年复合增长率分别为3.9%和3.8%,高于整体市场增长率三四个百分点。

新兴市场的相互/合作保险的保费收入创下了2007—2014年的最大涨幅。拉丁美洲相互/合作保险的增长率最高,年复合增长率为14.4%,而整体保险市场的年复合增长率为11.3%。2007—2014年,非洲相互/合作保险的年复合增长率为12.4%,比该地区整体保险市场的年复合增长率(3.1%)高出近10个百分点。

2007—2014年,亚洲和大洋洲地区是全球五大地区中相互/合作保险保费收入年复合增长率未超过整个保险市场的唯一地区。其相互/合作保险的年均复合增长率为2.8%,仅为整体保险市场年均复合增长率(5.6%)的一半。

表5—2　　　2007—2014年各地区保费年复合增长率　　　单位:%

	欧洲	北美	亚洲和太平洋地区	拉丁美洲	非洲	全球
整体市场	-0.3	0.7	5.6	11.3	3.1	1.8
相互/合作市场	3.9	3.8	2.8	14.4	12.4	3.8

表5—3显示,从全球来看,相互/合作保险的整体份额从2007年的23.7%增加到2014年的27.0%。从区域细分市场来看,作为2007—2014年相互/合作保险保费收入增长最快的地区,拉丁美洲的相互/合作保险在2014年的市场份额为12.1%(2007年为10.0%)。尽管与其他地区相比,非洲的相互/合作保险的渗透率要低得多,但是市场份额几乎翻了一番,从2007年的1.2%增长到2014年的2.1%。

表5—3　　　　　　2007—2014年相互/合作市场份额　　　　　　单位：%

	2014年	2007年
欧洲	31.2	23.3
北美	35.5	28.8
亚洲和太平洋地区	16.1	19.5
拉丁美洲	12.1	10.0
非洲	2.1	1.2
全球	27.0	23.7

注：全球排名和全球市场上的份额（%）是根据瑞士再保险公司的全球保险市场统计。

资料来源：国际合作与相互保险联合会：《2014年全球相互市场份额》，2016年；欲进一步了解情况请访问 http://www.icmif.org/global-mutualmarket-share–2014（2016年9月16日查询）。

表5—4　　　　　　十大保险市场上相互/合作组织的市场份额　　　　　　单位：%

全球排名	国家	相互/合作组织的市场份额			2013—2014年的增长率	全球市场上的份额	相互/合作组织市场上的份额
		2014年	2013年	2012年			
1	美国	37.1	36.7	34.6	1.1	26.9	36.9
2	日本	40.8	43.1	45.0	-5.4	9.5	14.4
3	英国	7.7	7.6	7.8	1.3	7.4	2.1
4	中国	0.3	0.3	0.3	-15.7	6.9	0.1
5	法国	47.4	46.5	45.0	2.0	6.6	11.6
6	德国	44.4	43.5	43.2	1.9	5.3	8.8
7	意大利	23.9	23.4	20.8	2.4	4.1	3.6
8	韩国	10.4	10.2	9.4	1.6	3.4	1.3
9	加拿大	19.1	19.5	19.3	-1.6	2.6	1.9
10	荷兰	51.0	49.3	49.2	3.3	2.0	3.8
	全球					74.8	84.5

第三节 保险核心原则在相互、合作和社区组织中的应用

本章从发达经济体和发展中经济体的角度对相互、合作和社区组织（MCCOs）的运作和监管方式进行了描述和举例，重点是帮助发展中经济体的保险监管者增强金融普惠性。本节旨在就如何将保险核心原则以恰当的方式应用于MCCOs提供指引，有助于消除不恰当监管所带来的不必要的障碍。除所涉及的保险核心原则明确表示它适用之外，保险核心原则不适用于作为中介的MCCOs①。如本章第二节所述，世界各地的MCCOs的组织形式和结构存在差异，因此，根据MCCOs的具体情况，监管机构应当将保险核心原则应用于法人实体和/或集团的级别②。

一 恰当性原则的一般表现

保险核心原则适用于对MCCOs的监管。本小节为实施各个保险核心原则提供了注意事项和指引，然后根据保险核心原则，从恰当性的角度出发，针对MCCOs行业的具体特点提出了具体方法。保险核心原则中的恰当性原则被描述为"监管措施应当适用于实现管辖区的监管目标，而不应当超出实现这些目标的必要范围"③，其为考虑MCCOs行业的具体特征提供了空间。但是，应当牢记，在考虑原则或标准的恰当应用时，应当适当考虑该原则或标准的期望结果。如本小节未提供具体的应用指引，监管机构仍应当考虑将保险核心原则应用于MCCOs行业的恰当性原则。

对于MCCOs，成员所有权角色的类型、民主选举、团结、共同目标的定义以及保留利润/盈余，会给出更多的理由来调整监管安排和监管义务。与MCCOs有关的一些业务实践、流程和其他特征可能需要特定的处

---

① 保险核心原则的引言的第9段。
② 虽然原则23一般不适用于MCCOs；但是有观点认为，集团和顶层（apex）组织的角色会引起一些与集团有关的问题，而原则23可以被视为此类安排的一部分。如本书"前言"中讲的，本书中"原则"（"标准""指引"）均是指保险核心原则中的"原则"（"标准""指引"）。
③ 原则的引言的第8段。

理来实现保险核心区原则（原则或标准）所期望的结果。

与此同时，随着组织规模的扩大或成员的多样化，相互制流程的效率可能下降。许多 MCCOs 为了提高相互制流程的有效性而做了相当多的额外工作。然而，一旦组织变得非常庞大而多样化，则应当认识到，尽管努力保持相互制身份，但是要发现其与股份公司之间经营方式的实质性差异会越来越少；因此，那些超大型 MCCOs 应当遵循与股份公司同样的要求。当有相当数量的保单持有人（非成员或所有人）时，这种情况尤其可能发生，因为这些保单持有人在 MCCOs 的治理中几乎没有发言权。对于监管机构，了解 MCCOs 之间的差异是很重要的，对他们采取的监管方法也会反映出这些差异，从而达到相同的监管结果。

二　正规化和牌照签发

（一）授权

相关原则及标准（原则 4 和标准 4.1）——从事保险活动的法人实体必须经过授权，方可在辖区内活动。保险立法应当重点涵盖以下内容：（1）明确需经授权的被监管保险活动；（2）禁止未经过授权的保险活动；（3）定义国内保险人合法形式；（4）分配牌照签发职责。

牌照签发的要求——保险活动的性质原则上决定其是否需要持牌。MCCOs 在承担保险风险时，原则上应当被视为保险人，所以应当被授权。作为保险中介的 MCCOs 还应当符合授权的形式（标准 18.2）。合理的情况是，构成合格保单的一个要素是，客户根据保险协定享有（被保证的）的利益是合法权利，该权利需要保险监管和检查的保护。因此，虽然 MCCOs 与成员之间存在成员关系，但是由不享有任何合法赔偿权利的法人实体讨论的那些索赔安排将不被视为保险合同。

保险核心原则的指引谈道，一些"国家或地区可能决定将某些活动排除在符合授权的保险活动的定义之外。任何此类活动都应当在立法中明确说明。国家或地区可基于不同理由实施上述行为，例如：（1）保险金额不超过特定数额；（2）损失由实物补偿；（3）按照保单持有人之间团结一致的宗旨开展活动（如小型相互、合作和社区组织，尤其是在小额保险领域）；（4）该实体的活动限于特定的地理区域，限于特定数量或类别的保单持有人和/或提供特殊种类的保险,如不是由持牌的国内保险法人实体提供的产品。"该指引补充称,"鉴于从事保险活动的所有实体都必须获得授权的原则,将有限的保险活动排除在授权要求之外时,应当适当考虑采取合适的替代性保障措施来保护保单持有人"(指引4.1.1和指引4.1.2)。本指引应当在严格意义上加以说明,而且不应当视为对MCCOs授权和监管的一般性豁免。如果小型MCCOs被排除在保险监管之外(所以被认为是非正规的),就应当有有效的替代性保障措施,这些保障措施可以从已建立的MCCOs中经过验证的、既定的社会结构和实践中找到。即使可以适当考虑采取这种替代性保障措施,也有必要建立和保持对非正规MCCOs活动的关注,并鼓励这些MCCOs选择正规化路径。

专栏5—2 相互社的豁免——以法国和波兰为例

在法国,只有由《保险法》规定的财产和意外保险以及寿险相互社,以及由《相互关系法》(Code de la Mutualite)规定的健康和天意(Providence)相互社可以被授权与股份制保险人从事同样的业务。《相互关系法》规定,健康和天意相互社只适用于有限数量的与个人有关的业务线(事故、疾病、失业等),并且不能在汽车保险、家庭保险等领域运作。(《相互关系法》的R.211-2条款)。

《保险法》(Code del'Assurance)中的相互社(L.322-26-3和R.322-125条款)可免除授权,但前提是得到"相互社联盟"的充分再保险。根据法律,此类联盟的唯一业务仅能是为联盟成员相互社的保险业务提供充分的再保险。因此,豁免不是基于相互社的大小,而是基于相互社是否得到相互社联盟等特定实体的充分再保险。《相互关系法》对相互社存在类似的豁免。见适用于非寿险相互社的《偿付能力指令Ⅱ》第7条。

在波兰,由少数成员和极少数保险合同或影响范围有限的活动的共同承保可被监管当局确认为小额相互保险(小额互保,SMIU)。小额互保通过简化的规则操作。这里对小额互保的资本要求(如低股本和可选担保基金)有一些"简化的"规定。

适用的法律形式——保险监管法律要包括适用的法律形式。这通常是在选择适当的法律形式来承保保险风险的基础上进行的,对于MCCOs行业,此类法律形式通常属于公司立法。然而,即使承担保险风险的是成员组织,国家层面的(保险或公司)法律也可能对其法律形式有所限制。例如,在荷兰,合作社没有资格承保保险。为此,公司法定了相互社。

表5—3 法律形式:突尼斯案例

突尼斯有两种被监管的相互制实体:(1)与保险(股份制)公司的经营类似的相互保险公司("sociétés d'assurance à forme mutuelle");(2)相互社或协会("associations ou sociétés mutualistes")是向其成员(及其亲属)提供支持,并承保与其生活有关的风险(包括医疗保障、退休补偿、残疾和死亡保险)的团体或协会。

牌照签发方式——国家或地区应当考虑MCCOs保险活动的性质、规模大小和复杂程度来选择恰当的授权方式。对于小型MCCOs,各个国家或地区可选择简化行政授权程序,提交基本文件进行注册,例如,需要提交公司章程、附则、董事名单、简单的资产负债表和损益表账户或期初负债表以及保单条款。注册后,监管者可以根据基本的财务报告,将其活动限制在柔性监管范围内。

对于活动有限的MCCOs,可根据保单持有人的数量、保费总量、保险风险种类(如仅限于农业保险)、地理范围或这些因素的组合,安排授权形式。可能对规模较小的MCCOs设定限制或特殊条件,以便控制经营活动的审慎风险和行为风险。这些限制和条件可能把这些风险提升到容许有限监管而不是全面监管的水平。例如,某些业务范围可能被禁止,如人寿保险和责任保险。此外,可以设定条款,使得董事会可根据公司章程或附则向成员要求额外的资助,或者使用成员账户中的资金偿付债务。这些限制或特殊条件既可以通过立法设定,也可以作为与授予完全授权和监管豁免的法令有关的条件。

对于较大的——业务规模和风险状况与商业保险人相当的——MCCOs，按照商业保险人的要求，可使用相同的授权程序。对于任何形式的牌照，法律应当明确规定登记的适用性、要求和程序（标准4.1.3）。

专栏5—4　牌照/注册的类型以及监管豁免

摩洛哥：没有牌照，但是相互社的特许证必须经过由经济和财政部长以及就业和社会事务部部长的共同批准。

南非，注册长期保单的友爱社：(1) 提供的保单待遇（年金除外），或 (2) 对于提供年金回报的保单，每位成员的保费数额不超过7500兰特（约为500美元），其中，成员无须为注册保险人。

审批当局——审批当局可以是商业保险人的监管机构。有时，对于MCCOs，除常规的保险监管者之外，还指定有特殊的政府部门或公共机构作为其注册机构。在一些国家和地区，审批甚至仅限于商会（Chamber of Commerce）注册成立。为确保适当的保单持有人保护，在分配准入及监管权力时，应当适当考虑审批主体是否具备监管保险实体的能力及专业知识，以及了解保险市场的动态。他还应当能够履行监管和审查MCCOs的职责——包括现场检查和场外审查。他应当有足够的能力和权力在需要时进行有效的监管干预。如果MCCOs的监管机构与传统保险人的监管机构是独立的，那么适当的信息交流与合作机制就必不可少。这些可以通过立法或谅解备忘录来安排。

（二）正规化

鉴于非正规保险不是理想状态这一总体认识，可能需要把已经存在的不正规部门正规化。从而推动"让每个人都有机会成为正规金融体系的一部分"。

所有的保险服务提供者都应当被纳入监管体制中，而不是被排除在外。努力改革纳入MCCOs的机制很重要，从而让所有保单持有人都能从审慎监管和经营行为监管中受益。

对于非正规部门正规化和管理过渡安排的进程，值得注意的是：

（1）为了将非正规保险纳入被监管的环境中，可能需要做出过渡性安排。当监管当局预期保险人的能力将随着时间推移而增强时，或者试点工作已经开展时，这些安排仍然有用。（2）在将非正规部门正规化时，应当提供一条清晰透明的路径。首先，所有提供保险服务的非正规实体至少应当通过清晰透明的程序进行登记（见指引4.1.6）并满足最低标准。（3）一旦注册，实体应当根据一种受限制的商业模式经营，该模式反映了其业务风险更低、规模更小以及结构更简化。可以使用有条件的牌照（如标准4.7所设想的）。（4）认可（强加）对商业模式的限制，并同时认识到其对风险的性质、规模大小和复杂程度的影响，以鼓励商业模式走向正规化。（5）监管机构应当避免采取前后矛盾、可能导致监管套利的做法。这种挑战可能出现在过渡性安排或特定的监管中。在这种情况下，需要注意确保不造成激励倒错，并且差异化做法只能是缘于风险的性质、规模大小或复杂程度。

当一个正规化的流程开始时，监管者通常应对的是一个尚未注册的重要市场，所以很难实现目标，这在MCCOs行业尤其重要。该行业可能包括许多地理上分散的小型供应商，他们对即将发生的监管变化一无所知。此外，个别非正规保险提供者的财务状况和其他情况很可能不为监管机构所知。这对新法律、新制度的贯彻落实是一个挑战，并将对监管者管理过渡进程的能力造成影响。

因此，在管理正规化流程时，监管者可以考虑以下步骤：（1）明确有关保险提供者的资质；（2）了解有关供应商的财务状况、组织架构及其他条件，这是作为制定恰当监管制度及合适的过渡方法的基础；（3）与相关保险提供者进行有效的联系和沟通。

非正规MCCOs的识别——如果不知道被监管的保险提供者的身份，就不可能与他们直接沟通，进而解释所需要的措施并管理正规化流程。监管机构可能需要有创意地建立一份（潜在）供应商的名单或（暂定）登记册，以便日后对这些供应商进行正式监管。因为可能无法立即清楚"某一实体根据保险条例是否属于保险人"，所以清单可以是初步的，并在后期用来确定哪些实体确实应当被视为保险人。

此类清单或登记册可根据下列数据建立：（1）商会。如果MCCOs被确认为法人实体，其应当像合作社和相互社那样在商会注册。（2）其他公共记录或者税务机构等政府部门的记录。（3）行业协会成员登记册，其可以是保险协会或合作社/相互社协会。（4）其他私人资料，如手机或互联网服务供商者提供的客户资料。（5）专门为市场营销或其他目的开展调研的私营科研机构。（6）内部消息——客户提供的信息，如在特殊的信息线路上提供的信息。

为了获得这些资源，监管者需要核实提供这些数据是否合法。如果不合法，可以考虑一项特别的法律安排（可能是过渡安排的一部分）。从这些机构收集和传递信息可能需要支付费用或报销费用。监管者需要与这些机构讨论后勤保障问题。

了解财务、组织及其他条件——一旦确定了潜在保险提供者的身份和联系方式，监管机构可能需要联系个别实体。首先，其需要解释主动联系该实体的理由，并解释（未来）监管规章的依据。这将有助于说服各实体在过渡进程中进行合作。应当注意的是，只要其作为保险提供者的正式地位尚未依法确立，在此阶段就没有义务合作或提供资料。为此，建议所合作的商会能在这一过程中进行沟通和协调，并尽可能地协助收集所需要的资料。

一旦建立了联系，监管者就有权要求潜在保险提交者提供所需要的各种信息：（1）向成员提供的产品和服务的特点，以及使用的操作方式和其他流程；（2）实体的财务状况，包括资产、负债和投资策略；（3）组织架构、治理及与成员关系的性质。监管者也可以向审计和保险精算企业索取相关资料。

为了收集这些信息，监管者可能需要基本的财务和其他数据，如年度报告、资产负债表、损益表和审计报告。监管者也可以向实体或实体的会计或精算人员（如果可以）发出带有具体问题的调查表，另一种选择是通过现场访问进行快速检查来补充信息。

这些信息有多种相互关联的用途。基于这些信息的洞察性知识将提供（设想的）监管者将如何影响实体的印象。监管者可以基于这些信息，初步设想监管将如何影响实体。例如，这些信息将表明是否以及有多少实体能够满足未来的财务要求。因为新的监管规则可能增加实体的经营支出，并对其可持续性提出质疑，所以，监管者可能促使企业退出市场，或通过并购和业务组合转移将业务集中到更大的实体。如果监管者对这些方面有适当的了解，就可以（更理想地）：（1）做出安排，以便今后的监管适当涵盖这些情况，这可能意味着，为分层授权和柔性监管划定界限；（2）考虑过渡性措施可能意味着将"祖父条款"写入条例或使用宽限期，以便实施新的要求；（3）为正规化流程准备组织并配备监管机构人员，这可能意味着，为职员安排具体的培训并协助便捷的授权过程、实体并购或清盘。任何此类规则和措施的相关审议都应当以对保单持有人的最佳保护为基础。

有效的联系和沟通——如前几段所述，很重要的一点是，要在法律变化之前通知（潜在）保险提供者。这将促使他们提前做好准备，并向监管者提供有关财务、组织和其他方面的信息，以便考虑具体的政策和措施。虽然良好的关系有助于实现这一点，但是监管机构可能遇到来自实体的抵制和对抗。他们可能从根本上反对监管，尤其是如果监管危及他们生存的话。有些人可能不知道他们实际上在为成员提供与保险相关的服务，例如，他们不使用传统的保单条款（使用合同而不是保单，使用供款而不是保费）。重要的是，监管机构要努力说服保险提供者与之合作。通常，行业协会有助于实现这一点。

专栏 5—5　发展普惠市场并应对非正规性：以菲律宾为例

自 1974 年以来，菲律宾保险法认可了互惠协会（mutual benefit associations，MBAs）的存在。自 2006 年以来，一项特殊的监管豁免创立了小额保险互惠协会，要求至少有 5000 名成员，简化了运营（仅限寿险），并降低了随着时间推移可以建立的担保基金。

2010 年，小额保险监管框架提出了进一步措施，以解决小额保险领域的不规范问题。保险委员会、合作开发机构和中央银行之间的跨部门合作是一个重要组成部分。因此，在合作社方面，可以认识到对保险条款进行功能监管的当局（保险委员会）需要从体制角度与监管合作社的机构密切合作。

当前的监管框架容许MCCOs有4种正规化的选择：(1) 从商业或合作保险人处取得团体保单；(2) 成为商业或合作保险人的代理人；(3) 建立新的小额保险互惠协会，或加入现有的小额保险互惠协会；(4) 申请商业或合作牌照，在这种情况下，如果50%以上的业务是小额保险，资本充足率要求就会降低。菲律宾监管保险委员会的代表强调，菲律宾的这一进程已经持续了数年，目前仍在进行中。

有两个合作保险人，他们有大量低收入客户，并与初级合作社有联系。此外，小额保险互惠协会（MI-MBAs）一直是小额保险的重要推动力，他向商业保险人展示了小额保险的潜力。尤其值得一提的是，CARD互惠协会（CARD MBA）——首个于2001年获得授权的互惠协会——在为初期的小额保险互惠协会提供"特许经营模式"方面发挥着重要作用。在其支持下成立的技术援助机构RIMANSI继续发挥强大的顶层和支援作用。如今，在小额保险的被保险人数量方面，全国的21个小额保险互惠协会为大约300万保单持有人及其家庭成员提供服务，占据了寿险市场60%以上的份额。从2012到2013年，小额保险互惠协会的业务增长了32%。

多种挑战仍然存在，包括如何维持目前的高水平增长、如何扩大MCCOs（目前局限于寿险业务）在非寿险市场上的作用，而针对合作社的非正规性的自办保险方案仍在运行中。政府在2015年开始重新重视正规化议题，将注意力集中于合作社的内部保险方案。

专栏5—6　走向正规化

牙买加：自1971年开始，所有的保险人都必须进行注册。金融服务委员会（Financial Services Commission，FSC）负责监管这一市场，如果发现有未经过注册的主体在该市场经营，便会要求该主体走注册程序。如果该主体拒绝注册，则必须将其交由公诉署署长处理，因为未经登记经营保险属刑事犯罪。《保险法》和相关监管部门设立了明确的注册要求。

新西兰：世界银行认为，一些保险人并不具备注册规定的资质却违规开展运营，例如，资本不足、董事和"相关官员"的任职资格审查存在缺陷，以及管理混乱。世界银行对这些保险人采取的办法是，要求他们提交可行性整改方案，以在规定的时间框架内解决这些问题，或表明其将如何停止在新西兰经营保险业务并退出该行业。虽然银行无法对未经过许可的保险人执行该法案，但是授权要求提出了一个门槛：通过要求保险人加快速度并遵守授权要求，或做好退出的决定，从而明确了"继续经营抑或是退出该行业的决定"。

三　公司治理

相关原则及标准——公司治理是指保险人的董事会、高级管理层、客户及其他利益相关方之间的关系；设定的目标结构，以及确定实现这些目标和监测性能的方法。监管机构要求保险人建立和实施公司治理架构，以稳健和审慎的方式管理并监管保险公司的业务，以及充分认识并保护保单持有人（原则7）。因此，保险人的公司治理架构为：（1）对于明确定义并支持保险公司目标的保单实施有效监管；（2）定义保险人的监管负责人的角色和职责，借此明确在哪些情况下，谁拥有代表保险人行事的法律责任和权力；（3）有关设立与如何做出决定及行动的规定，包括重要或重大决定的文件，以及这些决定的基本原理；（4）酌情规定交流、管理相关事宜以及对保险公司的利益相关方进行监管；（5）确定对不合规或不到位的监督、控制或管理采取纠正措施（指引7.0.1）。

公司治理与委托代理问题密切相关，而委托代理问题是指，在所有权和经营权分离的情况下，一个组织管理人员的利益与该组织委托人/所有人的利益的一致性。MCCOs的治理不同于传统的股份制保险公司（指引7.0.6）。在MCCOs中，保险人是由保单持有人集体所有（和/或控制）的，这影响了可能的利益分歧。

实现公司治理要求的方法应当考虑到MCCOs的性质，包括这些方面健全的民主程序。因此，保险监管的这一特殊方面既可以提供机会，也可以仔细考虑MCCOs的责任平衡。正如MCCOs所设想的那样，考虑单独定义公司治理规则是有意义的，因为这些规则既方便访问，又反映了相互关系的本质。

（一）董事会和成员大会

董事会的有效运作仍然是监管的关键目标，应当由监管者进行同等全面的审查。然而，监管机构和 MCCOs 实现这一目标的方式可考虑到 MCCOs 的结构。

监管者在评估 MCCOs 治理架构的组织和运作时，可关注以下方面：（1）MCCOs 的组织结构；（2）组织规模及民主程序的有效性；（3）任命权；（4）决策的属性；（5）控制问题；（5）适用性问题。

公司结构——根据国家或地区的公司法，MCCOs 可拥有影响角色、责任和职责分配的不同结构，从而影响治理架构的成效。如上所述，保单持有人被视为 MCCOs 的所有人。一般而言，在公司法的规定中，他们通常被视为协会（合作社、相互社）的成员。他们构成了成员大会，成员大会有权在法律和公司章程或附则的范围内做重要决定。董事会最终负责制定并监管实施保险人的业务目标以及实现这些目标的策略，这些目标和策略要符合保险人的长远利益和生存能力（标准 7.2）。

MCCOs 可以有双层制度，在董事会旁设立监事会（指引 7.0.3）。监事会不承担任何行政责任，负责监管 MCCOs。虽然（原则上）董事会成员是由其成员任命的，但是就监事会而言，情况可能并非如此。在监事会可任命其成员的基础上，可以采用选举制，这有助于确保其独立于其所监管的董事会活动。监事会向成员大会负责并报告工作。

除设立董事会之外，MCCOs 还有高级管理人员（有时也被称为执行官或管理员），他们在董事会的监管和指引下负责日常运营（标准 7.10）。对于小型 MCCOs，高级管理人员可能只有一至两名执行官，这使得采取特别的内部控制措施非常必要。

因为相互、合作和社区组织（MCCOs）的成员未必都有能力和意愿积极参与民主程序，所以在符合公司法规定的情况下，MCCOs 可成立成员代表大会（成员委员会）。大会成员由保单持有人/成员选举。成员委员会通常具有属于全员大会的常见权力，它是加强 MCCOs 民主功能的有效途径。

组织规模和民主程序的有效性——MCCOs 中的民主程序很可能在较小规模的组织中发挥良好作用，这些组织是由特定的一致性团体（如农民或渔民）发起的。他们对与他们收入和生计密切相关的具体风险的普遍兴趣，以及参与 MCCOs 的人们之间的个人接触，可能推动民主参与。随着组织的发展和管理职责被分配给专业人士，这些流程会变得更具挑战性。成员团体不一定都有相同的利益，或这些成员不一定会组成一个团体，这影响到与董事会和高级管理层相抗衡的能力。有时，相互社和合作社的治理方式类似于股份公司，而成员大会则是一种形式。在这些情况下，成员委员会可能是改善 MCCOs 民主性质的一个有益机制。从监管的角度来看，监管者应当意识到，民主程序并不总能充分发挥作用，也可能对 MCCOs 的治理产生负面影响。同样地，监管者应当充分关注非 MCCOs 成员的保单持有人，以及需要保护的利益和立场（与股份公司一样）。

任命权——委任董事会成员原则上是成员大会的权力。在审查 MCCOs 的治理框架时，监管者应当认识到其管辖区域的公司法可能顾及了例外情况。有时，附则可赋予非成员委任一名或多名董事会成员的权利。然而，如果委员会的大多数成员由非成员任命，这便似乎与相互制的性质相悖。在实际操作中，其甚至可能在成员与作为一个法人实体的 MCCOs 之间引起法律纠纷。

在选举董事会成员上，应当考虑候选人的背景。按照传统的做法，对于规模较小的 MCCOs，成员通常会从内部选出董事会成员。另一可能的做法是，各成员需要从董事会本身或其他人员列出的候选人名单中选出董事会成员。有时，这个名单甚至具有约束力，其他候选人不得进入选举流程。监管者需要注意，这时——特别是如果选举流程不是基于公司法——可能引起法律或其他纠纷，对 MCCOs 的治理造成负面影响，例如，法律禁令使 MCCOs 的决策能力瘫痪。从恰当性的角度来看，董事会成员的背景也很重要。如果 MCCOs 的章程允许任命一名非成员为董事会成员，该成员可能需要加强相关的专业知识。此外，附则中可能规定，董事会有权聘用外部专家，并由外部专家提供建议。

一般而言，根据《公司法》，MCCOs 的章程将规定董事会成员的固定任期。关于连任，可能有额外的规定。这可能对 MCCOs 的经营连续性构成挑战，特别是当成员被分配到特定的受关注领域（如金融市场）或者委员会（如审计委员会）时。监管机构应当注意这种连续性问题。

决策归属——MCCOs可能在属于成员大会和董事会职权范围内的决策类型上存在差异。一般而言，成员大会有权决定公司章程的修改、年度报告的批准，以及公司的清算。认识到这一点很重要，因为其决定了谁有权做出特定的决定，例如，在需要迅速采取措施的紧急情况下，转让业务组合或增加保费。如果监管机构介入就涉及成员或成员大会批准的程序，这是需要特别考虑的问题。

专栏5—7 公司治理要求

法国：《相互关系法》（*Code de la Mutualite*）涉及具体的公司治理规则，尤其是，(1) 成员大会起主要作用，(2) 一个高效管理者自动成为董事会主席。

摩洛哥：相互社由董事会管理，董事会成员由成员大会选举产生，根据法律规定确定战略方向并做出重要决定。成员大会由相互社的成员或成员代表组成。

波兰：国内保险承保业务的管理委员会，除相互承保之外，应当至少由两名成员组成。按照公司章程的规定，出资人可以是相互承保管理委员会或者相互承保监事会的成员。

英国：在英国，为了回应对20世纪90年代一些相互社中公司治理标准的担忧，相互保险部门制定了一套自我监管的治理准则，即"英国公司治理准则"，对相互保险人做出了进一步的解释。金融相互协会（Association of Financial Mutuals）的成员每年都会进行一次详细的合规演练，其结果由行业协会公布。

芬兰：在芬兰，相互社的监事会是公司所有人指引公司的重要机构和工具。当董事会由非执行董事组成时，上市的有限公司通常设有监事会。所有人/保单持有人有权参加任命监事会成员的成员大会，并在会上进行投票，其目的是，使监事会的组成能够代表业主（地理上的、客户细分群体等）的集体利益。监事会任命董事会。此外，还有一些咨询委员会，这些委员会不是公司的法律实体，更像是公司与其所有人/保单持有人之间的沟通渠道。

瑞典：用不同的方法来确保对成员产生足够的影响。应当考虑到每个相互社的具体情况，以确保各成员发挥影响。在一个有几百万成员的大型相互社中，成员可以选举代表出席会议、行使表决权、发言权并提出建议。选举可以通过代表成员的组织直接或间接进行，也可以结合这些方式进行。在不同的相互社中，由代表组织直接或间接选出的代表的数量不同，以便反映特定相互社中成员的构成。代表应当是相互社的成员（保单持有人），而不能是董事会成员或相互社的雇员。每年选举一次代表[①]。

控制问题——监管审批提议收购保险人中的重要所有权或权益，结果此人（法人或自然人）——以直接或间接、单独或联合的方式——对保险人进行了控制（原则6）。控制权通常是通过持有股份来实现的，并将涉及投票权，特别是任命董事会成员的权利。一个国家或地区的立法将需要表明控制在何时是重要的，这就需要为控制设限，如成员大会中25%或更高的股份或投票权。原则上，MCCOs没有股本，成员个人在成员大会上也没有支配性表决权，因此，有关批准持股资格的条款不太可能具有相关性。然而，也可能存在例外情况，例如，在荷兰，一些相互社可以将担保资本分成与股份公司相当的股份。因此，根据公司法，可以存在类似的混业型公司。

虽然监管者可能无法正式批准收购MCCOs的重大控制权（作为批准过程的一部分，要审查潜在重要所有人的适用性），但是仍有必要监控MCCOs的控制方面。作为批准流程的一部分，监管机构应当审查潜在重要所有人的适合性。作为审查适用性的一部分，重要的所有人可能需要能够提供额外的资本，以支持保险人的偿付能力。MCCOs很可能缺少这样一种机制，进而导致需要采取其他财务支援措施（见本章第三节第四小节）。

[①] 虽然原则23通常不适用于MCCOs，但是有观点认为，集团和顶层（apex）组织的角色会引起一些与集团有关的问题，原则23可以被作为此类安排。

专栏5—8 在保险人拥有重大所有权/控制权的法人或自然人的相关要求/惯例

墨西哥：相互保险人不能由外国人或外国金融机构控制。

突尼斯：对相互社组织没有这样的控制要求或做法。

土耳其：控制要求与股份公司一致。但是，《合作社法》对每个股东都有特殊限制，每个股东要拥有1—5000股股票（1股的价值为100土耳其里拉）。

与有效治理有关，也与控制变化有关的一个问题是，当民主程序不那么强大时，对一个相互制实体的控制有时可以由一个外部方来保障。MCCOs的结构对此类干预措施可能更脆弱，因为在需要直接购买股权时，控制的成本可能要低于直接购买的成本。这为资产倒卖活动或其他欺诈行为提供一个有吸引力的标的。因此，需要注意确保这些行动能够得到有效的监管和必要时的干预。

适当性问题——监管者要求董事会成员、高级管理人员、关键控制人员和保险人的重要业主应当继续履行各自的职责（原则5）。对MCCOs而言，最有可能被评估或接受适应性测试的人员是董事会成员和高级管理人员。民主原则意味着，董事会成员是选举出来的，并可以代表保单持有人/成员团体。因此，董事会成员通常与保单持有人有更强的联系并对其有更多的义务，可能较少受到股东和保单持有人之间利益冲突的影响。从这个意义上讲，如果民主程序能够有效运作，这些问题就不会成为监管方面的问题。

当董事会主要由选举产生的代表组成时，存在这样一种风险，即董事会欠缺经验多样性。当民主程序是治理的关键支撑时，可能需要确保提供适当的专业知识以及丰富的商业和保险经验，否则，在所需要的能力方面，董事会可能不称职。例如，基于某一特定专业或行业的成员资格的MCCOs可能不会自动产生具有商业和保险相关事务经验的董事会。

调查显示，许多MCCOs非常清楚这一问题，并且不断地为新董事提供定期培训；不过，如果不付出努力，并不容易获得这种培训。一些MCCOs还表示，他们的董事会只由选举产生的成员组成，而不包括承担管理职责的成员，所以这些成员是"完全独立的"。此外，委员会还可主动接触独立专家；利用个别董事展开调查或取得意见的能力；或者设计非常健全的流程，通过这些流程，董事可以与管理层接触，询问并了解问题（所有这些都能增强他们的监查作用，并帮助董事履行预期的责任）。在一些国家和地区，MCCOs有义务或会自发地采用委任独立董事的做法，让他们为董事会带来专业知识。在其他情况下，作为构建和维护专业知识的一种低成本的方式，MCCOs可能与技术服务供应商取得联系。

对于监管者，重要的是认识到，特定MCCOs所需要的和可用的知识和专业技能。此时，需要考虑特定MCCOs的风险状况。例如，如果投资仅限于被监管的银行的存款，那么就没有必要深入了解金融市场。如果产品仅限于家庭保险，保险精算专业知识的用处也不大。那些专门从事农业保险、丧葬保险、医疗保险等特定业务范围的MCCOs将受益于该领域拥有专业知识的高级管理人员。例如，为牲畜提供保险的MCCOs可以任命一名有兽医经验的成员作为董事，也可以考虑采取其他措施来加强专业知识，如聘请专家。然而，高级管理人员和董事会需要具备某种最低限度的知识。

监管者应当注意，在监管立法条文中，关于任职资格要求以及监管机构事先批准任命董事会成员和高级管理人员的规定，可能被视为与选举董事会成员的民主原则抵触。如果监管者反对一项任命或取消一名董事会成员或高级经理的资格，此内容尤其重要。MCCOs可能认为这侵犯了他们的民主权利。监管机构需要清楚其辖区内的法律情况，特别是在涉及个人隐私的敏感领域。

专栏5—9　董事会成员的适宜性和主要职能
（适当的要求和审查惯例）

摩洛哥：在成为董事会成员方面没有具体的要求，但是在董事会成员违反法律时，法院可以暂时或永久剥夺其参与相互社的行政管理资格。

突尼斯：对于相互社，目前还没有针对董事会成员和关键职能的具体规则，但是根据《相互社法（草案）》，董事会成员和关键职能将被视为与保险公司相同。

（二）风险管理和内部控制

作为综合公司治理架构的一部分，监管机构要求保险人具备有效的风险管理和内部控制体系（原则8）。这个问题需要适当考虑到MCCOs行业的业务性质、规模大小和复杂程度，并结合现有原则或标准的预期结果采取适当办法。

MCCOs风险管理系统的设计和实现需要与保单数目、产品性质、资产和投资规模或员工数量方面等匹配。小型组织可能不需要性质复杂的、涉及组织内的多名人员的内部控制程序。例如，在办公室由一名董事和一名行政工作人员管理的情况下，董事的直接目视就是一项重要的控制措施。

监管者要求保险人具有有效的控制职能，并具有必要的权力、独立性和资源。保险核心原则要求下列控制职能到位并有效运作：风险管理职能、合规职能、保险精算职能和内部审计职能（标准8.4、标准8.5、标准8.6和标准8.7）。对于小型MCCOs，将这些职能分配给组织内（独立的）个人可能具有挑战性。在考虑MCCOs是否符合这方面的监管要求时，相关标准是根据职能而不是根据人制定的。这意味着，MCCOs应当授予或适应该功能，而不是任命独立的个人管理合规办公室或担任风险经理。这将会为合并这些功能留出一些空间。但是，将监管性质的职能与业务性质或行政性质的职能归于一个人是不合适的。合理的可选方案是雇用外部专家，如保险精算师，或者（如果可能的话）在团体或联盟层面安排支援。为此，需要一项适当的服务水平协定。此外，如果职能外包，董事会和高级管理人员仍应当对这些外包职能实施足够的控制和监查。

专栏5—10　风险管理和内部控制要求

摩洛哥：内部控制不是强制性的，但是也有一些限制性规则。就风险管理而言，法律要求对每一项风险进行单独的管理，包括不同的账单和不同的账户。关于保险精算职能，在建立相互社或改变供款（保费）或保险金额时，需要进行保险精算。

突尼斯：根据相互社法典草案，相互社与其他保险公司相同，主要的要求是任命保险精算师、外聘审计员并规定相关职责，以及规定董事会和执行董事的职责。

土耳其：要求相同，在现场检查时会将规模考虑在内，正如其他股份公司一样。

四　资本要求和资本来源

相关原则和标准——监管机构为偿付能力而规定资本充足率要求，以便保险人能够承受重大意外损失，并提供一定程度的监管干预（原则17）。更具体地说，保险核心原则要求监管机构实施以下内容：（1）制定足够水平的监管资本规定，以便即使在逆境中，保险人对保单持有人的义务在到期时仍能继续履行，并要求保险人保持资本以满足监管资本要求（标准17.2）。（2）这些资本要求包括偿付能力控制水平，这是监管者进行不同程度干预的重要依据（标准17.3）。（3）定义规定资本要求（prescribed capital requirement，PCR）和最低偿付能力要求（minimum capital requirement，MCR）。当偿付能力高于PCR时，监管机构不会以资本充足和最低资本要求（MCR）为由进行干预。如果偿付能力低于MCR，监管机构将采取其最强的措施，但是这一措施也要受到限制，否则任何保险人都不能有效地运作（标准17.4）。（4）定义确定符合监管资本要求的资本来源及其价值确定的方法；与偿债能力评估的资产负债表研究法一致，并考虑到资本要素的质量和适宜性（标准17.10）。（5）建立评估资本资源质量和适宜性的标准，同时考虑其在持续经营和停业时承受损失的能力（标准17.11）。

鉴于MCCOs的特殊性，对其资本要求可能需要特殊考虑。MCCOs对业务/活动的融资不同于传统的股份公司。在保险人是股份公司的情况下，风险从被保险人转移到保险人；而 MCCOs 本质上是成员之间分担风险的机制。各成员的供款用于支付各种支出，如各成员提出的索赔、准备金和各种经营成本。如果 MCCOs 的财务结果显示亏损，董事会可根据公司章程的规定，要求各成员交付补充款（称为"成员调用"，member-call）。或者，MCCOs 可根据可用预算决定减少赔付。后一种做法应当具有适当的法律依据，例如，公司章程或成员达成一致的任何其他法律文件。收取（额外）保费或退回盈余的程度可以根据多种因素设定，如按预付保费的比例计算。公司章程会确定相应的计算方法。

MCCOs 的另一个特征可能是已交会费的下属成员的账户。任何退回给成员的盈余均可纳入 MCCOs 以成员/保单持有人名义开设的账户。在 MCCOs 清盘或其成员资格终止之前，该账户的资金不能提供给成员。这容许 MCCOs 将资金保留在实体中，并根据监管法律、公司法和/或章程，在需要偿付或融资时提取该资金。另一方面，在成员账户股份化（见下文）或转让业务组合的情况下，如果成员对该账户的资金用途有任何疑问，可向 MCCOs 及监管机构提出质疑。

鉴于 MCCOs 的资本要求（在上述保险核心原则的框架内），监管者应当考虑如何在设计和应用资本要求时恰当地适应 MCCOs 的这些具体特征。保险核心原则确实容许这些变化，然而，监管机构对监管资本要求的任何变动都是在透明的框架内做出的。根据目标标准，这些变动与监管资本要求的业务性质、规模大小和复杂程度相适应，而且只在有限的情况下才需要（标准 17.9）。

在计算所需要的偿付能力时，可能不需要专门考虑 MCCOs 的特殊要求。但是，监管者可以选择建立授权分级制度以监管对偿付能力要求（PCR 和 MCR）较低的小型公司，或监管者可以基于一个简化的计算方法的要求（如准备金规模、保费收入或过去几年发生的损失）选择建立分级许可和监管制度。作为这种特殊待遇的一个理由，MCCOs 使用如上所述的交款系统时，可特别考虑小型 MCCOs，因为其凝聚力较强。

本书第一章第三节中写道："当寻求发展普惠保险市场时，最低资本要求（MCR）的绝对最小约束可能被修改为一个较低的水平，反映了较低的风险状况以及对治理和风险管理的更低的需求。这促使更多的实体能够参与提供保险服务。"打算引入较低偿付门槛标准的监管者要决定，是否对最低资本要求（MCR）或规定资本要求（PCR）均采取差异化设置。

前一段所述较低的资本水平要求与允许对风险较低的 MCCOs 进行较轻程度监管的分级授权制度是相关的。在这方面，应当指出，一种可以被视为与偿付能力要求相适应的机制是，欧盟允许某些小型相互社不受偿付能力框架《偿付能力Ⅱ》（Solvency Ⅱ）的约束，或者受到"较小的偿付能力Ⅱ"（Solvency Ⅱ light）的约束。

专栏5—11　所需要的资本

澳大利亚：一些现存的友爱社已经被豁免了最低资本要求（MCR）。其他人寿保险人的资本则需要达到 1000 万美元以上。

中国：2015 年年初，中国保监会（CIRC）出台了《相互保险组织监管试行办法》。该办法规定了申请相互保险公司牌照的某些要求，包括最低启动资金的要求。一般相互保险公司的启动资金最少为 1 亿元人民币，成员人数最少为 500 人；专业和区域性相互保险公司的启动资金最少为 1000 万人民币，成员人数最少为 100 人。

法国：《偿付能力Ⅱ》本质上不适用于《相互关系法》中规定的有权要求成员国提供额外供款的相互社。

墨西哥：监管没有为相互保险公司设定偿付能力资本要求。

乌干达：相互社的资本不得低于公司资产＋15%×（资产－负债）。

摩洛哥：没有资本要求，但是规定了技术准备金以及投资盈余的分配规则，任何相互社都要遵守。

菲律宾：互惠协会（MBAs）和合作社所需要的资金不同，而且远低于正规保险公司。互惠协会：不需要资本，只需要向保险委员会（Insurance Commission，IC）存入 500 万菲律宾比索（10.8 万美元）的初始担保基金。保险委员会可要求将该基金增加至现有国内保险公司的资本水平（《保险法》第405条）。合作社：资本要求是一般保险公司的50%。相互保险公司：需要具有与非寿险公司相同的实收资本。

突尼斯：不同的相互保险公司有不同的资本要求。如果是单一分支机构，保险公司的最低资本是300万突尼斯第纳尔（约为150万美元）；如果是多分支机构，则为1000万突尼斯第纳尔（约为500万美元）。相互保险公司的最低社会基金为150万突尼斯第纳尔（约为75万美元）。

资本资源——如上所述，监管机构需要定义方法来确定，资本资源满足监管资本要求且能发挥作用，符合偿付能力评估的资产负债表研究法，并考虑到资本因素的质量和适用性。一个普遍的观点是，与能够更灵活地筹集资本的实体相比，MCCOs可能需要更谨慎地将其资本需求与可用资源结合起来；相对于他们自身的风险和偿付能力评估而言，这是一个值得关注的问题。

同时，本章提到，鉴于"MCCOs结构的本质，资本也将成为一个讨论的领域：如果MCCOs是市场上的新事物，则需要考虑或者调整对资本的要求"。本章还提及了建立评估资本资源的质量和适用性的标准："在开办期间，任何对担保的依赖都应当是有限的，应当尽快以留存盈余取代；一些监管系统也认可来自第三方的担保；许多小型相互保险实体就是这样起步的。"

尽管上文有所规定，但重要的是，MCCOs只有达到某个风险导向的资本水平时才能开业并持续运营。在大多数国家和地区，可以制定一个简单的风险导向的资本公式，为监管者和保险人提供所需要的资本数额的信息；所有MCCOs的资本都应当高于所计算的风险导向资本。MCCOs通常会承担较小的风险，所以其资本总额会更低。

原则上讲，MCCOs不会发行构成一级资本的股票。对于MCCOs行业典型资本要素的质量和适用性，如果根据监管机构指定的标准（如果需要），在某些情况下付款的可能性很高，那么，对于某些在有关会计准则下不被视为资产的项目，将其列为或有资本可能是合适的。例如，这种应急资本可包括相互保险人的成员调用，并可经过监管者预先批准（指引17.10.11）。通常情况下，监管安排不允许通过未来对成员的呼吁来筹集资金。不过，如果能被证明是"可收回但未付的资本或储备项目"，在此类资金可以视为是符合监管资本要求的。除其他事项之外，如果能够证明在实践中已经满足了这种要求，而且各成员之间有非常强大的凝聚力，MCCOs 可能获准实施此措施。

此外，监管者可以考虑对已交会费的下属成员的账户进行类似的处理，其特征与附属贷款类似。后者在某些国家被认为是合适的资本要素，前提是承保条件获得了监管批准。

成员调用款及成员账户的估值可能需要独立审计师的核实/鉴证。此外，监管规定亦可让监管者在 MCCOs 出现财务困难时，收取成员未交的供款，并对成员行使调用款的权利。

专栏 5—12　资本来源

比利时：某些相互社有权通过可变保费设定机制要求成员提供额外的供款。

智利：对相互社和保险公司的立法不包括与可用于满足资本金要求的资源类型和规模有关的具体规定。然而，与保险公司相比，适用于支持相互社资本和技术准备金的投资受到限制不同。

菲律宾：互惠协会（MBAs）和合作社可向其成员发出增资呼吁。

法国：如果相互社（章程）被批准允许呼吁其成员增补供款，根据监管批准，这样的呼吁可能被视为资本来源。此外，《相互关系法》中的相互社可以发行特定的资本工具——"合作社证书"。在双方清算时（如果可以清算的话），这些"票据"的偿还要在所有债权人得到全额偿还后进行。

波兰：使用成员调用款——只有在相互保险社的章程规定了成员对相互保险的支付制度的情况下才可以；年度盈余——相互保险社的章程只能规定从年度盈余中偿还股本。

土耳其：从资本方面来看，根据《合作社法》，他们有足够的资金。

乌拉圭：根据 18407 法律，一般而言，合作社允许计入的资本包括次级股票、有息股票和其他形式的资本（第 65—67 条）。发行这些资本工具之前，保险合作社需要得到监管机构的预先法律授权。

五 业务组合——转让、合并、股份化及清盘

相关的原则和标准——以下要求与本小节相关：（1）该法律规定了保险法人实体退出市场的一系列选择（原则12）。（2）转让全部或部分保险人的业务应当由监管者结合其他事项（如受让人和让与人的财务状况）批准。监管者要确保，受让人及转让人的保单持有人均会得到保护（标准6和标准10）。（3）相互制公司在得到监管机构批准后才可以转变为股份公司，反之亦然。监管者在批准前，要对公司的新章程或治理文件进行审核（标准6和标准9）。

（一）相互、合作和社区组织的承保责任的转让

将承保责任从MCCOs转移到另一家实体（无论是采用个体转让、业务组合转让还是合并）可能比从一家股份公司转移到另一家股份公司涉及更多的法律问题。这是因为，根据现有的法律制度和合同关系，MCCOs的成员与客户不是独立的。保险合同的保单持有人与MCCOs的关系由《合同法》《保险合同法》规范。该法和/或保险监管条例可以确定保险合同转让给其他单位的程序和条件。这同样适用于整个保险业务组合的转让。在合并的情况下（指法人实体在法律上与现有实体合并，或者与另一个实体合并形成新的实体），通常也需要遵守公司法的有关条款。

MCCOs的客户也是其成员，在法人实体中享有民主权利，参与成员大会的关键决定，如业务组合转移、合并和（自愿）清盘。此外，依据章程，客户可能对MCCOs的资产享有财务权利，可能包括他/她的成员账户。需要考虑涉及的所有法律问题，并且监管者需要熟知这些法律实务，以便妥善管理转让合并或清盘的全部流程。

因此，在处理转移或合并的请求时，监管者除从审慎考虑做出评判之外[①]，还需要考虑以下问题：（1）在MCCOs中，哪个机构在法律上有权决定转让或合并，以及成员起着什么作用？在实践中遵循了什么程序？

---

① 尤其是审查参与业务转移或合并的保险人的偿付能力。

（2）成员有何法律权力对决定提出质疑，尤其是：成员可以用哪些法律手段拒绝单独或者集体转让合同（如取消合同）？个别保单持有人使用合法权利反对转让，会有什么后果（如赔偿全部或部分保费）？（3）基于基金（包括成员的账户）或 MCCOs 资产以及剩余利润相关的法律或章程，成员有什么权利？他们在转让或合并后将获得哪些权利？（4）根据法律和公司章程，成员需要承担 MCCOs 的任何赤字或损失吗？如果是这样的话，在转让或合并时，MCCOs 在这方面做出了什么安排？（5）有关转让的建议及其法律立场如何传达给成员/保单持有人？

这些问题与业务组合转让有关的其他问题通常是相同的，与股东公司之间转移分红或不分红的保单组合问题也大致相似。

专栏5—13 业务组合的转移和合并

阿根廷：相互制协会的基本法律（法律编号20.321）容许相互社不先解散就进行合并。第30条规定"相互协会之间可以合并"。合并需要得到成员大会和监管者的批准。同时，决议729/88放宽了"吸收合并"的可行性，也就是说，两个相互社合并为一个新的相互社，或一个相互社可以被另一个相互社吞并。

智利：相互社不得合并或者转移他们的业务组合。

摩洛哥：在各个相互社的成员大会达成一致决议后，才能宣布两个或者多个相互社的合并。经济和财政部长及就业和社会事务部长共同下达许可命令后，该决定才成为最终决定。作为兼并一方的相互社在接收被兼并方资产的同时，也必须偿还其债务。

（二）去相互化

去相互化是指相互社或合作社转换为股份公司。去相互化可能是一个依据国家法律进行的正式程序，或通过合并或（从相互社到股份公司的）业务组合转让而实现的。去相互化应当得到监管者的专门批准。原则上，这是一种应当归类于特殊类型的转让。然而，相互社或合作社的成员会受到影响，因为在转让之后，他们将不再是只剩下保险合同关系的成员。鉴于这可能对成员的利益造成负面影响,所以除让成员参与所需要的决策过程之外,还应当与成员沟通,并制订通过股份化来改变控制权的途径。在这种情况下,在某些不常见的场合,监管者需要就成员权益的处理要求出具专门的专家报告。

重要的是,要认可前成员的贡献,否则,开放的去相互化政策将致使所有 MCCOs 最终走向灭亡。所有的保险合作社/相互社会随着时间的推移增加资本,随着经营年份的增加,大部分资金来自那些为社区利益而"把钱留在桌子上"的前任成员。在去相互化的过程中,这些以前客户的盈余可以转移到社区基金,而不是当前的保单持有人。例如,在加拿大的一个去相互化案例中,所有的盈余都分配给了现在的成员,但从保险精算的角度来看,80% 的盈余来自那些不再是该保险人组织成员的人。

专栏5—14 去相互化过程

伯利兹:去相互化必须得到法院的批准。

斯里兰卡:根据公司法,合作社必须申请注册为股份公司,并在章程中说明新公司将接管合作社的事务。

突尼斯:相互保险公司,没有特定的监管框架。当地相互保险公司的去相互化于 2014 年 4 月有了明确程序,程序包括财务和商业分析、成员的信息化、召开大会和募集资本。相互会,根据相互社的法典草案,禁用此程序。

法国:法国法律没有涉及此类"去相互化"的规定。然而,在实践中存在的有相同或相似结果的情况是,通过相互社建立股份公司,然后将其保险业务转移给股份公司。

墨西哥:监管没有建立去相互化程序。如果相互制公司希望成为保险机构,则其必须符合设立新机构的所有要求。

智利:相互社不得采取去相互化程序,因为他们依赖于陆军、空军、海军和警察。

德国:可以重组——其结果仅是改变了实体的法律形式。

新西兰：去相互化有严格的法律程序，需要经过受影响的成员的批准和高等法院的参与。

特立尼达和多巴哥：应当向特立尼达和多巴哥中央银行提交一份将相互制公司转换为股份公司的详细计划。中央银行将指定专家（如独立保险精算师）调查相互制公司以及财务估值专家的财务状况。指定的保险精算师应当在完成其调查后提交一份调查结果给中央银行，报告应当包括对合格保单持有人分配股份的方式/新公司将股票向公众出售的价格幅度以及保单持有人的权利。中央银行还可要求所需要的其他信息，如与保单持有人沟通的细节、公司财务状况相关的细节、在备忘录和公司章程提出的任何变更、由公司的精算师根据公司董事会意见确定的实际及/或有负债的报表。经过中央银行核准后，应当将该方案作为一项特别决议提交相互保险公司的保单持有人，只有当保单持有人投出一定比例的赞成票时，该决议才会生效。招股说明书必须经过特立尼达和多巴哥证券交易委员会（Securities and Exchange Commission of Trinidad and Tobago）批准，并且新公司必须根据公司法注册。

美国：超过200件去相互化案例均发生在人寿保险领域，去相互化是由每家企业特有因素驱动的，所以很难回答这么笼统的问题。去相互化依据保险人注册地的州法律，并得到州保险委员的批准；作为这一程序的一部分，对于那些业务或公民可能受影响的州的委员，注册地所在州的委员将寻求其意见，并与之合作。

（三）清盘

MCCOs 的清盘意味着终止成员与组织之间的保险合同及成员关系，因此，监管者应当充分考虑到相关法律和章程的应用。此外，需要注意资产清算和准备金、成员的账户和国家法律规定属于成员的其他项目。

作为清盘的一部分，MCCOs 可能任命清算人处理合同并清算资产。有时董事会本身可以负责这项工作。清算人对成员大会负责，并向成员大会报告工作。监管者应当监督这一过程，并审查董事会和/或清算人编写的报告。

专栏5—15 清盘

智利：尽管保险公司的清盘要符合一些要求，相互社却未要求如此。

法国：资产超过负债的部分不能分配给成员。根据股东大会决定，只能将多余的资产/负债分配给其他的相互社，或一些特定的非盈利机构（associations reconnuesd útilitepublique）。

摩洛哥：相互社的清盘必须在财政部代表的监管下进行。剩余的资产应当由其他相互社的成员大会依据董事会提议以及劳动和社会事务部批准来分配。

波兰：清盘相关的要求根据相互承保的情况而略微不同。根据波兰《保险企业法》第200条规定的保险活动，《商业合伙企业法》和《公司法典》的规定适用于相互保险的清盘，但是小额相互保险组织（SMIU）除外。小额相互保险组织的清盘将按照大会决议指定的方式进行。但是，如果监管机关确认尚未采取或实施对小额相互保险组织的清盘活动，《商业合伙企业法》和《公司法典》的规定也适用于小额相互保险组织的清盘。

六　监管总则和监管审查

（一）监管

相关的原则和标准——以下要求与本小节相关：（1）在基本立法中明确定义了负责保险监管的一个或多个当局、保险监管的目标以及监管机构的授权和职责（原则1以及标准1.1和标准1.2）；（2）在实现其目标的过程中，监管者要识别立法和监管目标之间的矛盾，并在立法中提出或者建议修正（标准1.4）；（3）监管者需要独立操作，负责行使其职权并使之透明化（原则2）；（4）监管机构与其他相关监管者交流信息时要遵循保密、使用目的和其他要求（原则3）。

MCCOs的决策和监管作用通常是在一系列的政府部门和当局之间共享。MCCOs成为一系列的社会和经济政策领域的一部分，包括金融服务、农业、社会福利、医疗和社区关系，涉及的政府机构也比其他形式的保险人更广泛。并非所有的机构都完全熟悉提供金融产品和服务的问题，尤其是有关保险的问题。安排有效、完整和协调的监管也可能更具挑战性，应当考虑一系列需要特别注意的潜在竞争目标。因此，应当仔细研究这些安排，以确保适当程度地保护保单持有人。

在这种情况下，对（包含在保险核心原则中的）监管因素的监查也可能被分配到 MCCOs 或其他保险人的一个或多个管理部门。或者，大部分或所有的责任可以由一个管理部门承担，或者由多个管理部门共担。如上所述，清晰和透明的责任分配是必要的。同样重要的是，在共担时，各管理部门应当有相应的架构，以确保各部门在执行与其分配的职责有关的监管职能时能响应上述规定。此项目对合作和信息共享的预期至关重要。

专栏 5—16　监管当局的指定

特立尼达和多巴哥：友爱社和合作社属于劳工和小企业发展部的管辖范围。包括相互社在内的保险业由央行监管。

保险核心原则适用于具有保险人功能的 MCCOs，所以监管者（不限于是负责商业性股份公司的监管者）需要符合本小节开头提到的相关原则和标准。如果该监管者是被赋予不同职责的公众组织的一部分，则需要注意确保其业务独立性。如果监管者是一个政府部门，那么情况可能并非如此，因为监管者需要从审慎或经营行为的角度考虑除严格保护保单持有人之外的其他利益。

（二）监管审查

监管机构应当采取一种基于风险的、场外审查和现场检查相结合的监管方法，去检查每个保险人的业务，并评估其条件、风险状况和行为、公司治理的质量和有效性以及对有关法律和监管要求的遵守。监管者应当获取必要信息，对保险人进行有效监管，并评估保险市场（原则 9）。监管者还应当具有专业知识来区分什么是真正的 MCCOs，什么是仅仅以其名义运作的组织。特别是，容许 MCCOs 在宽松的监管体制下运营，存在监管套利的风险。

这是一个通用的要求，同样适用于 MCCOs 和股份公司。然而，这可能对监管者构成挑战。首先，监管者需要注意 MCCOs 业务的具体特征，包括融资方式。这需要对 MCCOs 相关法律及其市场有专门的了解。

此外，股份公司和 MCCOs 的报告要求不同。这一点特别适用于以保险人的法律形式为基础并适用于公司法或会计法的财务报告。MCCOs 通常有自己的财务报告要求，而且（根据业务规模）需要存放或提交简化的财务报表，甚至可以完全免除财务报告的责任。监管者的场外监管通常会要求被监管的保险人报送监管报告。监管报告可能由基于企业或会计法律的财务报告组成。从恰当性的角度来看，向监管者报送监管报告的全部财务报表应当是能够合理实现的而不超越目标的，其要建立在充分了解保险人财务状况的基础上。应当考虑保险人的性质、业务规模以及其运作的市场等相关因素。

另一个挑战可能是，活跃 MCCOs 的数量，特别是当这些 MCCOs 规模较小并且区域分散度高时。监管者可能没有资源开展与大型保险人相同程度的监管活动。在这种情况下，为了平衡监管者的资源，有必要对小型 MCCOs 采取不同类型的行政授权。在一些国家和地区，小额保险人也是如此。这种授权（可以是一种简化的注册流程）可能受制于为产品种类和业务规模设定界限的条件。规定举报人条款能补充这一制度，例如，审计人员或保险精算师可能发现有人违反了柔性监管条件。

对于受到牌照限制的 MCCOs（即他们能承保的保险种类的限制），鉴于 MCCOs 的审慎风险低，其作为风险导向的监管审查的一部分可能不需要进行定期现场检查。相反，监管审查可以包括场外审查和现场检查，以了解 MCCOs 过去的财务业绩和未来的商业方案。为此，除非有明确的目的，监管机构可以考虑免除定期的现场检查。

专栏 5—17 向监管机构报告

摩洛哥：相互社应当每年沟通以下内容。财务报表、道德和财务报告、成员大会的会议记录、控制委员会的报告、法律要求的财务文件和统计资料以及监管机构要求的其他文件。

附　录

附录1　相互、合作和社区组织在各国的定义[①]

附表5—1　　　　　　　　欧洲的相互社

国家	法律类型	法律容许运作的业务范围
奥地利	保险相互社	容许相互保险人运营所有保险种类，包括寿险和非寿险
	小型相互保险协会	小型相互协会的行为活动限于《保险监管法》附表A第8条和第9条规定的业务范围，但是核能风险除外
比利时	相互保险社	寿险和非寿险
	相互社/互惠公司	非寿险：补充性健康保险
保加利亚	相互保险合作社	寿险
塞浦路斯	担保责任有限公司（Company Limited by Guarantee，CLG）	寿险
丹麦	相互制公司	寿险和非寿险
芬兰	相互保险公司	寿险和非寿险
	保险协会	寿险和非寿险
	养老保险公司	法定养老金
法国	相互保险公司	寿险和非寿险
	相互社	寿险和非寿险（补充医疗保险）。他们还可以管理应对健康、文化和社会的设施。其中一些还活跃在强制性法定保险领域
德国	保险相互社	寿险和非寿险
	小型保险相互社	寿险和非寿险

[①]　本表中的法律及其条款可能发生变化。

续表

国家	法律类型	法律容许运作的业务范围
希腊	相互保险合作社	非寿险
	相互保健基金	强制性/义务性医疗保健/保险（并非社会保障体系的一部分）
匈牙利	相互保险协会	非寿险和寿险
	自愿相互保险基金	补充或者替代社会保障服务的成员服务，以及促进健康生活的服务
爱尔兰	友爱会	寿险
意大利	互惠社团	相互会社（societa di MutuoSoccorso）在健康、社交、娱乐和文化领域中运营
	相互保险公司	寿险和非寿险
拉脱维亚	相互保险合作社	寿险和非寿险
卢森堡	相互保险协会	寿险和非寿险
	相互会社	社会领域，其提供的主要待遇是丧葬补助金，这就是为什么通常将其称为"葬礼基金"
马耳他	相互协会	寿险和非寿险［非定向保险人：年度总保费收入（除再保险合同的保费之外）没有超过500万欧元］
荷兰	保险相互社	包含强制性医疗保险的寿险和非寿险
挪威	相互保险公司	寿险、非寿险和再保险
波兰	相互保险公司	寿险、非寿险和再保险
葡萄牙	相互协会	寿险和非寿险。相互协会可以从事保险以外的活动，但是必须在待遇和健康保健范围内
	相互保险公司	可运作寿险、非寿险和再保险
罗马尼亚	相互制公司	寿险和非寿险
	员工互助协会（CAR） 领退休金者互助协会（CARP）	社会服务，无保险
斯洛文尼亚	相互保险公司	非寿险和寿险（补充医疗保险）
西班牙	相互保险公司	寿险和非寿险
	共同福利社	寿险和非寿险
瑞典	相互保险公司	寿险、非寿险和再保险
	保险协会	寿险、非寿险和再保险

续表

国家	法律类型	法律容许运作的业务范围
英国	在英国，相互类型的组织的定义比其他国家更广泛，并法律框架在定义相互制形式时是很开放的	寿险、非寿险、再保险以及其他服务（非保险以及非金融的）服务

附表 5—2　　　　　　　　　　欧洲之外的相互社

国家/法源	相互社的定义	不同形式的相互社的定义
南非 （1998 年《长期保险法案》52 号、1998 年《长期保险法案》53 号、1956 年《友爱社法案》25 号、2002 年《金融咨询和中介服务（FAIS）法案》37 号、2005 年《合作社法案》14 号）	南非对相互社没有明确的定义，但是其有多种向穷人提供保险的法律规定。长短期保险法案都规定了一些公司可以注册的保单类型。长期保险针对的是人寿或伤残事故的待遇，而小额的短期保单类型主要包括机动机车等财产保险和人身意外伤害保险。实际上，其结果是一个基于产品类型的监管体系，在该体系中，产品背后的风险事件的性质决定了保险人所承担的风险水平，从而决定了适当的监管	友爱社是非营利组织或为未成年人、老年人、丧偶者和患有疾病的成员或与成员的相关人员提供救济或生活费用的协会。此类救助可能包括在孩子出生或死亡后的款项支付、用于贸易的保险工具、失业救济金、成员或其孩子的教育或培训，或者在政府公报中公告的此类其他业务
		合作社是由自治协会的成员（最少 5 个）自愿组织，根据合作原则组织和运转的合营企业，满足他们共同的经济、社会和文化需要。董事不得有精神障碍、资不抵债或因某些罪行已被定罪的情况（盗窃、伪造罪等）（《合作社法案》s. 33）
		丧葬费协会通常由彼此相熟的人组成，如家人或朋友。典型的丧葬费协会的特点是成员治理，成员以非盈利目的经常聚在一起或者每月至少聚会一次，聚会地点为分支机构（主要团体），团体成员不得超过 300—500 人（通常人数会少得多，平均成员人数在 50—80 人）

第五章 普惠保险中的相互、合作和其他社区组织及其监管 / 213

续表

国家/法源	相互社的定义	不同形式的相互社的定义
南非 (1998年《长期保险法案》52号、1998年《长期保险法案》53号、1956年《友爱社法案》25号、2002年《金融咨询和中介服务（FAIS）法案》37号、2005年《合作社法案》14号)		殡仪馆的主要业务是提供殡葬服务。然而，为了获得这些服务的市场，增添了一些金融业务，包括保险（合法或非法的）、信贷（主要是在农村地区）和储蓄（预付费葬礼）
菲律宾 (《行政法典》;《保险法》第7章) 2012年6月1日财政部法令15—2012	以向成员支付疾病补贴为目的进行合并、形成或组织团体或协会，或失业时为成员提供支援，或为成员提供专业协助，或向已故成员的亲属支付一定数额或任何金额（无论目标或目的是通过固定费用进行评估还是自愿捐款），或从成员收取的会费或分摊款中为成员提供意外事故保险或寿险的任何方法，并且根据为满足该等偶然特征而特别规定的固定佣金或评估，使其组织具有该等偶然特征或任何该等偶然特征的团体或协会	

续表

国家/法源	相互社的定义	不同形式的相互社的定义
印度（《1912合作社团法案》1912年第2版；《1938印度保险法案》；《2005小额保险条例》）在2015年修订前的第4部分第95节中定义	"相互保险公司"是指注册在《印度公司法》（1913年第7版）、《印度公司法》（1882年第6版）、《印度公司法》（1866年第10版）或其他法律下的保险公司。可以根据相应法案废止。此类公司没有股本，仅通过公司章程成立，所有的保单持有人都是其成员	非政府组织，以非盈利组织登记为法律项下的社团，至少已和被边缘化的社区合作3年以上，具有可靠的工作业绩、明确的宗旨和目标，由备忘录、章程、条例等明确了透明性和问责制（视情况而定），并显示其有勇于承担责任
		自助团体，他是由10—20人组成的非正规组织，至少已和被边缘化的社区合作3年以上，具有可靠的工作业绩、明确的宗旨和目标，由备忘录、章程、条例等明确了透明性和问责制（视情况而定），并显示其勇于承担责任
		小微金融机构，他是在某个法律项下注册的机构、实体或协会，社团或合作社的注册视情况而定，尤其是向其成员批准贷款/融资
		合作社，他由自治协会的成员自愿组织起来，通过合营和民主运营的企业来满足他们共同的经济、社会和文化需要和愿望

附录 2　相互、合作和社区组织的作用示例

附表 5—3　　　　　相互、合作和社区组织的作用示例

功能	国家	描述
作为保险风险的承担者	西非	西非国家经济共同体（Economic Community of West African States，ECOWAS）发布的西非经济和货币联盟（Union Economique et Monétaire Ouest Africaine，UEMOA）立法建立一个跨国的框架。该框架允许相互制社会卫生组织承保医疗保险，并规定了此类提供者的简化的会计要求
作为分销商	印度	保险监管和发展局（Insurance Regulatory and Development Authority of India）发布的小额保险代理条例（Microinsurance Agent Regulations，MAR）认可自助小组与保险公司合作，不但可以收集投保表格，还可以收集和汇出保费以及提供保单管理服务。本地市场和销售的处理可以降低交易成本
支持保费收取	菲律宾、印度	菲律宾海外劳工的汇款一直是菲律宾家庭和更广泛经济领域的重要支撑来源。为外籍劳工社区提供支持的教会团体与菲律宾的保险人合作，在定期的社区会议上收取保险产品的保费，然后汇集到保险人，进而降低成本并提高这些供款的利率
作为索赔评估过程的一部分	印度	保险监管和发展局发布的小额保险代理条例允许自助小组协助索赔结算流程
作为团体保险产品的保单持有人	斯里兰卡、菲律宾、几内亚	储蓄信用合作社（SACCOs）可以通过协商保险费率，提供适合其成员需要的团体保险。这也是通过个人行为促进团体风险减少的一个例子，并影响向低收入阶层提供服务的质量和成本
作为了解客户流程的一部分	印度、尼泊尔、南非	相互社积极为正规的社会保障和扶贫项目传播信息。他们还确保所有合格公民的登记并接受民间团体的监查

功能	国家	描述
作为教育客户过程的一部分	埃塞俄比亚、赞比亚、巴西、印度	社区团体和微型金融机构（MFIs）以各种方式进行需求分析和宣传活动，包括焦点小组会议和街道竞赛，并鼓励小额保险的受助者将保险的益处告诉他人。这增强了人们对保险的认识，并鼓励所有小组成员采取集体行动和减少风险活动
作为免费服务的提供者	巴西、印度、菲律宾	许多信用合作社通过交叉销售寿险产品和非寿险产品来促进他们提供的金融服务，即储蓄和贷款。有时，也涉及非金融产品

附录3 相互、合作和社区组织的协会示例

1. 全球性

国际合作与相互保险联合会是一个历史悠久（成立于1922年）、代表世界各地合作社和相互保险人的唯一的全球性组织，拥有该行业8年的独家数据。该联合会的总部位于英国，在美国华盛顿特区、日本东京和比利时布鲁塞尔设立了区域办事处。目前，该联合会代表70多个国家的230家以服务价值为导向的保险人，保费收入超过2700亿美元。该联合会提供独特的交流机会、市场和成员以及对外关系服务，在鼓励其成员企业在关键保险问题上采取最佳做法方面发挥了强有力的带头作用，包括：绩效管理、法律和治理、营销、品牌和声誉、再保险以及社会和环境成效。随着Takaful为伊斯兰市场提供符合教规的风险优化产品，该联合会也活跃于小额保险和Takaful领域。

2. 区域性

欧洲相互保险人和保险合作社协会（AMICE）成立于2008年1月，是由欧洲两家相互与合作制保险人协会（AISAM和ACME）合并而成，其为行业利益发出统一的声音。AMICE为各种规模的相互合作保险人提供了一个平台，进而跨境整合资源和专业知识，交流经验并讨论关键问题和关注有关立法和监管改革和发展计划。AMICE的基础成员为110人，直接代表1000多家保险人，由此看来其重要性不言而喻。AMICE通过各项措施以及与其他主要机构建立了战略伙伴关系，推广相互制模式。AM-

ICE 与成员国密切合作，倡导并实施促进欧洲市场相互社增长的相关政策，能够为采用相互制的中小企业所关注的事项发声。

西非金融机构联合会（Confederation of Financial Institutions，CFI）是一个集团，由 6 个经过批准的互助储蓄和信贷联合会组成：RCPB（布基纳法索）、FECECAM（贝宁）、FUCEC（多哥）、KAFOJIGINEW（马里）、NYESIGISO（马里）和 PAMECAS（塞内加尔）。该联合会的总部位于布基纳法索的瓦加杜古。这是自 2007 年以来，根据#59/94/ADP 法律对布基纳法索相互社或储蓄和信用社进行管理的区域性金融联盟组织。该联合会的工作重点是代表整个合作社组织与政府谈判。该联合会一直在不断努力提升其自身及其成员在非洲和世界的知名度。

3. 国家性

法国互惠团体全国联合会（National Federation of French Mutual Benefit Societies，FNMF）是补充医疗保险领域的主要参与者，在法国服务了 3800 万人和 95% 的组织。该联合会的活动符合国家和地方行动的优先事项，其工作是为了减少健康不平等，通过与其他卫生和福利专业人员的伙伴关系发挥作用，并得到来自国家层面协调的专业人员提供的支持。

印度合作社联盟（National Cooperative Union of India，NCUI）是代表全国整个合作运动的顶层组织。1929 年成立全印合作社协会，经过印度省级合作银行协会与全印度合作社协会合并重组为全印合作社联盟，1961 年更名为印度合作社联盟。目前，该联盟的成员中有 207 家机构。该联盟通过组织活动、会议和研讨会等方式提供网络和宣传平台，并在多个层面上致力于促进印度的合作社的增长。为了加强相互学习，该联盟与其他的全球论坛建立伙伴关系，建立了奖励制度并通过期刊和讨论会论文表达意见。

总结以上讨论，我们可以得出这样的结论：顶层组织和联合会起着不同的作用。除通常的网络和宣传之外，这种密切的联系可能产生创新产品并促进实践的发展。

第六章

普惠保险中的数字技术

第一节 引言

"数字金融普惠"是指运用数字金融服务［如移动保险（mobile insurance）］促进普惠金融的发展。本章将"数字普惠保险"定义为"通过数字化来拓展保险业务和提高保险交付效率"，其中，展业和交付是提升保险可及性的核心元素。

鉴于数字技术在普惠保险市场上的应用，本章旨在为监管者在考虑、设计和实施监管时提供指引。虽然本章的重点在于发展普惠保险市场，但是本章对一些因素的分析和建议对除普惠保险领域之外的保险的监管亦有意义。

除考虑数字技术在普惠保险中的应用之外，本章还探讨了金融科技[①]和保险科技[②]与普惠保险关联的多个问题。金融科技的发展并非普惠保险中独有的，它正在不断进入整个保险业，无论其已经进入了何种地步，这一趋势仍然势不可当。在金融科技出现之前，其他技术创新已经被引入普惠保险市场，以应对分销、保险可及性、降低成本、推动业务扩张等挑战。监管者也面临了一系列难题：他们需要找到恰当的对策来应对越来越多的技术解决方案，特别是涉及保险行业内外多个参与方之时。

---

① 金融科技（FinTech）是指，通过技术支持的金融创新产生的业务模式、应用程序和流程，或者对金融市场、机构和服务产生实质性影响的产品。

② 保险科技（insurance technologies，InsurTech）是金融科技（FinTech）中的保险分支，包括具有改变保险业务潜力的各种新兴技术和创新业务模式。

本章在本书第二章"普惠保险的经营行为"的基础上展开。本章结构如下。第二节分析普惠保险发展的一些困难。第三节具体阐述数字科技在普惠保险市场上的应用和影响,涉及众多实例。第四节分析如何恰当地应用保险核心原则。本章主要以摘要形式引用保险核心原则及其他材料的相关部分,以便减少阅读时的资料查阅。

第二节 普惠保险发展的一些困难

如本书第二章所述,普惠保险市场有不同于传统保险市场的特点,尤其体现在以下方面:普惠保险的客户概况、国家特定的环境与条件、普惠保险的典型分销模式以及保单生命周期的其他因素。

本书第二章第三节第三小节介绍了普惠保险典型的分销模式是维持较低的分销成本,普惠保险会与作为第三方的客户聚合器合作,借助他们已有的客户和基础设施。因此,该典型分销模式的特征通常是一个复杂的价值链,有多个独立的参与方,如管理者[①]和/或技术服务供应商[②]、经纪人或代理人、客户聚合器和支付平台——这些参与方都会影响客户与保险人之间的关系。这些参与方还可能有与保险人不一致的激励。此外,与传统的保险经纪人或保险代理人相比,销售代表可能具备一些不同的技能。

除分销渠道之外,普惠保险生命周期的各阶段还面临着其他挑战,主要包括以下几项:(1)传统的面对面发展新客户的方式与保持低保费需要的矛盾[③]。(2)目标客户金融素养不足,所以对产品特性和索赔过程

[①] 管理者是指受保险人委托,代表保险人进行管理工作(特别是理赔管理)的个人或组织。

[②] 技术服务供应商也被称为"全方位中介",其通常是通过一个客户聚合器和一个承销商运作的,往往扮演在整个价值链中发挥作用的全方位服务中介。参见德国国际合作机构于2015年发布的《责任移动保险》,详见 https://a2ii.org/sites/default/files/reports/responsiblemobileinsurance-20150602-final.pdf。

[③] 承保是指保险人、经纪人或其他中介机构,根据客户提交的投保方案,替客户承担风险。承保表示保单持有人与保险人之间形成了合同关系。在此之前,双方需要充分地明确风险状况、价格和条款,才能达成协议。

信息的充分披露尤为重要，然而，普惠保险以面对面和/或口头说明形式为主，这笔开支相对于保费是较高的。（3）收取保费和支付赔款是一个难题，尤其是在客户没有自己的银行账户时。（4）普惠保险的目标客户可能在提供索赔文书方面遇到麻烦。此外，较低的金融素养也会影响索赔过程，这可能导致理赔工作的拖延。另一个风险是，对于低保费保单，单独进行索赔评估或核实的成本可能过高。（5）普惠保险客户通常对投诉流程的了解较少，可能因为不了解而感到害怕，以致无法发起投诉。因此，普惠保险提供者有义务向顾客说明其拥有的权利及投诉流程，而这个过程耗费多且富有挑战性。

下一节将探讨如何运用数字技术来应对以上挑战。在这方面，技术驱动的伙伴关系对保险价值链和保险监管的影响也很重要。

第三节　数字技术在普惠保险市场的应用与影响

数字技术被越来越多地应用于解决普惠保险市场的这些问题。本节将探讨影响保险设计、交付和整个价值链的各种技术，它们被用作分销工具、改进客户服务或重塑商业模式，如点对点（Peer to Peer，P2P）保险和按需保险。数字技术既能用作强化现存商业模式的工具，也能用作构成新商业模式的核心技术。然而，需要注意的是，数字技术并不是万能的，不能解决所有问题，它只是有效解决方案的一部分。

一　数字技术的应用

国际保险监管官协会发布的报告《保险业的金融科技创新》概述了保险业在这方面的重要变革。该报告的最新成果摘要如下。

（一）数字平台——如互联网和智能手机

旨在改善用户体验和服务质量的多项举措已经出现，如按次计费产品和P2P保险。移动电话保险（简称"移动保险"）也是创新之一，鉴于其对普惠保险的特殊意义，将在本章第三节第二小节予以详述。

（二）物联网

物联网（Internet of Things，IoT）是指通过嵌入电子器件、软件、传感器、驱动器和网络连接，将物理设备、机动车、建筑物和其他物品组成互联互通的网络（也称"互联设备"和"智能设备"），使它们能实现数据收集和交换。

（三）远程通信/遥感

在物联网中，远程通信是指电信、传感器和计算机技术通过电信设备发送、接收、存储和处理数据，实现对远程对象的控制。遥感技术包括将测量数据从原点传输到计算和消费点，特别是不影响对远程对象的控制。在保险业中，该技术主要应用于联网汽车、高级驾驶辅助系统（Advanced Driver Assistance Systems，ADAS）、健康监测和家居监测。

（四）大数据和数据分析

在保险市场上，大数据和数据分析可用于多个领域，包括提供产品、选择风险、定价、交叉销售、预测索赔和识别欺诈，如通过提供定制化产品和允许自动承保。

（五）比较器和机器人顾问

它是指没有人工干预的情况下，提供自动化的、基于算法的产品比较结果和建议的线上服务。

（六）机器学习和人工智能

机器学习（machine learning，ML）和人工智能（artificial intelligence，AI）的运用让一些保险流程能实时使用数据，尤其适合运用于事故预测（如车辆失窃、健康问题和不利天气事件）。人工智能的前景非常广，不仅能帮助实现更合理的风险定价，还能在欺诈检测、索赔处理和预防性咨询方面发挥作用。

（七）分布式账本技术

分布式账本（distributed ledger），实际上就是一个可以在多个站点、不同地理位置或多个机构组成的网络里共享资产的数据库。通过"钥匙"和使用签名去控制账本的访问权，从而实现在密码学基础上维护这个账本里存储资产的安全性和准确性。（1）区块链：这是一种去中心的分布式账本，由不可篡改的、以数字形式记录在称为"块"的包中的数据组成，这些包则存储在线性链中。（2）智能合约：分布式账本的新奇之处在于，它不仅是一个数据库，还能设置与交易本身相关联的交易规则

（业务逻辑）。智能合约是一个术语，用来描述能够促进和执行使用分布式账本技术（distributed ledger technology，DLT）的协议的谈判或执行的计算机程序代码。

（八）P2P保险、基于使用的保险、按需保险

新兴技术有助于催生新的商业模式，例如，（1）P2P保险：一种允许被保险人集中资金、自我组织和自行管理其保险的商业模式。虽然这不是一个新奇的理念，但是新兴技术（如分布式账本技术）为该模式的广泛应用提供了许多便利。（2）基于使用的保险：这是车险公司引入的一种新型商业模式，让保险费率更能够反映驾驶行为，即客户只需要为实际行驶里程支付费用。（3）按需保险：一种专门承保特定时刻的风险的新型商业模式。

二　数字技术在普惠保险中的应用[①]

使用数字技术或金融科技有助于克服小额保险和普惠保险产品交付方面的问题，这些问题如下：（1）缺乏客户信息；（2）客户接触难度大；（3）服务水平不足以满足某些客户需求；（4）客户缺乏与正规保险机构打交道的经验；（5）业务成本高导致保费过高。

缺乏客户信息是由于被服务不足的消费者与正规部门的接触少、在官方部门的资料以及在正式部门的就业率低。这影响到现有客户数据的质量和数量，而客户数据对于风险分析、产品开发、销售、支付和索赔评估而言是必不可少的。数字技术可以实时收集和传输现有的和新增的数据，并进行分析。新的数据源可用于产品设计和销售，以更好地通过语音电话、移动支付和社交网络与目标客户进行接触。此外，还可以用传感器识别客户，提供产品增值服务；用数字成像技术提交索赔；用卫星气象站提供的数据去设计指数保险保单的赔付触发器；用人工智能预测风险事件以提醒保单持有人。

---

①　本小节选自金融监管与普惠中心（Cenfri）、非洲金融业发展计划（FSDAfrica）、英国援助中心（UKAid）在2017年3月发布的研究成果《发展保险科技》，详见 https://cenfri.org/publications/role-of-insurtech-in-microinsurance/。

客户接触难度大是由保险人的分销网络缺乏实际接触点造成的，而且大多数农村地区的客户既没有银行账户，也没有正式的工作。这就导致保险人销售产品、售后服务、收取保费和开展理赔都很困难。目前看来，与移动网络运营商合作，即通过移动电话与客户取得联系很有效。移动电话可用于导入客户、按通话时长进行保费支付和理赔。互联网借贷平台也有利于提高销售服务质量。客户能使用手机、平板电脑或笔记本电脑访问该平台，查看产品和对比价格。移动通话和在线客服均有效地促进了与客户的沟通。

典型的普惠保险客户对他们购买的保险产品在保障范围、保费收取和索赔处理的方式及时间安排方面有**特定需要**。数字平台、移动电话技术和P2P平台为普惠保险的客户提供在保障范围（如健康护理和农村火灾）、服务和理赔方面等方面的定制化产品。

客户缺乏与正规保险机构打交道的经验，这可能与其文化程度低、与保险接触少有关。人们能通过移动电话、平板电脑和笔记本电脑访问保险的在线平台来获得远程服务。当然，用电话咨询也能实现。此外，网站会用图标来提示缺乏经验或文化程度低的客户以帮助他们理解。

重要的是，要让人们**买得起保险产品**，所以保险的**经营费用要低**。业务流程数字化可以减少人工操作，从而降低成本。

专栏6—1 数字技术在普惠保险中的应用实例

1. 大数据和远程信息处理

美国：美国Cignifi是一家移动数据分析企业，专门分析语音通话、移动支付交易、移动储蓄、社交网络、人口统计学等方面大量基于移动数据的变量，从而为各种客户群体制定合适的保费标准。为小额保险的客户定制短消息服务或文本营销服务，以使得他们更容易被承保。

塞内加尔：塞内加尔的VoLo信托信息平台（VoLo Trust Information Platform，VTIP）结合专家著述、生物统计学和行业特定的数据，打造了一个多平台、可拓展的数据库，用于健康保险领域。它为每个参与者创建了一个唯一的生物识别号码，以防范身份欺诈①。

印度：印度的IFFCO-Tokio（简称ITGI）保险公司正在使用射频识别（Radio Frequency Identification，RFID）芯片，这些芯片被注射放置在动物皮下，用于牲畜保险。这些芯片可以通过读取器获取其记录的信息，当农民索赔时，保险理赔人员可以验证芯片上的读数是否与保单上的一致。该芯片旨在减少保险欺诈，加快理赔过程。

2. P2P

南非：南非的Riovic是一个提供P2P保险和按需保险的平台，通过众筹方式实现。它起到一个市场的作用，把想投保的客户与想用分担支付风险换取保费回报的投资者联系起来。Riovic提供车险、商业险和家庭险。想投保的人能通过Riovic的应用程序或网站进行申请，Riovic会通过数据分析和精算科学来给保单定价。

中国：中国的同聚保（TongJuBao）是一个P2P保险平台，没有保险承运商，由技术服务供应商P2P Protect技术支持②。与传统的保险模式不同，它是一种协作保险模式，将客户合为一个整体共同分担风险，旨在保持更合理的费用和获得更公正的理赔，同时提高透明度、增强客户权能。它开发定位于解决社会和家庭问题而其他保险公司不提供的小微型保险产品③。

该模式将承保过程与索赔过程分开。首先，同聚保组建社区群体，让客户加入成为成员。然后，为每个成员设立一个存款账户，该账户由同聚保授权运营。所有成员应当存两笔钱到这个账户：一笔是管理费，另一笔实际上是担保款项，用来覆盖保险风险。为了获得统一的保障，所有成员被要求存入同样数额的款项。在这种互利模式下，成员可以往项账户里存钱，而任何人都可以提款。因为资本是有限的，所有支付都有一个上限数额。

---

① www.volotrust.com.
② 点对点保护正在将这种模式扩展到美国（P2P Protect有限公司）和欧洲。
③ 例如，"婚姻稳定"或"离婚急救"保险用于帮助保单持有人解决婚姻破裂问题或提供法律支持；"儿童失踪保险"用于资助搜救活动；"家庭联合保险"用于因家庭需要而暂停工作的情况，如回家照顾父母。

3. 指数保险中的卫星/遥感技术

肯尼亚：肯尼亚的 KilimoSalama 是一种天气指数保险，使农民能在农业经销商处为其生产要素购买保险。种植一英亩玉米，农民需要为每 100 美元投入支付大约 5% 的保费，而要素生产商也需要支付另外的 5%。农民可以通过微型金融机构、合作社或农业交易商注册，这些机构使用手机应用程序来记录农民的信息。然后，农民就会收到列有注册细节和保单编号的确认短信，从而完成注册。该程序会利用卫星数据和自动气象站监测的降雨水平，如果出现暴雨或干旱，资金就将自动存入农民在 M-PESA 公司的账户。

4. 基于使用的保险

南非：南非的 Hollard 保险公司运用卫星追踪的行车记录仪来记录驾驶里程，然后根据驾驶里程来支付车险。"随开随付"（pay as you go，PAYG）产品能激励人们少开车。它既帮助人们省保费，还能通过车辆定位来防窃。

5. 瓦次艾普（WhatsApp）/脸书（Facebook）

BIMA 公司的用户可以通过瓦次艾普或脸书提交他们的索赔，这使得索赔数目有所增加。目前，柬埔寨、塞内加尔、菲律宾和巴拉圭都支持 BIMA 的运行。

三　移动保险模式

从广义上讲，普惠移动保险是指，在保险产品生命周期的任一环节采用移动电话形式解决问题。移动保险是一种保险业务模式，是指通过移动电话和/或与移动网络运营商出售或订购的保险服务[①]。

考虑到移动保险在普惠保险市场上的影响，应当给出其主要特征。

移动保险模式通常涉及多个利益相关方：保险人、移动网络运营商及技术服务供应商。他们为了从已有品牌的市场营销、客户资源获取、

---

① 关于移动保险的更多定义见移动保险监管报告《通过移动电话的保险业务：监管挑战和新方法》第 2.1 节，2018 年 4 月，详见 https://a2ii.org/sites/default/files/reports/2018_05_02_mobile_insurance_regulation_web.pdf。

支付系统基础设施、保费或索赔中获利而合作。他们中的任意一方都能发起或领导这种合作伙伴关系，扮演的角色也可能随着时间推移而改变。通常情况下，移动网络运营商拥有最大的权力，因为他掌握着与客户群体接触的渠道。移动网络运营商通常可以签订两个不同的合作协议，具体取决于其参与程度和与移动保险价值链内实体企业之间的关系。

在交易伙伴关系中，移动网络运营商纯粹充当一个分销渠道。它的角色是被动的，可能包括支持通过扣除通话时间或通过移动支付账户支付保费，以及将赔款存入移动支付账户。移动网络运营商在市场营销和产品开发方面的参与有限。保险人或技术服务供应商可以通过多个移动网络运营商来分销同一产品。

在战略伙伴关系中，移动网络运营商积极推动移动保险作为满足财务和非财务（相关的）利益的战略要务，如提高客户忠诚度、减少客户流失、增强品牌意识和增加每用户平均收入（average revenue per user, ARPU）。移动网络运营商的投资包括代表其用户支付保费、利用其基础设施、用"大数据"锁定客户进行交叉和向上销售、进行有限的管理和/或联合资助营销和广告。

表6—1　移动保险与技术服务供应商、移动网络运营商的合作模式

1. 可行性研究	2. 建立伙伴关系	3. 产品与营销	4. 联系保险	5. 产品发布
移动网络运营商、技术服务供应商和/或保险人确定一个市场，移动网络运营商/保险人与一位技术服务供应商接洽（也可以由技术服务供应商申请发出投标），或者，反之亦然。然后，保险人与保险监管者建立关系	技术服务供应商、移动网络运营商和保险人就产品、形式、责任、广告等（如谁做什么、如何利用信息技术平台）达成一致	技术服务供应商开发移动保险产品（包括概念、平台、营销策略等）以及设计与管理技术一体化和平台	监管者进行产品审批保险人或技术服务供应商（如属中介）向保险监管者申请许可。由承保人正式完成提交	向市场投放产品。根据技术服务供应商、移动网络运营商和保险人之间的协议进行市场推广、销售、管理和分销

与移动保险合作的三种产品种类[①]包括：(1) 忠诚产品：保险是免费提供给客户的。相反，移动网络运营商向保险人大量支付保费，以追求上文所述的相邻利益。忠诚产品属于战略伙伴关系的范畴。(2) 有偿产品：由客户自愿注册和支付全部保费。保费支付可以采取通话时间扣除、移动支付、柜台支付（OTC）等形式，如在零售店、通过移动支付代理或通过借记卡支付。根据移动网络运营商的参与程度，付费产品可以分为两大类——战略类和交易类。(3) 混合产品：最后一类通常被称为"免费增值"模式，通过该模式，客户可以将自己的忠诚度产品升级为更高价值的付费产品。在这种模式中，忠诚产品作为"市场创造者"，鼓励市场发掘，为客户提供保险的"体验"。忠诚度产品的升级可能导致免费选项消失，只留下付费选项[②]。在这种模式下，合作关系可能从战略性转变为交易性质，也可能保持其战略性。

专栏6—2 移动保险实例

巴基斯坦：巴基斯坦的移动网络运营商 Telenor 正与 Tameer 微型银行和 Adamjee 寿险公司合作，向客户提供名为 Easypaisa Khushaal Beema Plus 的保险产品。该保险由移动网络运营商牵头，根据 Easypaisa 移动账户持有人的每月平均余额，向其提供人寿保险。

加纳：加纳的 Tigo 家庭护理保险是一种对所有 Tigo 预付费用户开放的寿险产品。每月支付1.5加纳新塞地（折合0.34美元），有2名保险受益人，最高金额为2000新塞地（等于450美元）。该产品会每月更新，根据通话时长积分支付。它以 Tigo 品牌（移动网络运营商）销售，但是从产品设计、客户教育和分销，到质量保证和索赔管理，完全由 BI-MA 公司（企业保险代理人）管理，该保单则由加纳保诚（Prudential）人寿保险人承保。目前，该产品拥有120万注册用户。

---

① 银行服务前沿联盟（Bankable Frontier Associates，BFA）于2015年发布的《小额保险的数字化能改变这一切吗？评估数字化小额保险的发展潜力》。
② 银行服务前沿联盟（BFA）于2015年发布的《小额保险的数字化能改变这一切吗？评估数字化小额保险的发展潜力》。

喀麦隆：2015年，一家名为 Activa 的保险人与喀麦隆的 Orange 移动网络运营商共同推出了名为 Activa Makala 的小额保险产品。客户可以通过他们的 Orange 移动钱包支付每月的保费，还可以为每月价值350美元的事故损失投保。

四　对经营模式的影响

如本章第二节所述，技术使用对保单生命周期的许多要素都有影响，从而推动克服普惠保险面临的一些困难，并确保客户权益得到保障。

例如，(1) 将复杂的算法应用于大数据中，保险人可以对其承保的风险有更好的理解。此外，还能帮助提升产品设计、风险选择和保费定价的效率。虽然这种算法的使用并不是普惠保险独有的，但是它有个重要的缺点：一些现有的消费者会被排除在外。这是因为，供应商要根据他们对潜在客户的了解得出的结论采取行动，这些结论可能对他们现有的客户产生切实的影响。

(2) 保单确认可以通过电子签名完成，也称作"电子合约"，用来降低成本。对于小额移动保险的销售，重要的是客户能用他们的移动设备来确认注册。由于绝大多数客户都有手机，这就意味着，这种分销模式的运作应当通过短信接收确认来实现。

(3) 通过在 SIM 卡或手机菜单中嵌入保险产品，能降低配送成本。注册、管理、交费和索赔等产品信息既可以通过手机发放，也可以放在网上供人获取。

(4) 分析顾客行为数据可以发现顾客接受保险要约和继续支付保费的倾向，从而改善销售定位和分销效率。这就可能导致收购成本下降——而且流失率也可能降低。但是，这样一来，保险人可能集中精力为可能流失的新客户提供服务。

(5) 采用数字技术与客户进行沟通能够降低保单生命周期的总成本。

(6) 通过通话时间或移动钱包支付保费来克服保费收取的障碍。

(7) 技术可以便利索赔文书的归档和索赔处理。例如，支持文件（含照片）上传到数字平台来支持索赔。大数据和区块链可以通过更好的分析和预测模型来快速识别欺诈性索赔，从而加快流程和降低评估成本。传感器和无线互联网技术（如物联网）能用来检测运动、声音、温度、湿度、水等多种条件。这种形式的检测有助于索赔核实和降低成本[1]。

五　对监管机构及监管人员的影响

虽然数字技术于降低成本和提升效益，但是也引起监管部门的特别关注，并引起多个风险话题[2]。

数字技术影响现有的保险监管框架、保险价值链的性质、所涉各方及其作用，并对保险监管者的管辖权造成了影响。鉴于普惠保险市场上的市场环境和监管能力（见本章第二节），这些影响在普惠市场环境条件下具有特殊性，具体如下所示。

（1）技术创新的速度挑战了现有的监管框架，这是因为，这些框架可能没有充分考虑新的模式、功能和作用，没有积极地适应新的变化，特别是现在机器承担了以前由人承担的一些工作。因此，发展中市场的监管机构面临诸多挑战，要想办法跟上这些变化的步伐，如应对互联网相关的风险。

（2）技术发展是专业化和业务外包趋势日益增强的基础。虽然功能外包能提高效率和降低成本，但是监管者应当意识到，保险人与（将通话时间转换为保费而支付的）移动网络运营商或服务供应商之间的较长的价值链和权力关系[3]。保护消费者权益、管理外包和处理相关利害关系需要监管者积极参与其中。

（3）新的参与者，各移动网络运营商和各技术服务供应商等不在保险监管者的管辖范围内，所以各监管机构需要进行合作。新兴的线上机

---

[1] Jurgens, B. 于 2015 年发布的《物联网如何改变你和保险的关系》，详见 https://techcrunch.com/2015/08/17/how-iot-will-change-your-relationship-with-insurance/。

[2] 本章附录对此类风险的概述。

[3] 选自保险普及化倡议组织（A2ii）2014 年发布的《发展小额保险业务模式及其监管影响》，详见 https://a2ii.org/fileadmin/file_storage/Documents/Secretariat/final/07_Knowledge_and_Learning/Cross_Country_Synthesis/2014_03_10_Annex_9_A2ii_Cross-country_synthesis_doc_1_for_consultation.pdf。

构由于在市场上没有实体存在，可能跨越国界。

（4）一些模式会突破保险或中介服务的定义。一个可能的情况是，跨多个平台/客户交互点的数据分析是由客户接口技术公司执行的。在这种情况下，保险人仍是最终的风险承担者，但是随着许多产品被贴上白标签，他们正日益被边缘化①。这就需要明智的监管应对。

（5）数字技术的发展将保险的业务范围扩大至以前被服务不足的人群，其中许多人没有买过保险，容易遭受消费者滥用。在自动参保的情况下——特别是在移动保险中，消费者本身不向保险人支付明确的保费（如从通话时长中扣除保费，或者是不需要他们支付的忠诚津贴）——保单持有人可能不知道他们参保了。这就需要监管者保护消费者权益和对他们进行金融教育。

（6）由于"大数据"的定制或差异化的风险选择，数字技术使保险业务范围拓展到以前服务不足的领域，而客户可能被认定为风险太大而被排斥在外。然而，"大数据"分析中使用的错误的或不准确的算法也会带来风险。监管者希望对这些算法进行审查，以便检查它们是否排斥了特定的客户群体。因此，算法公开范围扩大可能有助于感兴趣的客户更好地理解该公司的客户评估体系。

（7）收集个人信息用于"大数据"分析，加剧了数据滥用和数据安全的风险，包括受到网络攻击的风险。因此，有必要遵守数据保护法律和充分运用保险人金融创新的风险管理体系。

专栏 6—3

保险普及化倡议组织（Access to Insurance Initiative，A2ii）的《移动保险监管》建议监管者采取以下措施应对移动保险②：

---

① 见国际保险监督官协会（International Association of Insurance Supervisors，IAIS）发布的《保险业的金融科技发展》的第 66 段。

② 选自保险普及化倡议组织（A2ii）2018 年 4 月发布的《移动电话保险业务：监管挑战与新方法》，详见 https://a2ii.org/sites/default/files/reports/2018_05_02_mobile_insurance_regulation_web.pdf。

1. 采用恰当方法

关键的考虑包括如何定义移动保险、监管非保险主体、通过数字平台促进消费者理解和信息披露、实施适当的监管改革以及决定是否允许扣除通话时长积分。

2. 深入行业交流，促进监管灵活性和开放性，应对市场创新

监管不能阻碍移动保险业务模式和产品的创新。"测试+学习"的方法或监管沙盒是一种方法，能确保在产品审批过程中对试点进行监管、更好地理解移动保险模式、鼓励在受控和受监管的环境中进行创新以及为法律改革收集信息。

3. 加深客户对移动保险风险的认知

保单持有人的认知是监管部门最关注的问题，能通过对条款的说明讲解或对消费者进行金融教育来解决。

4. 加大对移动保险价值链的全面监管力度

对移动保险价值链实行全面监管，可以提升对其业务模式的认识，找到潜在的监管缺口，有助于避免监管套利和完善问责制度。这可以通过间接监管的方式来实现，即让保险人对价值链上的所有活动负责（尽管权力可能不足），或者直接从作为中介的移动网络运营商和技术服务供应商那里获得授权。

5. 建立数据收集系统，为数据决策提供信息来源

监管机构需要加强移动保险的数据收集（如在产品、索赔和续保方面），以建立证据基础，评估客户价值，获取决策信息。

6. 建立数字保险监管机制

移动保险的发展要求各部门的保险监管者加强在数字保险方面的技术知识。

7. 与其他国家监管机构合作，对非保险方进行监管

可能涉及在试点过程中与其他部门（如电信监管机构和中央银行）在起草规章和执行监管方面交换信息和合作。

8. 同行信息交换

与其他国家的保险监管机构进行节点信息交换能促进知识转移，特别是在监管经验较少的领域，如有效处理技术服务供应商和移动网络运

营商、成本效益高的客户价值监测、各监管机构交汇处的监管工具，或允许以通话时长作为支付方式。

9. 将移动保险纳入消费者金融教育计划

作为国家金融教育计划的一部分，保险监管者可以通过支持战略方案对消费者进行移动保险风险和利益的教育。

第四节　保险核心原则的应用

一　一般恰当性

本节将从恰当性视角为运用数字技术相关的保险核心原则提出参考和指引。该原则的适当性在于，让监管者根据保险人本身的风险，以及保险人对保单持有人、对保险业和对整个金融系统造成的风险实施监管。这就需要，根据保险人的具体情况运用不同的监管手段，以符合保险核心原则的要求，并且不能为了达到目的而超出其职能范围行事[①]。保险核心原则的适当性原则还在于其灵活性，即为达到相关原则声明/标准的预期效果可以运用数字技术，根据实际情况制定不同的解决方案。

保险核心原则的恰当性并不意味着减轻监管力度或背离常规保险模式。根据本章第三节中的描述，技术的使用会使业务流程变得更为复杂，带来更高的互联网风险和其他风险。为了更恰当地应用保险核心原则，监管者要清楚技术创新的本质和其复杂的隐患，以及新技术的运用对业务模式的革新。但是要注意，如果只看到技术带来的风险而忽略其促进市场发展的作用，那属于没有正确看待它，也会带来不合意的后果。这些后果会对技术创新造成不利影响，而技术创新本身对解决普惠保险市场的问题有重要意义。

专栏6—4　观察到的实践

科特迪瓦：科特迪瓦领先的寿险公司SUNU计划实行新的分销战略。

---

① 保险核心原则的引言的第8段、修订版的引言的第9段。

他建立了一个新的小组处理来处理可选的分销项目，使 SUNU 公司能够执行原本由中介执行的活动。同时在国际劳工组织的技术支持下开展了一个项目，向低收入阶层的人群提供人寿保险，而不仅是移动电话客户。SUNU 采用该模式是为了建立自己的系统，从而能完成现有移动网络运营商平台的功能。在试点阶段，该公司定期与监管者、非洲保险市场会议（Tnter-Africam Eonference on Insurance Market，CIMA）举行会议，在会议上反馈该项目的最新情况。在运用沙盒①方法中，各方共同评估风险，并设置保障措施，以求尽量减少创新对客户的负面影响。一旦产品推出，该领域的经验将被仔细审查，进而相应地调整监管框架。

二 数字化普惠保险中应用保险核心原则

本章阐述了新技术在普惠保险市场上的关键作用。以下内容将为在普惠保险中恰当应用保险核心原则提供指引。

对于负责普惠保险市场的保险监管者，可能由于执法权受到限制而阻碍保险核心原则的应用。也可能发生超出法律框架的情况，使得他们在履行法定职责时遇到困难，如监管者人手不足。原则上讲，为普惠保险的监管机构制定符合保险核心原则的监管框架是立法者和政策制定者的责任，而监管者也要向他们提出适当实施保险核心原则的相关问题。此外，监管者应当负责适当运用法律条款，并采取措施解决其存在的不足之处。

（一）监管：权力、资源和信息交流

数字技术在普惠保险中的应用涉及保险监管的各个方面，例如：（1）保险监管者应当有足够的权力去监管保险人，中介的监管者也应当有足够的权力实行对中介的持续监管②（标准 18.2）。（2）监管者的权力应充分覆盖保险价值链中的关键主体，即使他们并非传统意义上的保险中介。一些移动网络运营商和技术服务供应商可以作为例子，他们越来

---

① 监管沙盒或实验室的目标是在具有明确边界和保障措施的、安全可控的环境中测试创新型产品。

② 如本书"前言"中讲的，本书中"原则"（"标准""指引"）均是指保险核心原则中的"原则"（"标准""指引"）。

越多地作用于保险业务的关键要素。各种移动网络运营商和技术服务供应商主要受其他监管机构的监管，如监管支付服务商的中央银行、监管移动网络运营商的电信监管机构。而且，保险监管者的权力只覆盖到与发挥保险中介功能有关的活动或范围，而不包括/涉及他们的基本业务领域（标准18.2）。重要的是，通过监管保险人（如业务流程外包）来进行间接地监管（标准18.2.9到标准18.2.11）。目前的保险监管范围不足以有效地保护保单持有人，所以应当与其他相关监管机构进行协商，让保险监管者拥有这些领域的监管权力。（3）监管者之间，特别是保险监管者和电信监管者应当进行充分的信息交流（标准3.1到标准3.2）。（4）监管者在进行现场检查和场外审查时，应当考虑到信息技术的复杂性及其风险。（5）监管者应当具备足够的知识技能，了解其监管的企业所使用的技术、信息技术风险管理以及监管和干预信息技术的流程。（6）如果涉及第三方参与的监管活动，如电子数据处理/信息技术审查，监管者应当采取适当的管制措施确保其机密性。

多个权威机构参与监管。据前款规定，监管者应当具有足够的权力对普惠保险进行监管（标准1.2）。保险人使用数字技术或电讯方式亦不应当限制保险监管机构的正式权力，尤其是在与其他监管者争夺管辖权的情况下。该原则同样适用于对中介的持续审查（标准18.2）。如果法律根据被监管主体而不是被监管的行为类型来分配监管机构（如电信监管者负责监管移动网络运营商的保险业务），那么在需要保护保单持有人时，保险监管者可能无权干预。

普惠保险市场上的监管者对保险人的管辖权可能被限制，例如，法律指定电信部门的监管者是主要监管者，那就意味着排斥了其他监管者。因此，为贯彻保险核心原则，电信部门监管者要就成为保险监管者。但这可能并不是我们想要的结果，因为保险监管的责任会被分散到多个不同的部门，而每个部门都拥有不同的法定权力、优先事项、可用资源和业务能手。这还会带来套利或对某些被监管机构给予更优待遇的风险。因此，政策制定者和立法者应当制定相应的监管框架，以避免造成这些后果。保险监管者也应当向他们提出对于此类风险的担忧。

对保险人外包业务的监管。将保险业务程序和活动外包出去时，监

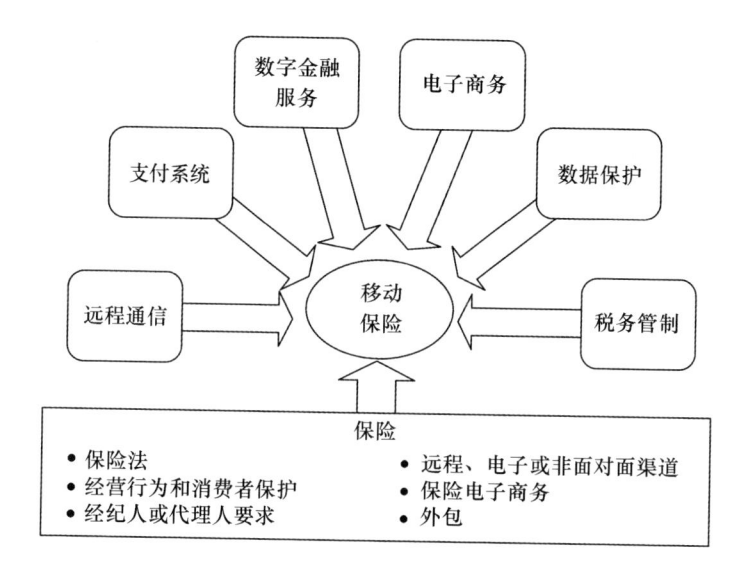

```
        数字金融      电子商务
        服务
   支付系统              数据保护
                移动
   远程通信        保险      税务管制

            保险
    • 保险法              • 远程、电子或非面对面渠道
    • 经营行为和消费者保护  • 保险电子商务
    • 经纪人或代理人要求    • 外包
```

图 6—1　影响移动保险的监管范围

资料来源：保险普及化倡议组织（A2ii）2018 年 4 月发布的《监管移动保险》，《移动电话保险业务：监管挑战与新方法》；详见 https：//a2ii. org/sites/default/files/reports/2018_05_02_mobile_insurance_regulation_web. pdf。

管者应当拥有足够的权力进行有效的监管和干预。有一个例子能说明这一点：移动网络运营商是否开展了保险分销，或技术服务供应商是否承担了定价、产品设计或行政管理职能。一些外包项目（如办公室清洁或人力资源管理）并不重要，或与保险人的核心业务没有直接联系，所以不应当被包括在这项规定的评估中。重点是保险人的主要业务职能，如承保、保费收取、行政管理、理赔管理、损失调整和索赔评估，而不仅是中介业务。尽管国际保险监管官协会对保险中介的定义中没有包括这些内容，但是他们可能受到与经营行为有关的其他保险核心原则及标准的制约（标准 18. 0. 3 和标准 18. 8）。

如果保险人将主要业务职能部分或全部外包出去（包括外包给保险集团或金融集团等相关实体），那么，保险人应当说明，其外包规则以及打算如何保持对外包职能的掌控权、所有权和监督权（标准 20. 9. 1）。

在多个监管机构对同一家公司进行监管的国家和地区，无论从哪个角度来看，都应当建立合适的信息交流机制。这些机制应当被纳入基本法律，并可以在谅解备忘录中进一步阐述，成为所有相关监管者遵从的监管程序和监管行为的主要元素（标准 3.2 和标准 3.3）。

作为对保险主体监管的一部分，保险监管者应对其提交的财务或其他报告进行现场检查及场外审查（原则 9）。监管者将采用评估保险人的风险状况等风险导向的监管方法。信息技术系统和数字程序的运用会影响保险人的风险状况。保险人的信息技术和数字程序越先进、越复杂，对监管者的监管技术的要求就越高。鉴于此，监管者的人事政策要能吸引和留住有能力、有经验的工作人员。监管者也应当对其员工进行充分的培训，并在需要时聘请和签约外部专家（标准 2.11）。而在缺乏专业技术知识的情况下，可从现有的可用资金中为专家安排额外的经费，或直接向政府申请经费。此外，可以聘用外部专家支持这项工作。不过，监管机构内部也应当具备一定的专业知识，要对外部专家的工作进行充分监督。监管外包工作的保障措施应当到位，包括由专家对信息进行保密处理。

在监管职能外包的情况下，监管者应当设定期望值，用以评估第三方/承包商的能力和经验，定期监测他们的绩效，并确保他们独立于保险人或其他有关人士。监管机构聘请的外部专家则应当遵守与监管者相同的保密原则和行业规范（标准 2.13.8）。

促进创新。监管者可以寻找促进技术创新的方法，并为保险人创建一套流程和程序，以便在其业务中引入这些创新。监管者的这种促进措施通常从建立联系开始，讨论计划和形成提议，并从监管的角度考虑其可行性。监管者还可以采用其他工具，如监管沙盒其通常是使用现实中真实客户的创新，往往在范围（客户数量、测试时间、产品种类、保险金额等方面）上被限制。监管机构虽然因此有机会密切监查市场上正进行的创新发展，但是他们仍应当有能力和资源充分了解相关技术、风险、财务影响和客户结果。还应当指出的是，虽然使用沙盒的判定往往建立在恰当适用要求的基础上，但是由于监管者将其资源用于密切监督沙盒中的公司，所以监管的参与程度往往很高，这将限制可以作为沙盒方法一部分的保险人的数量。

专栏6—5 观察到的实践

1. 授权非传统保险中介的实体履行与保险价值链中数字技术相关的功能

在移动网络运营商、技术服务供应商等主体履行保险价值链的部分功能时，监管的主要做法是，关注其经纪人或公司制代理人的身份，如在菲律宾、孟加拉国和乌干达。另一种做法是，界定一类小额保险综合机构或中介机构，他们是需要被监管的，如在坦桑尼亚和印度。在所有这些情况下，无论这些实体本身是否由支付系统管理局或电信管理局等独立的监管当局对其主要业务进行监管，监管者都有权监管其与提供保险或中介有关的职能。

2. 监管机构之间的信息交流与合作

保险监管者可与其他监管者签订谅解备忘录，由这些机构负责监管保险价值链中发挥主要功能的、非传统保险中介的主体。这与移动保险尤其相关。例如，在加纳，电信部门和支付系统监管机构近来敲定了一份谅解备忘录，以界定与移动保险相关的监管机构之间的关系，消除监管缺口。

监管者之间的合作也可以在产品审批过程中通过协商实现。关于移动保险产品的审批，坦桑尼亚保险监管局（Tanzania Insurance Regulatory Authority，TIRA）将审查技术服务供应商或各移动网络运营商是否已在坦桑尼亚通信监管局（Communications Regulatory Authority，TCRA）注册。

3. 与另一监管机构主要管辖范围内的主体打交道

保险普及化倡议组织（A2ii）对多个国家和地区中移动保险监管的调查显示，由于数字技术的使用跨越了多个监管范围，因此，需要对保险领域和非保险领域、法律或监管框架下的适用条例进行识别和评估。这项评估将设法查明这些条例如何影响保险价值链的各个方面，以及它们是否符合保险监管者的要求。因此，如果继续使用现有规定或在单独的管理框架下设立新的规定，都可能造成监管的变化。具体的市场环境将决定哪种选择更为实用和有效。一些监管者（如加纳当局、开曼群岛金融管理局和印度尼西亚当局）表示计划引进专项保险或专项移动保险制度。其他监管者将在现有框架内应对数字模式。肯尼亚在过去几年中制定了小额保险条例，肯尼亚的监管者（与包括巴西、智利、哥斯达黎加、菲律宾和南非在内的许多其他监管者一样）认为这些条例足以涵盖移动保险的方方面面。在一些情况下，需要两者的结合——特别是在电子商务案例中，这些条例是有法律基础的，并且超出了监管者的权限。例如，印度计划将移动保险纳入电子渠道监管。在菲律宾，移动保险是根据《保险人电子商务条例》承保的，它适用于通过互联网进行的和/或以移动电话作为媒介支持的任何种类的保险销售。

4. 场内场外监控

在加纳，移动保险的产品审批比其他产品需要更多信息。这些信息包括合作伙伴之间的服务水平协议、分销和品牌安排以及纠纷解决程序，包括如何不间断地向消费者提供服务。此外，还要求提供预期赔付率、预期费用率以及保险人、技术服务供应商和移动网络运营商之间的保费细目等资料。加纳是目前唯一要求技术服务供应商向监管者报告数据的国家，并使用关键绩效指标（key performance indicators，KPI）监测产品性能。市场数据被认为是有效监管的关键，关键绩效指标每半年提交一次。市场调查用于提供进一步的信息。还考虑了定性的措施，如产品如何营销、销售代理的培训和投诉程序[①]。

5. 在数字技术背景下，将价值链功能或监督职能外包给第三方

在南非，价值链上的主体是根据他们的功能和所执行的活动来登记的：要么作为外包活动，如技术服务供应商的管理功能；要么作为中介服务，将涵盖移动网络运营商的角色。保险人应当对外包活动负责，并签订符合相关规定的外包合同。如果给予外包方的报酬偏离履行同样功能的内部成本，保险人应当证明其合理性。在保险监管机构不具备监管各移动网络运营商或技术服务供应商的专业知识的领域，他有权从外部专家处获取此类专业知识。这些专家将受到与保险监管机构相同的隐私原则的约束。

[①] 国际保险监管官协会、保险普及化倡议组织和非洲保险市场会议（IAIS、A2ii 和 CIMA）于 2017 年联合发布的《移动保险会议报告》，详见 https://a2ii.org/en/event/save-date-iais-a2ii-cima-mobile-insurance-conference。

6. 金融部门创新的沙盒方法

英国金融行为监管局（FCA）在2015年提出了"监管沙盒"一词，目前至少有28个国家提出或采用监管沙盒①。拥有沙盒的国家和地区包括澳大利亚、巴林、加拿大、中国香港、马来西亚、荷兰、新加坡、泰国、阿联酋（阿布扎比）、英国和美国。"沙盒"通常适用于金融科技创新，并不是专门针对保险市场。

肯尼亚资本市场管理局（Capital Markets Authority，CMA）正在设计一个沙盒，它也将遵循出生队列（cohort）的方式，但是其应用仅限于那些希望在资本市场进行测试的金融技术创新公司。马来西亚的沙盒——Negara银行也针对特定的企业——创新金融技术企业，但是其也接受申请（即它不遵循出生队列方式）。

虽然迄今正式建立的沙盒多存在于发达国家，但是一些发展中国家的监管当局正在考虑沙盒试验，或已经在实施"沙盒式"的"测试+学习"方法，例如，用无异议信（letters of no objection）等方式，容纳不符合现有牌照结构的试点项目和创新企业。

此"测试+学习"方法允许监管者监测创新或产品调试的影响（即为"测试"），而后根据这些影响改进知识（即为"学习"），以完善监管。多年以来，全球的金融监管机构一直采用"测试+学习"的方法。菲律宾中央银行从2001年起开始采用"测试+学习"的方法来管理移动支付。肯尼亚和坦桑尼亚的中央银行也采用了"测试+学习"的方法，以鼓励零售电子支付系统创新，使得其电信运营商在十多年前就推出了移动支付服务②。

（二）颁发牌照

经营保险业务必须获得牌照、授权或登记原则4（关于保险人）和

---

① Jenik，I.，Lauer，K.：《监管沙盒与金融普惠》，美国华盛顿特区：扶贫工作小组，2017年。

② Di Castri 和 Plaitakis 于2017年发表，引自 Beyers，N.、Grey，J. 和 Hougaard，C. 于2018年发表的《管理创新》的金融监管与普惠中心（Cenfri）报告详见：https：//cenfri.org/publications/regulating-for-innovation/。

标准18.1（关于中介）。监管者签发牌照，应当酌情对申请人施加额外的要求或限制。对于在普惠保险中使用数字技术，根据数字技术使用的复杂性和风险，增加一些要求和限制是适当的。例如，使用数字技术或将职能外包给技术服务供应商会增加技术或操作风险，并可能造成系统性风险，或导致监管规避风险①。

做出这些要求和限制可能是为开展信息技术程序的资源，为业务连续性目标而安排的后援系统，或为保护第三方收集的客户资料的保密性。

在采用恰当的做法时，应当考虑到由于监管不确定性和/或使用不恰当的监管要求而对市场创新造成的影响。

保险法律应当定义保险活动是需要牌照的，并禁止未经过授权的保险活动（标准4.1）。如果立法定义不明确，可能出现新的参与者（如移动网络运营商或技术服务供应商）在没有有效牌照的情况下从事保险活动。在适当的情况下，恰当的做法是，能以较轻的接触登记的形式申请中介牌照，而不是像对保险人那样实行牌照签发的全套流程。如果某些例外情况不鼓励监管套利或增加消费者的风险，则能对这些牌照要求做出例外规定（指引18.18）。

一个国家或地区通过牌照签发来控制可以从事保险活动的实体。任何实体在没有牌照或获得牌照之前，不得声称其具有牌照或者从事需要持牌的活动（标准4.2）。所有数字普惠保险的市场参与者都应当清楚地表明，其是否已经获得出售保险的牌照，并指明哪些持牌保险人是合同风险实际上的承保人。

将新险种加入已有保险人的经营范围之前，监管机构应当酌情考虑现有的牌照签发规定（标准4.6）。在某些情况下，移动保险或数字普惠保险可被视为新的保险业务线或险种，但是必须符合补充授权的规定。

监管者应当确保其管辖范围内持有牌照的保险中介接受持续的监督检查（标准18.2）。这同样适用于被视为中介的各移动网络运营商或数字普惠保险的参与者，监管机构应当确保机构获得牌照后，满足起初的和

---

① 见本章第四节第二小节和附录。

新出台的执业条件（标准18.7）。

监管者在必要时有权对持牌的保险中介采取适当的监管行动，并有权处理没有持有必要牌照却进行保险中介活动的个人或团体。

专栏6—6　观察到的实践

1. 向在保险价值链中履行与数字技术有关功能的、非传统保险中介的实体签发牌照

一些国家允许技术服务供应商或各移动网络运营商作为经纪人或公司制代理人，然而，这些实体（尤其是技术服务供应商）还提供了技术服务、产品设计、定价等服务。需要了解通过何种方式以及在哪里履行这些功能是在授权范围内的。在非洲保险市场会议的规则中，技术服务供应商可以作为保险经纪人，但是他们并没有经纪人牌照。在菲律宾，技术服务供应商作为小额保险中介（即小额保险经纪人）获得牌照并被监管。在印度，分销渠道不需要牌照，但是需要登记。

2. 附加或特殊牌照的签发条件

在赞比亚，保险登记官可以在签发代理人牌照前确定申请人是否具有资质、经验和身份。现行法律赋予登记官酌情权，使之可将这一规定适用于作为公司制代理人注册的移动网络运营商和技术服务供应商，并可根据需要酌情调整有关规定。在加纳，各移动网络运营商和技术服务供应商被授权为公司制代理人。因为希望他们发挥更大的作用，所以没有给他们规定佣金上限。非洲保险市场会议正更新一项监管规定，以对现行规定进行补充，以便涵盖移动保险和更广泛的电子保险[①]。该规定涉及有关电子保险合同签发和管理活动的牌照签发条件。

3. "测试+学习"方法

一些监管机构一直采用"测试+学习"的方法促进创新，如通过与技术服务供应商、保险人、移动网络运营商和移动支付服务供应商合作。

---

① "电子保险"（E-insurance，electronic insurance）在这里是指通过数字技术手段提供保险保障。

他们计划推出一款移动保险产品或一种创新模式,即使对数字保险或移动保险没有统一的管理规定。这种方法是由原则导向制促成的。例如在加纳,这种自由裁量权被用来监管作为小额保险代理人的技术服务供应商。

4. 间接监管

非洲保险市场会议规定,价值链中的所有经营者都由保险人负责。非洲保险市场会议负责监管保险人,确保其所有的合作伙伴都是合法的,并符合本国监管机构的要求。在巴西和南非,保险人承担全部责任。巴西法律要求承保人监控其分销渠道的活动,包括那些基于数字技术的渠道。

(三) 公司治理和风险管理

保险人是如何使用数字科技的?以下是与公司治理有关的内容:(1) 公司治理架构应当适合于公司的信息技术环境和数字业务流程;(2) 董事会成员(个人和集体)、高级管理层和担任管理职务的关键人员都应当充分了解保险人在其业务流程中使用的技术,并对信息技术的风险管理有足够的认识;(3) 应当评估重要所有人的财务稳健性和诚信度,重要所有人是移动网络运营商或技术服务供应商时也不例外;(4) 作为批准管理权变更的一部分,也应当评估重要所有人的财务稳健性和诚信度,包括对移动网络运营商或技术服务供应商的评估。在必要条件下,应当尽量避免利益冲突。

保险人应当建立一个治理框架并实施,为保险人的业务提供健全和审慎的监管。此外,该监管架构应当充分了解并保护保单持有人(原则7)。公司治理框架的设计和运作应当适应依赖于信息技术程序和数字技术的业务环境。

在普惠保险中,前几段所述的要求意味着:(1) 董事和管理层应当具备足够的有关信息技术的技能(标准7.3);(2) 内部治理方法、内部控制和风险管理应当与技术流程相适应,包括保障网络安全(标准7.3和标准5.10);(3) 重要所有人应当具备相应的财务稳健性和诚信度(标准5.2)。

监管者期望保险人告知他们关于董事会成员、高级管理人员、承担控制职能的关键人员及重要所有人的任何变动，以及任何可能对这些人的任职资质造成重大不利影响的情况（标准5.4）。例如，战略伙伴关系发生变化时，应当告知监管者。

监管者应当采取适当措施，解决董事会成员、高级管理人员和承担控制职能的关键人员或重要所有人不具有任职资质的问题（标准5.5）。这意味着，如果董事会和/或管理层的信息技术相关专业知识不足，监管者应当介入。同理，如果移动网络运营商作为保险人的重要所有人，而其财务状况不佳或不具备必要的诚信，或如果董事会成员有欺诈或其他非法行为时，也需要监管者介入。

监管者应当与其他当局（如其辖区内外的电信监管机构）交换信息，考虑与移动网络运营商或技术服务供应商的关系的性质，将其视为潜在的重要所有人（标准5.6）。监管者还应当评估，移动网络运营商或技术服务供应商的业务与保险人的业务是否存在利益冲突。

保险人收购或者变更管理权应当预先通知监管者。在此之后，对于希望取得保险人的重大所有权或控股权的法人或自然人，监管机构应当进行审批（标准6.2）。审批时，监管者应当审查其将移动网络运营商作为潜在重要所有人的关系的性质，以确保移动网络运营商与保险人的业务之间没有利益冲突（标准6.6和标准6.7）。

在普惠保险中，保险人的业务会在保单数量、产品性质、资产和投资规模以及员工数量方面受到限制。如果是这样，风险管理系统的设计和建立可以是相称的。小型机构可能不需要涉及多名职员的复杂的内部控制流程。例如，当办公室由一名主任和一名行政人员管理时，主任的目视监查就很重要。

尽管有前段规定，保险人仍须控制其数字流程，妥善管理与信息技术有关的风险（包括网络风险），并制定适当的流程和程序，以便在发生信息技术故障时保障业务连续性。保险人有责任确保其信息技术系统、应用程序和相关算法正常运行，给客户提供公正的结果。监管者可能安排审查以验证这一点。

专栏6—7　观察到的实例

1. 管理移动网络运营商与保险人之间的关系

相关管理规定包括，加入移动保险或其他基于技术的合作关系是否需要董事会批准。在肯尼亚，有一些（并非所有的）保险人需要经过董事会批准才能进入移动保险领域。在这方面的争议涉及一个更广泛的话题，即董事会是否应当批准所有新产品（这些产品可能因董事会会议的不规律而受阻），还是仅仅批准新的合作关系。当移动网络运营商成立保险公司或获取牌照时，会有额外的治理方面的考虑。在津巴布韦，移动网络运营商 Econet 已获得 Ecolife 保险牌照。南非移动网络运营商 Vodacom 还成立了一家名为 Vodacom 的人寿保险子公司。

2. 将数字技术要素纳入公司治理总框架

在非洲保险市场会议的规则中，移动保险没有正式的公司治理程序，但是作为签发牌照过程的一部分，监管机构将评估其董事会成员是否符合要求。在南非，使用数字技术方面没有特殊的治理要求；一般的公司治理守则和法例框架适用于所有保险人。董事会要求其成员具备保险方面的专业知识，但是在信息技术方面没有做出具体规定[①]。在津巴布韦，2011年，一个移动保险合作伙伴关系破裂使得相当一部分成年人的人寿保险一夜之间失效。这个例子反映出，在移动保险和其他基于技术的合作关系中，需要对保单持有人与保护机制治理要求的相关性做出规定。

（四）经营行为[②]

作为经营行为的一部分，保险人和中介在保险服务的全过程均要公平对待客户（原则19）。信息技术系统和数字程序的使用对接触客户和公平待客的程度有影响。具体影响的内容包括：向客户提供有关其承诺和权利的适当信息、信息技术设备的实际操作以及防止他人滥用的基本安

[①] 国际保险监管官协会于2016年发布的应用型论文《中介行为监管》。

[②] 参考国际保险监督官协会于2018年11月发布的探讨型论文《普惠保险数字化趋势及其对消费者结果的潜在影响应用报告》，该文更全面地探讨了如何处理数字化方面的商业问题。

保知识①。

尤其是在普惠保险范畴内，保险人应当符合以下条件：（1）对待客户的常规性规则及程序（标准19.1和标准19.2）；（2）产品的开发和市场推广（标准19.3和标准19.4）；（3）客户咨询服务（标准19.6）；（4）流程和活动的外包以及任何潜在的利益冲突（标准19.7）；（5）保护客户资料（标准19.11和标准19.12）；（6）理赔和投诉处理（标准19.9和标准19.10）；（7）特别注意并保障客户的资金②，尤其在移动保险的情况下③。

在采取恰当的监管措施时，需要认识到使用数字技术带来的业务风险、客户性质、能力限制和普惠保险的市场运作，以及在这些情况下监管方面的不确定性或不适当性对创新造成的影响。

专栏6—8

保险普及化倡议组织（A2ii）在其报告《移动保险监管》中描述了经营行为风险④：（1）客户并不知道有保险；（2）客户不了解该保险产品；（3）客户价值低；（4）客户可能急着退保，但是保险有期限限制；（5）技术服务供应商和/或移动网络运营商的保险代理人或销售人员不当销售。

为确保监管框架能让创新有效提升保险可及性而非损害客户权益，应当做出相应的安排。在许多国家和地区，用通话时间抵扣付款可以明

---

① 如本章第四节第二小节和附录所述，技术使用和将职能外包给普惠保险的技术服务供应商会引起或增加销售风险、集合器风险、保单持有人认知风险、支付风险、售后风险以及数据和技术风险。

② 标准18.6："客户款项"一词包括客户支付给保险人的保险费，保险人收到的索赔款项或保险费退还，用于向客户继续付款。

③ 作为移动保险的一部分，资金通过移动电话进行转移，以支付保险费或赔款。这可以转换为通话时长，或以另一种货币形式存储在移动钱包中。

④ 保险普及化倡议组织于2018年4月发布的《移动电话保险业务：监管挑战和新方法》，详见 https://a2ii.org/sites/default/files/reports/2018_05_02_mobile_insurance_regulation_web.pdf。

显促进向低收入人群中推广保险。消费者也很青睐这种操作便捷的交易方式。在这种情况下，各监管机构（包括央行）可以考虑将通话时间作为支付手段，同时要设置保障措施，以避免保单持有人滥用。无论是对于保险人还是对于消费者，拒不采用此支付手段是不明智的。扣除通话时间付款是使无银行服务的社区能够获得保险产品的关键。然而，从经营行为的角度来看，如果免费保险产品依赖于每月通话时间超过某个阈值，可能引起担忧。保险人还需要注意，要向客户传达清楚从他购买的通话时间中扣除了哪些费用，包括了哪些服务费和佣金。

在许多情况下，移动网络运营商或技术服务供应商等新的市场参与者可能被视为中介。在一些国家和地区，中介机构是受保险人监管而被间接监管的。在采取间接监管时，监管者应当考虑这种方法在多大程度上实现了有效监管。

无论对中介机构的间接监管制度是否存在，保险人都应当确保能够依靠中介机构代表他履行程序。例如，保险人应当获得有关其客户的文件资料，以证明他已对客户进行了适当的形式和实质调查。还应当根据所进行的程序和所获取的文件资料是否充分对保险人进行评价，包括保险人依靠中介来进开展工作和提供文件资料时。

专栏6—9　观察到的实践

1. 经营行为要符合要求，特别是数字技术使用上的要求

在加纳，专门为移动保险制定了经营行为规则，包括：规则和禁令的调节范围、佣金的批准、移动保险安排、移动保险合约、保单汇总和赔款支付、解释和最终条款①。同样，非洲保险市场会议正在制定的框架涵盖了一系列经营行为，包括：移动保险和电子保险的定义、合作伙伴关系协议格式、保护保单持有人和电子保险合同受益人的相关规定以及监管（包括报告要求）、对移动保险和电子保险的控制和处罚。印度保险监管和发展局也正在起草一份电子商务条例，主要是关于包括移动电话

---

① https://a2ii.org/sites/default/files/events/mic_report_engl_web.pdf.

和互联网在内的电子渠道的销售管理,其重点是规范各项商业活动(包括客户数据、公示和销售流程),以保障消费者权益;此外,还允许在线实时提出。哥斯达黎加正在为大众保险和小额保险制定监管框架,其中包括以技术为基础的分销渠道,具体规定了一系列业务要求,包括交叉销售、向客户提供信息、分销渠道的报酬规定和简化申诉制度。

2. 通话时间支付

移动保险常常通过通话时间转换来支付保费,有时这是唯一的支付方式。但是这可能让中央银行制定的支付框架复杂化,喀麦隆和塞内加尔的情况就是如此。使用通话时间付款的潜在保障措施包括向客户发送通知,告知他们过去或将来会有多少通话时间用于保费扣减。认可虚拟货币——尤其认可通话时间支付的方式——是市场建设的必要条件,但是这也会增加消费者购买保险的实际成本[①]。

BIMA 公司每月给客户发送短消息,确认其当月的支付金额及对应的保障范围。这要求客户定期更新软件以免收到大量垃圾邮件。该公司指出,与客户联系过于频繁可能很快带来麻烦,例如,从客户的通话时间额度中扣除小额支付时,每天发送通知。

3. 数字合同

如果保险是在线上或移动平台上提供的,就需要非常规的合同程序,包括电子签名和电子确认(如通过短信息),而不是原签名和复印件。从商业角度来看,监管电子或数字合同很重要,这是为了确保消费者追索权和信息披露机制有效运行,进而避免错卖和消费者滥用。一般而言,国家的电子商务管理框架通常允许使用数字签名。如果没有这样的框架,可能需要专门的规定。危地马拉正在进行一项研究,以审议电子保单交付管理的问题。其规划的管理框架规定了保险人应当遵守的流程和履行的义务,如保密、取得保险人的同意、文件完整性和电子签名。

4. 客户信息保护

监管者正越来越多地考虑有效的方案以保护客户信息,并在获取、使用和保护客户资料方面开展适当的工作。例如,加纳建立了一个数据

---

① https://a2ii.org/sites/default/files/events/mic_report_engl_web.pdf.

保护框架，并设立了一个机构来监管数据保护工作①。鉴于大数据的兴起和金融服务供应商开发了替代数据来源（如通过社会媒体或交易方式），数据保护问题尤为重要。例如，在普惠保险的数据共享方面，"选择加入"与"选择退出"的选项可能让客户感到困惑。卢旺达的数据保护法规定，不得在该国境外存放任何数据。这对各技术服务供应商造成了影响，他们使用云系统以降低成本。

三　财务诚信

一方面，使用数字技术可能增加保险人和客户遭受欺诈、洗钱或恐怖融资的风险，所以保险人和中介应当采取有效措施加以应对（原则21和原则22）。另一方面，运用数字技术可以实施风险控制，与直接用人员、纸张和流动资产交易相比，能够提供更有安全保障的虚拟现金处理方式。

监管者要求负责处理客户资金的保险中介具备足够的保障措施来保护这些资金（标准18.6）。保险中介在开展业务过程中，能从客户处收取款项以向保险人支付保费，也能从保险人处收取赔款或退还的保费。对于通过中介将资金从客户转移到保险人处（反之亦然）的现金流动，有些国家和地区有具体的法律规定，包括确定客户或保险人是否在这些资金上存在风险。

中介应当基于其客户的权益制定充分的资金保障规则及程序。

如果保险中介是保险人的代理人，这些资金可视为"保险人承担的风险资金"。在这种情况下，保险人对代理人代其保管的这类资金负责。

在普惠保险中，特别是移动保险中，客户资金管理要从保护客户权益的角度给予特别关注。各移动网络运营商使用的用户或服务器移动设备可以采用货币形式或非货币形式（如通话时间支付的权利）注册权利和义务。后者应当与货币价值相类似，下文将做进一步阐述。

在制定保险中介保护普惠保险客户资金的规定时，监管当局可采纳各方意见，除此之外，保险中介管理客户资金的规则和程序应当包括以

---

① 加纳数据保护委员会于2012年发布，详见 https://www.dataprotection.org.gh/data-protection-principles。

下各项：（1）客户账户与中介账户应当相互隔离，这样个人或团体客户的资金就不会与中介的其他资金混在一起；（2）确保客户的账户开设于持牌银行，指客户所在的或指定的国家或地区中的持牌银行；（3）不允许账户存有除客户资金以外的款项，但是为取得或维持最低余额、收取利息或收取中介应当得的佣金等特定情况除外；（4）确保及时将款项存入账户；（5）确保有足够的财务系统和控制，包括授权从账户中支付；（6）确保有足够的账簿和记录，并接受审计；（7）确保定期对账目进行核查；（8）确保对账目差异进行及时的跟踪和满意的解决；（9）确保每一个客户在向该账户支付了足够的款项之前不做扣款支付处理，从而确保每个客户的余额不为负数；（10）利息的处理。

为保障客户资金安全，在保险中介破产时，客户账户资金不得用于偿还其债权人的款项，这一点非常重要。但是，参考前一段中的建议，可以考虑数字移动网络运营商模式中的通话时间付款和扣减的具体特点。移动网络运营商提供不同用途的通话时间充值。在客户的钱通过充值转换为通话时间后，保险费用会在某个时候扣除，而全部保费通常在指定月份内分期收取，然后再分配到下一个月的保险金额中。

监管机构需要确保，在保险中介经营客户账户的情况下，向客户解释该账户的各项条款，包括该账户内资金的风险是由客户承担还是由保险人承担。

保险人应当采取适当的预防措施，防范索赔欺诈和中介欺诈。普惠保险客户较为脆弱，所以保险人的销售人员、中介以及参与保险分销的第三方（如客户聚合器）都应当了解特定的风险，以及如何规避这些风险。数字技术的使用可能使得保险人和客户更容易遭受欺诈、洗钱或恐怖融资。保险人和中介应当采取有效措施应对这些风险（原则21和原则22）。

监管者将定期审查保险人和中介以及监管者本身为制止、预防、侦查、报告和补救欺诈以及反洗钱和反恐怖融资（anti-money laundering and combating the financing of terrorism，AML／CFT）而采取的措施的成效。因此，监管者应当采取任何必要的行动来改善效果（标准21.4和标准22.4）。

为支持反洗钱和反恐怖融资，在使用移动电话和其他非面对面保险服务时，需要有特定的程序对客户进行识别和验证。正如本书第二章第三节第四小节提到的,许多普惠保险目标客户没有必要的文件资料,所以被拒保。2013 年,反洗钱金融行动特别工作组(Financial Action Task Force on Money Laundering,FATF)在其发布的《反洗钱和反恐怖融资及金融普惠的指引》①中强调,要采用风险导向的方法,放松对风险较低的客户和交易要求,包括小额人寿保险和旨在提高金融普惠性的产品。"在这种情况下,如果国家或金融机构对风险进行了充分的分析,就会认识到金融机构简化客户尽职调查(Customer Due Diligence,CDD)的合理性。"② 需要注意的是,合规科技(RegTech)的创新正在不断克服该领域的这些障碍。

专栏 6—10　观察到的实例

1. 欺诈

数字技术对抑制和管理欺诈提供了新的方法。例如,在印度,IFFCO TOKIO 保险人提供的牲畜保险在动物皮下植入射频识别芯片,并使用了帮助保险人抑制和管理欺诈的高级技术。然而,使用数字技术也可能增加欺诈风险,例如,通过网络犯罪,在线平台或移动保险的 SIM 卡上的个人识别号码(pin)可能被窃取。

2. 反洗钱和反恐怖融资(AML/CFT)

一些国家和地区对某些类型的低风险保险实施了"了解客户"要求(KYC)方面的豁免或简化要求。例如,菲律宾根据该国的反洗钱法律,放松了对小额保险的"了解客户"要求。

---

① 详见 http://www.fatf-gafi.org/media/fatf/documents/reports/AML_CFT_Measures_and_Financial_Inclusion_2013.pdf;反洗钱金融行动特别工作组对金融科技和监管科技的立场,详见 http://www.fatf-gafi.org/publications/fatfgeneral/documents/fatf-position-fintech-regtech.html。

② 反洗钱金融行动特别工作组的建议只适用于人寿和投资相关的保险。此外,这些建议表明,在某些情况下,洗钱或恐怖主义筹资的风险较低。可能出现这种情况:包括寿险保单的保费每年少于 1000 美元或 1000 欧元(或趸交保费少于 2500 美元/欧元),以及"向某些类型的客户提供适当界定和有限服务的[金融]产品或服务,以增加对金融普惠的可及性"。参见 2012 年反洗钱金融行动特别工作组报告第十条,详见 http://www.fatf-gafi.org/media/fatf/documents/recommendations/pdfs/FATF_Recommendations.pdf。

附录 数字应用的风险概述

附表 6—1　　　　　　　　　　审慎风险

风险	定义	数字普惠保险的表现形式
准备金风险[1]	因保费和技术准备金计算错误致使保险人遭受损失或利润低于预期、业务稳定性遭到破坏的风险[2]	在移动保险领域——尤其是忠诚保险产品——可能出现产品定价不足，这是因为，定价中假设的索赔发生率可能会显著低于实际的死亡率和发病率。移动网络运营商较强的议价实力也可能促使保险人低估风险[3]。 移动保险的潜在规模可能令没有有效再保险支持的小型保险人的资产负债表不堪重负。 数字客户聚合器没有对保险进行定义，因此，可能与无牌照的保险人形成合作从而带来准备金风险。例如，作为共享经济的一部分，P2P 保险可能带来不利影响，包括自选择、定价和准备金充足性以及对灾难性事件的应对能力。 准备金解决方案执行不当可能导致失败和损失，也可能引起客户和投资者的责任索赔
操作风险	内部系统、人员、程序或控制不当或失败导致财务损失的风险	在数字保险中，一个拥有众多合作伙伴的长的价值链可能导致运营风险，尤其是在由没有保险背景的员工销售保险时。 IT 技术方面的故障包括交易数据丢失、向合作伙伴报告出错、款项丢失、机密客户数据泄露、与合作伙伴对账错误等。 移动保险和其他数字技术的应用需要非传统的和创新的合约程序，例如，在注册过程中使用电子签名（如通过短消息）或智能合同。所有这些都会导致操作风险

---

[1] 又称"保险风险"。

[2] 加纳国家保险委员会于 2015 年发布的《加纳移动保险与风险框架》，详见 https://a2ii.org/sites/default/files/reports/2015_mobile_insurance_risk_assessment_ghana.pdf。

[3] 同上。

续表

风险	定义	数字普惠保险的表现形式
合规风险①	监管不确定性风险：法律不确定性导致的不合规风险。这种风险可能导致市场参与者不推出创新的想法或商业模式。 监管反弹风险：监管机构施加严格监管要求，限制特定保险模式发展的风险。 监管规避风险：在灰色区域运行新业务模式的风险，为规避监管提供了空间	监管不确定性风险：数字保险创新的速度之快使监管难以跟上，导致监管不确定性风险上升。 监管反弹风险：在移动保险和其他数字模式中，如商业惯例改变或合作关系终止等可能让人们认为，数字模式或功能比传统做法更具风险，容易导致监管反弹。 监管规避风险：在移动保险和其他技术模式中，技术的大量使用需要新的外包参与者来完成以前由保险人完成的功能。例如，在P2P保险中，这些参与者可能试图置身于保险监管范围之外。因为他们不承担风险，也不向消费者直接提供建议或服务，仅是提供程序和平台让消费者们聚合在一起提供服务或分担自己的风险，所以他们可能把自己定位于监管机构的管辖范围之外。因此，这样的新参与者可能超出"保险"或"中介服务"定义的边界，以致规避了监管要求
系统风险	由于某一特点的保险人或合作企业的负面影响导致保险市场崩溃或不稳定的风险	如果大型移动保险或其他技术模式的负面行为经历破坏了市场信任，可能出现市场范围内的风险

资料来源：保险普及化倡议组织（A2ii）的简报《监管移动保险》（Wiedmaier-Pfister 与 Ncube 于 2017 年发布）和德国联邦经济合作与发展部（BMZ）的论文《责任移动保险探讨》（Wiedmaier-Pfister 与 Leach 于 2015 年发布）概述了风险框架，后者利用了保险普及化倡议组织在 2014 年发布的《跨国综合报告》中引入的关于小额保险业务模式及其监管含义的问题。从保险普及化倡议组织的咨询会议报告《移动保险的数据保护挑战》（即将发表）和德国国际合作机构的《加纳移动保险风险评估》（加纳国家保险委员会，2015 年）中获得了进一步的见解。与数字技术有关的其他风险描述大量来自瑞士再保险公司 2016 年发布的风险汇编②。

---

① 又称"法律或监管风险"。
② 数字技术中出现的另一个风险是基差风险，其未纳入本表中。

附表6—2　　　　　　　　　　经营行为风险

风险	定义	数字普惠保险的表现形式
销售风险	销售人员没有受过良好训练，可能对产品说明不当，或者向客户出售的不是其需要的产品。不当销售的原因有很多，如：客户被"强行"销售产品，对产品没有进行足够清楚的解释，让顾客对该产品形成了错误的期待①	销售风险出现在移动保险和其他基于技术的合作伙伴关系中，客户聚合商的代理人是销售人员而非保险人，这意味着动机可能是不一致的。销售人员销售保险是为了支撑其基础业务。移动支付代理人的高周转率也会增加这种风险。如果只依靠数字集合平台或数字代理人而没有与客户进行人工沟通，也会出现销售风险。许多新模型中从事销售的主体开始使用智能投顾或算法，后者能就风险状况提供建议并给出结论。对越来越被人关注的"黑盒算法"（black box algorithms），即使是开发人员也无法预测该算法是如何执行，难以判断根据客户需求所提供的建议是否"合适"。这意味着，任何个人都不承担责任，并挑战了传统上对"建议"的定义。这类不当销售的风险应当在机构层面加以管理
客户聚合器风险	当保险人基于非保险的第三方客户聚合器销售保险时，可能损害客户价值、向客户出售不恰当产品。需要考虑的因素有：不恰当的议价能力和客户聚合器可能占据的主导地位，基于分销结构的不恰当的成本；产品的设计是为了减轻客户聚合器的风险，而不是为了客户的权益。此外，保险人、	客户聚合器风险与移动保险模型以及使用客户聚合器的其他模型有关，无论是数字客户聚合器平台（如P2P保险），还是物理实体（如指数保险）。移动保险中，客户聚合器风险出现在合作结构中，移动网络运营商充当主要保单持有人或代理人。如果没有明确的法律协议和问责制，那么移动网络运营商和保险人或技术服务供应商之间会存在权力不平衡。因为各移动网络运营商拥有庞大的客户基础，所以在激励保险人或②

---

① 加纳国家保险委员会于2015年发布的《加纳移动保险与风险框架》，详见https://a2ii.org/sites/default/files/reports/2015_mobile_insurance_risk_assessment_ghana.pdf。
② 德国国际合作机构（GIZ）2015年发布。

续表

风险	定义	数字普惠保险的表现形式
客户聚合器风险	客户聚合器和客户之间的法律关系可能不明确，定价也可能不透明	技术服务供应商利用其销售结构或品牌的过程中，终端客户可能处于不利地位。例如，产品的设计可能是为了降低客户聚合器的风险，而不符合客户的利益
保单持有人意识风险	保单持有人不知道自己有保险，所以在发生风险事件时没有提出索赔	保单持有人的意识风险多出现在移动保险和指数保险这类自动登记的保险中，也就是说，投保人没有直接支付保费，而是通过其他关系（如移动网络订阅）自动获得保险。这种风险也可能出现在智能合约中，并由于消费者的金融素养较低而增加
支付风险	保费无法送达保险人，以致保费无法按期收取或收取保费的成本过高。支付风险意味着保险人不能按期收取保费的可能性增加，从而导致保单失效	在使用支付系统提供者或平台的情况下，保费用通话时间换取、连接障碍、其他影响支付速度或可靠性的技术故障等因素，都会造成支付风险。如果经常发生这种情况，会损害保险行业的声誉。此外，如果支付平台的成本与保费水平不成比例，将会导致赔付率低，从而损害客户价值
售后风险	客户在维护所获风险保障、更换产品、询价、索赔、领取待遇或投诉等方面遇到不合理的障碍。因此，它指的是服务质量差，以及保险人在处理索赔和提供服务方面保障不当激励的风险	在移动保险中，客户聚合器拥有的客户足迹，客户关系被用于售后服务，这原则上意味着，应当降低售后风险。然而，有限的预先披露可能导致保单持有人在索赔过程出现困惑。 技术创新旨在简化客户服务流程，如可以自动提出索赔的区块链技术。但是如果自动化设计出错，就可能导致行业声誉受损
数据和技术风险	(1) 数据使用风险：承保人的操作系统未能对业务管理提供正确、完整和最新的数据。 (2) 数据保护风险：客户数据丢失或泄露。	(1) 这种风险适用于移动保险和其他数字技术模式。 (2) 数据传输的自由流动使消费者隐私和数据保护问题越来越重要，因为这种处理可能不是透明进行的，也可能没有得到消费者的知情与同意。

续表

风险	定义	数字普惠保险的表现形式
数据和技术风险	（3）网络风险：网络犯罪危及数据保护或用网络身份进行欺诈行为。 （4）数据操纵风险：客户操纵数据以影响保费或赔付。 （5）有问题的数据风险：大数据和数字分析是为了更好的风险评估和更多的量身定制产品。但是，对人类行为和自然现象进行编码和"数据化"的工作越来越多，从而可能产生有问题的数据。 （6）数据信息风险：数据通过传感器传输，通过智能合约触发的风险，而客户没有意识到数据传播	（3）网络犯罪、间谍行为和破坏活动大幅增加。不成熟或防御低下的技术平台是主要受害者。此外，随着社交媒体账户数量的增长，身份欺诈的风险也日益增加。依赖个人数据的保险（如健康保险或人寿保险）很容易受到数字身份操纵的影响。 对区块链技术的依赖也可能增加网络信息泄露的风险①。 （4）数据完整性可能成为保险人收集消费者数据的一个问题。如果通过可穿戴设备收集，可能故意输入数据以便从折扣中获益或逃避监管。随着物联网的广泛应用，对传感器和应用程序的入侵和对数据的操纵也日益增多。这种数据操纵可能导致更多的保险欺诈②。 （5）特别是在使用区块链或其他智能合约的模式中，客户知道收集了关于他们的哪些信息以及如何建立智能合约是非常关键的
拒保风险	某些潜在客户不公平地被排斥在保障范围之外	有人担心用"大数据"对风险进行筛选可能将某些顾客（系统认为其风险太大）自动排除掉。对于传统保险，大数据的最大好处就是能够进行更差异化的风险筛选，而这种能力与普惠保险相悖。普惠保险旨在保护保险服务没有涉及或被服务不足的群体。 移动保险主要依靠团体承保，降低了拒保风险

资料来源：保险可及性促进组织（A2ii）的简报《监管移动保险》（Wiedmaier-Pfister 与 Ncube 于 2017 年发布）和德国联邦经济合作与发展部（BMZ）的论文《责任移动保险探讨》（Wiedmaier-Pfister 与 Leach 于 2015 年发布）概述了风险框架，后者利用了保险可及性促进组织在 2014 年发布的《跨国综合报告》中引入的关于小额保险业务模式及其监管含义的问题。从保险可及性促进组织的咨询会议报告《移动保险的数据保护挑战》（即将发表）和德国国际合作机构的《加纳移动保险风险评估》（加纳国家保险委员会，2015 年）中获得了进一步的见解。与数字技术有关的其他风险描述大量来自瑞士再保险公司 2016 年发布的风险汇编③。

---

① 瑞士再保险公司（Swiss Re）于 2016 年发布。
② 同上。
③ 数字技术中出现的另一个风险是基差风险，其未纳入本表中。

词汇缩略及译名

缩写	全称	译名
A2ii	Access to Insurance Initiative	保险普及化倡议组织
AI	artificial intelligence	人工智能
AM	anti-money laundering	反洗钱
AMICE	Association of Mutual Insurers and Insurance Cooperatives in Europe	欧洲相互保险人和保险合作社协会
ARPU	average revenueper user	每用户平均收入
ASIC	Australian Securities and Investments Commission	澳大利亚证券投资委员会
BFA	Bankable Frontier Associates	银行服务前沿联盟
BIS	Bank for International Settlements	国际清算银行
CDD	Customer Due Diligence	客户尽职调查
CFT	Combating the Financing of Terrorism	反恐怖融资
CGAP	Consultative Group to Assist the Poor	（世界银行）扶贫协商小组
CIMA	Inter-African Conferenceon Tnsurance Market	非洲保险市场会议
CIRC	Chinese Insurance Regulatory Commission	中国保险监督管理委员会
DLT	distributed ledger technology	分布式账本技术
FATF	Financial Action Task Force on Money Laundering	反洗钱金融行动特别工作组
FinTech	financial technologies	金融科技
FSB	Financial Stability Board	金融稳定理事会
IAIS	International Association of Insurance Supervisors	国际保险监督官协会
IBI	indexbased insurance	指数保险
ICMIF	International Cooperative and Mutual Insurance Federation	国际合作与相互保险联合会
ICPs	Insurance Core Principles	保险核心原则

续表

缩写	全称	译名
IFSB	Islamic Financial Services Board	伊斯兰金融服务委员会
ILO	International Labour Organisation	国际劳工组织
InsurTech	insurance technologies	保险科技
IoT	Internet of Things	物联网
IRDAI	Insurance Regulatory and Development Authority of India	印度保险监管和发展局
KPI	key performance indicators	关键绩效指标
KYC	know your customer	了解客户要求
MCCOs	mutuals, cooperativsesand community-based organisations	相互、合作和社区组织
MCR	minimum capital requirement	最低资本要求
MIN	Microinsurance Network	小额保险网络组织
M-insurance	mobile insurance	移动保险
ML	machine learning	机器学习
MNO	mobile network operator	移动网络运营商
MoU	memoranda of understanding	谅解备忘录
NGO	non-governmental organisation	非政府组织
OECD	Organisation for Economic Cooperation and Development	经济合作与发展组织
OTC	over the counter	柜台交易
P&L	profitand loss	损益
P2P	peer-to-peer	点对点
PCR	prescribed capital requirement	规定资本要求
SADC	Southern African Development Community	南部非洲发展共同体
SMIU	smallmutual insurance undertaking	小额相互保险（小额互保）
SUSEP	Superintendência de Seguros Privados (Brazil)	商业保险监督局（巴西）
TCF	treating customers fairly	公平待客
TSP	technical service provider	技术服务供应商
UN	United Nations	联合国

续表

缩写	全称	译名
	access to insurance	保险可及性
	aggregator	聚合器
	application paper	应用型论文
	conduct of business	经营行为
	financially sound	财务稳健
	guidance	指引
	insurance terms and conditions	保单条款
	insured	被保险人
	insurer	保险人
	issue paper	探讨型论文
	jurisdictions	国家和地区（一般情况下），或司法管辖区（法律色彩强的语境下）
	policyholder	保单持有人
	proportionality	恰当性
	regulation	监管
	supervision	监督或监管
	supervision and regulation	监管